Über den Verfasser

Albert Gier, geboren 1953 in Aachen, studierte Romanistik, Germanistik und Mittellateinische Philologie in Bonn, wo er 1976 promovierte; Habilitation 1984 in Heidelberg. Er lehrte als Professor für Romanische Philologie 1985 bis 1987 in Heidelberg, 1987/88 in Frankfurt/M., seit 1988 in Bamberg. – Arbeitsschwerpunkte: die romanischen Literaturen des Mittelalters; französische Literatur des 19. und 20. Jahrhunderts; Musik in der Literatur; das Opernlibretto.

Wichtigste Buchveröffentlichungen
Der Skeptiker im Gespräch mit dem Leser. Studien zum Werk von Anatole France und zu seiner Rezeption in der französischen Presse 1879–1905, Tübingen 1985; Musik und Literatur. Komparatistische Studien zur Strukturverwandtschaft, hg. von A. G. und G. W. Gruber, Frankfurt/M. etc. 1995 (2. Aufl. 1997); Das Libretto. Theorie und Geschichte einer musikoliterarischen Gattung, Darmstadt 1998.

Albert Gier

Orientierung
Romanistik

Was sie kann,
      was sie will

rowohlts enzyklopädie
im Rowohlt Taschenbuch Verlag

rowohlts enzyklopädie
Herausgegeben von Burghard König

Originalausgabe
Veröffentlicht im Rowohlt Taschenbuch Verlag GmbH,
Reinbek bei Hamburg, Januar 2000
Copyright © 2000 by Rowohlt Taschenbuch Verlag GmbH,
Reinbek bei Hamburg
Umschlaggestaltung Beate Becker
Satz Sabon und Syntax PostScript (PageOne)
Gesamtherstellung Clausen & Bosse, Leck
Printed in Germany
ISBN 3 499 55607 3

Inhalt

Vorbemerkung 7

Einleitung: ein Dutzend Fächer in einem 9

1 Von der Schule zur Universität: Lernziele und wie man sie erreicht 26
2 Roman(t)ische Philologie: Stationen der Wissenschaftsgeschichte 49
3 Prestigefragen: Sprachpolitik und Sprachlenkung 65
4 Neue alte Welten: Mittelalter-Philologie 83
5 Kreative Nachahmung: italienische Lyrik der frühen Neuzeit 99
6 Erinnertes Leben: Wirklichkeit und Fiktion bei Marcel Proust 112
7 Identitätskrisen: Kultur und Literatur des Maghreb 124
8 Über-setzen: die Literatur und die anderen Medien 140
9 Von der Universität zum Beruf: Chancen für Individualisten 157

Anhang 168
    Übersicht über die romanistischen Studiengänge an Universitäten in Deutschland 168
    Romanistik im Internet 192

Vorbemerkung

In einem handlichen Taschenbuch «ein Dutzend Fächer in einem» (vgl. die folgende Einleitung) vorzustellen ist nicht leicht. Dieser Band will zum einen denen, die sich mit dem Gedanken tragen, Romanistik zu studieren, eine Vorstellung davon vermitteln, was sie – ganz praktisch – erwartet (vgl. Kapitel 1); zum anderen soll an konkreten Beispielen vorgeführt werden, womit sich Romanisten an deutschen Universitäten beschäftigen und wie sie dabei vorgehen (vgl. Kapitel 3 bis 8).

Man kann das Buch von vorn bis hinten durchlesen, aber man muß es nicht: Nach der Einleitung und Kapitel 1, die Basisinformationen vermitteln, mag man sich den Fallbeispielen zuwenden und aus Sprachwissenschaft (Kapitel 3), Literaturgeschichte (Kapitel 4: Mittelalter; Kapitel 5: frühe Neuzeit; Kapitel 6: 20. Jahrhundert), Kulturwissenschaft (Kapitel 7: außereuropäische Romania) und Medienkunde (Kapitel 8) herausgreifen, was einen am meisten interessiert. In den Kapiteln 4, 6 und 7 werden hauptsächlich französische, in Kapitel 5 italienische, in Kapitel 8 spanische Beispiele herangezogen; Kapitel 3 ist sprachübergreifend. Wer bei der Wahl seines Studienfachs vor allem die beruflichen Perspektiven im Blick hat, wird vielleicht noch vor den Fallbeispielen Kapitel 9 lesen wollen. Den Überblick über die Geschichte des Fachs (Kapitel 2) kann man sich bis zuletzt aufsparen.

In einigen Kapiteln sind Abschnitte in kleinerer Schrift gesetzt; wer will, kann sie zunächst überschlagen und z. B. in Verbindung mit einem Einführungskurs nachlesen. Fachtermini sind sparsam verwendet; wenn ein Begriff neu eingeführt wird, folgt jeweils eine Erläuterung in eckigen Klammern (oder einer gemeinsprachlichen Erklärung ist der Fachterminus in eckigen Klammern beigegeben). Am Ende jedes Kapitels findet sich eine knappe Auswahl weiterführender Literatur; mit Rücksicht auf die Zielgruppe wurden vor allem deutschsprachige Titel genannt. Der Einleitung ist eine Liste von Einführungen und Handbüchern zu allen romanischen Sprachen und Literaturen (S. 23–25), Kapitel 1 ist eine Auswahl von Büchern zu wissenschaftlichen Arbeitstechniken (S. 48) beigegeben. Im Text des Kapitels wird auf im Literaturverzeichnis genannte Studien mit Verfassername, Jahres- und Seitenzahl verwiesen; um die Lesbarkeit nicht zu beeinträchtigen, wurden solche Verweise sehr sparsam gesetzt. Daß die vorliegende Darstellung der Forschung in vielfacher Hinsicht verpflichtet ist, sei hier ein für allemal festgestellt.

Zu danken habe ich zum einen allen Kolleginnen und Kollegen, die meine Umfrage zu den romanistischen Studiengängen in Deutschland beantworteten (vgl. Anhang I); zum anderen Ulrich Schulz-Buschhaus (Graz) für vielfältige Ermutigung und Unterstützung sowie meiner Bamberger Kollegin Annegret Bollée für zahlreiche Verbesserungsvorschläge zu den sprachwissenschaftlichen Teilen des Buchs. Bei der Zusammenstellung des Anhangs war meine Hilfskraft Monika Fliegner behilflich.

Bamberg, August 1999

Einleitung: ein Dutzend Fächer in einem

«Mein Schneider ist reich», antwortet der Brite Teefeax in *Asterix bei den Briten*[1], als Obelix fragt, ob der Tweed, den der Fremde trägt, teuer sei. Der deutsche Leser wird das kaum besonders witzig finden, obwohl «Mon tailleur est riche» im französischen Original eine Pointe ist: Über viele Jahre war an französischen Schulen ein Englisch-Buch im Gebrauch, in dem der erste Satz «My tailor is rich» lautete. Dem Anfänger wurde so die beruhigende Gewißheit vermittelt, daß die Unterschiede zwischen Englisch und Französisch so bedeutend gar nicht seien; auf die etwas ketzerische Frage, wann die Schüler oder irgend jemand anders wohl Gelegenheit haben könnten, den besagten Satz im Gespräch zu äußern, fanden freilich erst die *Asterix*-Autoren eine Antwort.

Une aventure d'Astérix. Astérix chez les Bretons. Texte de Goscinny. Dessins de Uderzo. Neuilly-sur-Seine 1973, S. 9. ® 1999 – Les Editions Albert René/ Goscinny – Uderzo

Großer Asterix-Band VIII. Asterix bei den Briten. Text: Goscinny. Zeichnungen: Uderzo. Stuttgart 1971, S. 9

Ein anderes Beispiel: Eine französische Karikatur des 19. Jahrhunderts zeigt, wenn man der Übersetzung einer kulturhistorischen Studie[2] glauben darf, «die Statue des Kommandanten». Im Französischen ist *la statue du commandeur* seit Molières Drama *Don Juan*

(1665) sprichwörtlich, und der historische Titel *commandeur* («Komtur») meint nicht dasselbe wie *commandant*: Molières verruchter Titelheld will sich über den Komtur lustig machen, den er im Kampf erschlagen hat, und lädt die Statue auf seinem Grab zum Essen ein; das Standbild erscheint tatsächlich und stürzt den Frevler in die Hölle. *La statue du commandeur* wäre somit als «Geist (oder: Standbild) des Komturs» wiederzugeben.

Die Sprache ist das kulturelle Gedächtnis einer Nation. Sie ist reich an Anspielungen auf Institutionen und Ereignisse der Vergangenheit, auf klassische Werke der Literatur, aber auch auf Schlagertexte, Filmdialoge und dergleichen. Mit solchen formelhaften Wendungen werden Nuancen ausgedrückt, die ein Ausländer auch dann kaum zu erfassen vermag, wenn er Wortschatz und Grammatik der fremden Sprache perfekt beherrscht. Um z. B. auf französisch kommunizieren zu können, muß man zumindest die wichtigsten Facetten der Kultur Frankreichs kennen; umgekehrt ist die Sprache der Schlüssel zu Geschichte wie Gegenwart eines fremden Landes.

Die akademische Disziplin, die sich (in Deutschland) mit der Sprache und Kultur Frankreichs und verschiedener anderer Länder befaßt, ist die *Romanistik*. Nun meint Romanistik natürlich mehr als eine Art Trivial Pursuit mit (unter anderem) französischen Beispielen; die Komplexität kultureller Phänomene rührt daher, daß das Ganze stets mehr ist als die Summe seiner Teile. Ob der deutsche *Asterix*-Leser die Anspielung in «Mein Schneider ist reich» versteht, ist letztlich unwichtig; dagegen ist ein gewisses Hintergrundwissen über das komplizierte, von mancherlei Ressentiments geprägte Verhältnis zwischen Franzosen und Engländern von Nutzen, um die Witze auf Kosten der Nachbarn richtig einordnen zu können. Wer heute *Asterix bei den Briten* liest, sollte auch berücksichtigen, daß die Geschichte die politische Realität und die kollektiven Einstellungen der sechziger Jahre spiegelt, als Großbritannien noch nicht Mitglied der EG war und Präsident de Gaulle in Frankreich regierte. Das spannende dabei ist, daß man im Extremfall an einer Seite aus einem Comic-Heft die gesamte französische oder europäische Politik, Sozial- und Kulturgeschichte der letzten Jahrhunderte entwickeln kann; andererseits, und das scheint weniger erfreulich, müßte man gelegentlich alle diese Zusammenhänge präsent haben, um ein paar Comic-Bilder richtig zu verstehen.

Hier liegt ein Hauptgrund dafür, daß man in der Romanistik (wie übrigens in allen sprach- und literaturwissenschaftlichen Fächern) letztlich nicht zwischen Bildung und (beruflicher) Ausbildung unterscheiden kann. Angenommen, ein Romanistik-Student hätte von vornherein ein ganz spezielles Berufsziel vor Augen, er wollte z. B. bei einem deutschen Comic-Verlag Lektor für den Bereich «Übersetzungen aus dem Französischen» werden und sonst nichts: Die Qualifikation, die er für einen solchen Posten zu erwerben hätte, könnte nur darin bestehen, möglichst alles über französische Kultur zu wissen. Dieses «alles» ist selbstverständlich viel zu unspezifisch, um sich in einer Studienordnung fassen zu lassen. Dem prospektiven Lektor bliebe kaum etwas anderes übrig, als – wie all die anderen, die ein Romanistik-Studium mit eher vagen Vorstellungen von ihrer beruflichen Zukunft aufnehmen – den Praxisbezug zunächst hintanzustellen und Wissen vorrangig um des Wissens willen zu erwerben (was nicht ausschließt, daß sich nach einiger Zeit Möglichkeiten späterer Verwendung mehr oder weniger deutlich abzeichnen mögen).

Auch zwischen Lernen und Forschen läßt sich letztlich nicht trennen. Der Bestand an ‹harten› Fakten, die in Frage zu stellen unsinnig wäre, ist in der Romanistik wie in den Nachbardisziplinen eher gering; die kulturellen und sprachlichen Einzelphänomene bleiben stumm, wenn man sie nicht auf theoretische Erklärungsmodelle [Paradigmen] bezieht. In den verschiedenen (Teil-)Disziplinen gibt es nun aber nicht ein solches Modell, sondern mehrere, die miteinander konkurrieren bzw. in immer schnellerem Rhythmus aufeinanderfolgen. Langfristig dürfte dies zu immer präziseren und differenzierteren Beschreibungen grammatischer Strukturen oder literarischer Gattungen führen, diese Entwicklung verläuft allerdings nicht unbedingt geradlinig. Wie dem auch sei – ‹Forschung› bedeutet nichts anderes als die kontinuierliche Vermehrung der Summe (romanistischen) Wissens, und die Tätigkeit der Lehrenden wie auch der Lernenden an der Universität ist Teil dieses Prozesses, sofern eigene oder fremde Hypothesen kritisch überprüft, bei Bedarf modifiziert oder notfalls verworfen werden. Der Grad der Spezialisierung ist dabei von nachrangiger Bedeutung; letztlich kommt es auch nicht darauf an, ob man zu einem völlig neuen Ergebnis gelangt oder die Resultate früherer Untersuchungen bestätigt. Jeder, der in einem Seminarreferat oder einer Examensarbeit z. B. ein Modell zur Beschreibung der Erzählperspektive auf einen unter diesem Aspekt noch nicht untersuchten Roman anwendet, lernt forschend oder forscht lernend.

Romanistik ist potenzierte Vielfalt: Nicht nur, daß sie es mit kulturellen Phänomenen zu tun hat, die schon von Natur aus vielfältig sind; obendrein haben unter dem Dach dieser Disziplin Sprachen (und Kulturen) Platz gefunden, deren geschichtliche Entwicklung und gegenwärtige Situation denkbar unterschiedlich sind. Womit sich Romanisten beschäftigen bzw. in der letzten Zeit beschäftigt haben, läßt sich am besten an einigen Beispielen[3] verdeutlichen:

– Max Pfister gibt seit 1979 den *Lessico Etimologico Italiano* heraus, ein Großwörterbuch, das unser Wissen über die Herkunft [Etymologie] und die Geschichte des italienischen Wortschatzes (Bedeutungswandel, Entstehung neuer Wörter, die ältere ersetzen ...) von den Anfängen im 12. Jahrhundert bis zur Gegenwart, einschließlich der Dialekte, zusammenfaßt.

– Neben der Schriftsprache (und älteren Sprachstufen) untersuchen die Linguisten [Sprachwissenschaftler] unter den Romanisten z. B. die Sondersprache französischer Schüler oder das Sprachverhalten marokkanischer Studenten in Frankreich.

– Theodor Ebneter hat sein Wörterbuch der Mundart von Obervaz in Graubünden (Schweiz) als Beitrag zur Sprachwissenschaft wie auch als praktisches Nachschlagewerk für die Einheimischen konzipiert.

– Wie Sprache und Politik zusammenhängen, beobachtet Klaus Heitmann seit mehr als 30 Jahren am Beispiel des Rumänischen der Moldau (Bessarabien, ehemals Moldauische Sowjetrepublik): In der Sowjetunion wurde das (kyrillisch geschriebene) ‹Moldauische› zur eigenständigen, vom benachbarten Rumänischen verschiedenen Sprache erklärt, nur westliche Romanisten widersprachen diesem Dogma; seit 1991 ist die Republik Moldova unabhängig, Auseinandersetzungen zwischen nationalistischen, prorumänischen und prorussischen Gruppierungen entzünden sich nach wie vor an der Sprachenfrage.

– Obwohl die Mediävisten [Mittelalter-Forscher] den Anfängen der romanischen Sprachen und Literaturen besondere Aufmerksamkeit gewidmet haben, gibt es immer noch neue Funde: 1981 wurde erstmals das ‹Augsburger Passionslied› veröffentlicht, ein kurzer (sechs Verse), vermutlich französischer Text, der wohl Ende des 10. Jahrhunderts aufgezeichnet wurde.

– In einer Untersuchung zum spanischen Drama des 17. Jahrhunderts bestimmt Joachim Küpper das Verhältnis der Epochenbegriffe ‹Renaissance› und ‹Barock›: Während sich in der Renaissance das geordnete Weltbild des Mittelalters ins Chaos auflöse, weise die barocke Literatur auf verborgene Gesetzmäßigkeiten hin und schaffe so wieder Ordnung.

– Daß der portugiesische Dichter Fernando Pessoa (1888–1935) im deutschen Sprachraum bekannt wurde, ist wesentlich den Übersetzungen Georg Rudolf Linds († 1990) zu verdanken.

– Um möglichst aktuell sein zu können, erscheint das von Wolf-Dieter Lange herausgegebene *Kritische Lexikon der romanischen Gegenwartsliteraturen* (KLRG) als Loseblattsammlung; hier werden nicht nur Autoren aus Europa, sondern auch die wichtigsten Repräsentanten der ‹Neuen Romania› (Schriftsteller aus Südamerika, dem Maghreb, Schwarzafrika ...) in literaturkritischen Essais vorgestellt (der Anhang bietet jeweils Kurzbiographie, Werkverzeichnis und Bibliographie der Sekundärliteratur).

– Der Bestseller-Erfolg der Romane Umberto Ecos, von *Il nome della rosa* (*Der Name der Rose*, 1980) bis *L'Isola del giorno prima* (*Die Insel des vorigen Tages*, 1994), hat die Literaturwissenschaftler von Anfang an zu Stellungnahmen und Erklärungsversuchen herausgefordert.

– Mehr als früher beschäftigen sich Romanisten mit der Kultur der romanischen Länder in ihrer Gesamtheit: So ist in einer neueren Geschichte der spanischen Literatur auch von der Glanzzeit des Fußballklubs Real Madrid Ende der fünfziger Jahre die Rede; in der Buchreihe ‹Grundlagen der Romanistik› erscheint ein *Frankreich-Lexikon*, das – so der Untertitel – «Schlüsselbegriffe zu Wirtschaft, Gesellschaft, Politik, Geschichte, Kultur, Presse- und Bildungswesen» erläutert.

Man sieht: Das Fach Romanistik besteht aus einer ganzen Reihe von Teilfächern, deren Gegenstände, Erkenntnisinteressen und Arbeitsweisen sich erheblich voneinander unterscheiden. Wenn als Beispiele ausschließlich Arbeiten deutschsprachiger Forscher angeführt wurden, hat das im übrigen nichts mit Chauvinismus oder Kirchturmpolitik zu tun: ‹Romanistik› kann man nur in Deutschland, Österreich und der Schweiz studieren, in allen anderen Teilen der Welt – auch und gerade in den romanischen Ländern – schreibt man sich in der Regel für französische (oder italienische, spanische ...) Philologie [Sprach- und Literaturwissenschaft] ein. Seit dem 19. Jahrhundert (vgl. unten Kapitel 2) beschäftigt sich die Romanistik mit den verschiedenen Sprachen, die sich (in der Spätantike bzw. im frühen Mittelalter) aus dem Lateinischen entwickelt haben, mit der in diesen Sprachen verfaßten Literatur und mit den Beziehungen beider zu anderen kulturellen Phänomenen – über lange Zeit konzentrierten sich Lehre und Forschung auf Europa, in den letzten Jahrzehnten bezieht man (unter dem Stichwort ‹Neue Romania›) jene Teile Amerikas, Afrikas und Asiens stärker ein, in denen romanische Sprachen gesprochen werden.

Oft ist von zehn romanischen Sprachen die Rede; weil es aber für die Unterscheidung zwischen Sprachen und Dialekten kein allgemeinverbindliches Kriterium gibt, beanspruchen z. B. die Sprecher des Galicischen, das den meisten Linguisten als Dialekt (oder Sprachvarietät) des Portugiesischen gilt, für ihr Idiom den Status einer Minderheitensprache. Man findet daher auch längere Listen (Blasco Ferrer 1996, S. 218, unterscheidet z.B. 17 romanische «Dach- und Minderheitensprachen»).

Natürlich ist die Bedeutung dieser Sprachen und Sprachvarietäten nach Sprecherzahl, Gewicht der literarischen Tradition etc. höchst unterschiedlich; wer eine oder mehrere von ihnen beherrscht, kann damit ganz Verschiedenes, und verschieden viel, ‹anfangen›, auch in beruflicher Hinsicht. Grob lassen sich drei Kategorien unterscheiden:

1. Nationalsprachen, die an höheren Schulen in Deutschland unterrichtet werden

Zunächst ist hier das *Französische* zu nennen. Die Sprache der europäischen Bildungselite genoß spätestens seit dem 18. Jahrhundert besonderes Prestige; heute reicht das Sprachgebiet weit über Frankreich hinaus und umfaßt Teile Belgiens und der Schweiz sowie Luxemburg. Starke frankophone [französischsprachige] Minderheiten gibt es in Kanada (die Provinz Québec ist mit sechs Millionen Sprechern – etwa ein Viertel der Gesamtbevölkerung Kanadas – sogar mehrheitlich frankophon), aber auch in Teilen der USA (Neuengland, Louisiana). Französisch ist Amtssprache in zahlreichen west- und zentralafrikanischen Staaten (Senegal, Côte d'Ivoire, Kongo-Zaire ...) und zweite Verkehrssprache (neben dem Arabischen) in den Ländern des Maghreb (Marokko, Algerien, Tunesien). Im 20. Jahrhundert sind in Schwarzafrika, im Maghreb und in Kanada eigenständige frankophone Literaturen entstanden. Französisch ist die Muttersprache von ca. 70 Millionen Menschen[4], ohne die französischen Kreolsprachen (s. u.), die in der Karibik und auf einigen Inseln des Indischen Ozeans gesprochen werden.

– Die am weitesten verbreitete romanische Sprache überhaupt ist das *Spanische (Kastilische)*, mit ca. 280 Millionen Sprechern in Spanien, Mittel- und Südamerika (davon allein ca. 70 Millionen in Mexiko), aber auch in den USA. Spanische Kreolsprachen findet man z. B. auf den Philippinen, ihre Bedeutung ist aber eher gering.

– Dagegen ist das *Italienische* im wesentlichen auf Italien (knapp 60 Millionen Einwohner) und Teile der Südschweiz (Tessin) beschränkt; es gibt allerdings italienische Minderheiten z. B. in Deutschland, den USA oder in Argentinien. Die hohe Stellung des Italienischen in der akademischen Hierarchie der romanischen Sprachen ist vor allem durch den Anteil bedingt, den italienische Dichter, Schriftsteller, Philosophen, Maler, Architekten und (Opern-)Komponisten an der kulturellen Entwicklung des neuzeitlichen Europa hatten; die Kunstmusik der westlichen Hemisphäre spricht bis heute Italienisch.

Wer sich für einen romanistischen Magister- oder Diplomstudiengang einschreibt, wird in der Regel mindestens eine dieser Sprachen (und die zugehörige Literatur) als Schwerpunkt wählen (müssen); nur in diesen drei Fächern kann auch die Erste Staatsprüfung für das Lehramt an höheren Schulen abgelegt werden.

2. Andere Nationalsprachen

Portugiesisch ist die Muttersprache von mehr als 170 Millionen Menschen, nicht nur in Portugal (sowie auf Madeira und den Azoren, zehn Millionen), sondern auch in Brasilien (163 Millionen). Das ehemals riesige Kolonialreich der Portugiesen hat noch in anderen Teilen der Welt sprachliche Spuren hinterlassen: In einigen afrikanischen Ländern (Angola, Mosambik) spielt das Portugiesische bis heute eine gewisse Rolle; portugiesische Kreolsprachen gibt es in Guinea-Bissau und auf den Kapverdischen Inseln, aber auch in Ostasien (z. B. Malaysia, Singapur, Macau) und in Südamerika (Curaçao, Suriname).

Rumänisch wird von ca. 23 Millionen Menschen in Rumänien und der Republik Moldova gesprochen, außerdem gibt es rumänische Sprachinseln in Kroatien (Halbinsel Istrien: Istrorumänisch, ca. 500–1500 Sprecher), in Griechenland (nordwestlich von Saloniki: Meglenorumänisch, ca. 3000 Sprecher) und in Mazedonien (Aromunisch, ca. 350 000 Sprecher).

3. Minderheitensprachen

Um in Nîmes nach dem Weg zum römischen Theater zu fragen, muß man nicht Okzitanisch lernen: Nahezu alle Angehörigen sprachlicher Minderheiten in der Romania beherrschen auch die jeweilige Nationalsprache. Der wirtschaftliche Nutzen der kleinen Sprachen oder Sprachvarietäten ist daher gering: Ein deutscher Geschäftsmann führt Verhandlungen in Barcelona nicht auf katalanisch, sondern auf spanisch (oder englisch). Sich z. B. mit dem Sardischen zu beschäftigen, lohnt sich vor allem dann, wenn man sich für Kultur und Geschichte Sardiniens interessiert; und natürlich bleibt das Bild Spaniens unvollständig, wenn man die sprachliche Sonderstellung Kataloniens und Galiciens ausklammert.

Im heutigen Europa gibt es sechs romanische Minderheitensprachen bzw. -sprachvarietäten:

Das *Galicische* (oder Galego) im Nordwesten Spaniens hat eine reiche literarische Tradition: Im Hochmittelalter (12.–14. Jahrhundert) war Galicisch auf der Pyrenäenhalbinsel die Sprache der Lyrik (nur die Katalanen dichteten auf okzitanisch). In späterer Zeit setzte sich auch in Galicien die Nationalsprache Spanisch weitgehend durch, erst durch das Autonomiestatut von 1980 wurde die Zweisprachigkeit der Region offiziell anerkannt. Heute gibt es Radio- und Fernsehprogramme in galicischer Sprache; ihren Gebrauch in den Printmedien erleichterte die Vereinheitlichung von Rechtschreibung und Morphologie [der grammatischen Formenlehre] im Jahre 1983.

Von allen Minderheitensprachen spielt das *Katalanische* (ca. vier Millionen Sprecher an der Ostküste Spaniens von den Pyrenäen bis nach Alicante, auf den Balearen und im französischen Roussillon) die größte Rolle im öffentlichen Leben. Nach dem Ende des Franco-Regimes (1975) erlangte Katalonien eine gewisse politisch-administrative Selbständigkeit; Katalanisch ist jetzt die zweite offizielle Sprache der Region neben dem Spanischen, in den verschiedenen Landesteilen schwankt der Anteil der Katalanischsprachigen an der Gesamtbevölkerung zwischen 40 und 80 Prozent (vgl. Harris 1988, S. 13). Die katalanische Literatur erlebte eine erste Blütezeit im späten Mittelalter; seit dem 19. Jahrhundert, und verstärkt in den letzten 30 Jahren, hat sie neue Vitalität gewonnen, was sich auch an einer wachsenden Zahl von Übersetzungen zeigt.

Das *Okzitanische* wurde früher meist ‹Provenzalisch› genannt, aber die Provence ist nur ein Teil des okzitanischen Sprachgebiets im Süden Frankreichs. Die Geschichte der mittelalterlichen Lyrik beginnt um 1100 mit den okzitanischen Trobadors, ohne deren Einfluß z. B. der deutsche Minnesang undenkbar wäre; deshalb spielt die altokzitanische Sprache und Literatur in den Lehrplänen der Universitäten immer noch eine gewisse Rolle. In der Neuzeit, als die königliche Zentralgewalt die Autonomie der französischen Regionen immer mehr einschränkte, verlor das Okzitanische seine Bedeutung als Schrift- und Literatursprache; Wiederbelebungsversuche seit der Mitte des 19. Jahrhunderts blieben relativ erfolglos. Die Zahl der Sprecher wird heute mit zehn bis zwölf Millionen angegeben, wovon aber offensichtlich nur eine Minderheit (zehn Prozent?) das Okzitanische wirklich beherrscht. – Das *Gaskognische* (ca. 250 000 Sprecher in Südwestfrankreich, zwischen Garonne und Atlantikküste) und das *Frankoprovenzalische* (zwei bis drei Millionen Sprecher im französisch-schweizerisch-italienischen Grenzgebiet, von der Rhône bis zum Val d'Aosta) werden von den Sprechern selbst als Dialekte betrachtet und eher geringgeschätzt.

In der traditionellen (großenteils bäuerlichen) Gesellschaft der Insel Sardinien ist das *Sardische* (viele verschiedene Dialekte, insgesamt ca. 1 500 000 Sprecher) bis heute lebendig geblieben; durch den Einfluß der Schule (und des Fernsehens) breitet sich allerdings das Italienische mehr und mehr aus (die öffentliche Meinung wertet das Sardische nicht als Sprache, sondern als italienischen Dialekt). Wer sich für die Entstehungsgeschichte der romanischen Sprachen interessiert, sollte sich mit dem Sardischen beschäftigen, denn es hat mehr Eigenheiten des Vulgärlateins [der lateinischen Umgangssprache] bewahrt als alle anderen.

Das *Korsische* stand ursprünglich dem Sardischen nahe, hat sich aber im Lauf der Jahrhunderte so sehr dem Italienischen angenähert, daß es heute meist als italienischer Dialekt betrachtet wird. Die französische Regierung (Korsika gehört seit 1768 zu Frankreich) hat erst in den letzten 20 Jahren vorsichtige Schritte zur Anerkennung des Korsischen als Minderheitensprache unternommen (vgl. Goebl in RLR 4, 834).

Unter der Bezeichnung *Rätoromanisch* (oder Ladinisch, aus *latinus* «lateinisch») werden drei sehr verschiedene Sprachvarianten zusammengefaßt: Das Bündnerromanische ist offizielle Landessprache des Schweizer Kantons Graubünden, wird in den Schulen unterrichtet, seit 1985 gibt es eine einheitliche Rechtschreibung für die verschiedenen Dialekte. Die Konkurrenz des Deutschen ist allerdings deutlich spürbar; die ca. 40 000 Rätoromanen dürften sämtlich zweisprachig sein. – Zu Italien gehören das dolomitenladinische (in Südtirol, ca. 10 000 Sprecher) und das friaulische Sprachgebiet (ca. 500 000 Sprecher); in beiden Regionen hat die Politik die Voraussetzungen für eine aktive Sprachpflege geschaffen.

Nach der Vertreibung der Juden aus Spanien (1492) und Portugal (1497) verbreiten sich die verschiedenen Formen des *Judenspanischen (Judezmo)* in den jüdischen Gemeinden der Alten und Neuen Welt (zunächst vor allem in Teilen des Osmanischen Reiches, z. B. in Griechenland und der Türkei). 1992 sprachen diese vom Aussterben bedrohte Sprache noch ca. 16 000 Menschen, die meisten davon waren über 55 Jahre alt. Die rituelle Literatur der spanischen Juden war in einer *Ladino* genannten Kunstsprache abgefaßt, die stark vom Hebräischen beeinflußt ist.

Allgemeine Aussagen über die zahlreichen *Kreolsprachen* sind kaum möglich – zu unterschiedlich sind jeweils die Einschätzung des Kreolischen durch die Sprachgemeinschaft, das Verhältnis zu konkurrierenden Sprachen, der Anteil der Kreolisch-Sprecher an der Gesamtbevölkerung etc. Die Vielfalt der kreolischen Literaturen ist schwer überschaubar; viele Autoren schreiben sowohl kreolisch als auch in der französischen (oder portugiesischen) Standardsprache.

Die Geschichte des *Dalmatischen* (oder *Vegliotischen*) schließlich endete 1898, als der letzte Sprecher auf der Insel Krk (heute zu Kroatien) verstarb. Aus den Auskünften, die er in seinem letzten Lebensjahr einem italienischen Linguisten erteilte, ließ sich eine recht genaue Vorstellung von dieser Sprache gewinnen.

Die hier nur umrißhaft skizzierte Fülle kann ein einzelner auch nicht annäherungsweise überblicken; Spezialisierung ist geboten und wird von den Lernenden wie den Lehrenden ganz selbstverständlich praktiziert. Nachdem in den ersten Semestern Grundlagen der Sprach- und Literaturwissenschaft vermittelt worden sind, ist es im Hauptstudium möglich und sinnvoll, sich auf einen dieser beiden Bereiche zu konzentrieren (allerdings sollte man den jeweils anderen selbst dann nicht völlig vernachlässigen, wenn die Studienordnung dies zuläßt). Auch innerhalb der Teilfächer darf, ja muß man Schwerpunkte setzen; daß die französische Literaturwissenschaft das Schrifttum Frankreichs aus über 1000 Jahren und mehr als ein Dutzend weitere Literaturen zum Gegenstand hat, bedeutet nicht, daß die Studierenden auf allen diesen Gebieten gleichermaßen zu Hause sein müssen. Dennoch gilt, was ein prominenter Vertreter des Fachs kürzlich aussprach: «Die Romanistik fordert von allen ihren Repräsentanten hohe Ausgaben an Lebenszeit und ist aus bloßer Arbeitszeit im arbeitsrechtlichen Sinne des Wortes nicht zusammenzusetzen. Wer Romanist sein oder werden will, muß für diese Disziplin – ja, Disziplin – zum Normalhaushalt seiner Arbeitszeit viel, sehr viel Zeit aus dem weiteren Budget seiner Lebenszeit – im Klartext: aus seiner Freizeit – hinzuzahlen. Denn ein Romanist muß natürlich polyglott sein oder bereit sein, es zu werden» (Weinrich 1997, S. 43).

Hier mag nun manch einer geneigt sein, die Frage nach dem Warum zu stellen. Immerhin zeigt das Beispiel anderer Länder, daß man durchaus französische oder italienische Philologie studieren kann, ohne sich um das Spanische zu kümmern, und umgekehrt. Auch an deutschen Universitäten hat sich ein Wandel vollzogen: Wer vor 30 Jahren zu einem romanistischen Abschlußexamen zugelassen werden wollte, mußte in der Regel Kenntnisse in mindestens zwei Sprachen nachweisen, heute ist das nur noch in bestimmten Studiengängen der Fall. (Ein Entwurf zur Neuregelung der Magisterprüfung, der zur Zeit in den zuständigen Gremien diskutiert wird, fordert allerdings von Haupt- wie Nebenfachstudenten Kenntnisse in *zwei* romanischen Sprachen.) Also: Warum nicht einfach französische oder italienische oder spanische Sprach- und Literaturwissenschaft und damit Schluß?

Vieles spricht gegen eine solche Lösung. Erstens: So wie Sprachgrenzen eher selten mit (heutigen) Staatsgrenzen zusammenfallen, bleiben literarische und kulturelle Entwicklungen kaum jemals auf eine Sprachgemeinschaft beschränkt. Zwischen den romanischen Ländern bestehen vielfältige Verflechtungen: Im 15. und 16. Jahrhundert empfangen die französische und die iberoromanischen Literaturen wichtige Anregungen aus Italien, im 18. Jahrhundert ist die französische Literatur Vorbild und Maßstab für ganz Europa, zu verschiedenen Zeiten nimmt Frankreich Anregungen aus Spanien auf, der lateinamerikanische Modernismus bezieht sich um 1900 bewußt auf französische Vorbilder usw. Natürlich geht es in den meisten romanistischen Lehrveranstaltungen um jeweils eine Sprache oder Literatur, es werden aber (vor allem in der Sprachwissenschaft) auch übergreifende Themen angeboten. Oft ist Teamarbeit möglich, so daß die Teilnahme auch für diejenigen sinnvoll wird, die nur eine der fraglichen Sprachen beherrschen.

Zweitens stünde die Aufgliederung der Romanistik in Einzelphilologien in krassem Gegensatz zu einer Entwicklung, die auf die Einigung Europas und die Intensivierung der weltweiten Zusammenarbeit auf allen Gebieten ausgerichtet ist. Ein Fach ‹Französische Philologie› hätte zwar das Französische in allen Teilen der Welt zum Gegenstand, man kann aber davon ausgehen, daß in den Lehrveranstaltungen die Sprache, Literatur und Kultur Frankreichs im Zentrum stünde. Problematisch wäre das vor allem in jenem Bereich, der gemeinhin als Landeskunde bezeichnet wird: Es dürfte sich in Zukunft als immer weniger sinnvoll erweisen, das französische Wirtschafts-, Rechts-, Verwaltungssystem etc. losgelöst von den Verhältnissen in anderen europäischen Ländern zu betrachten. Die Probleme, die sich daraus zwangsläufig ergeben, sollten im Rahmen der Romanistik eher zu lösen sein als innerhalb nationaler Philologien.

Drittens fällt demjenigen, der bereits eine romanische Sprache beherrscht, das Erlernen einer zweiten und gegebenenfalls weiterer romanischer Sprachen bedeutend leichter (vgl. Weinrich 1997, S. 47 f); in der Regel verbessert eine solche Mehrfach-Qualifikation die Berufsaussichten, z. B. sollte ein Südamerika-Experte neben Spanisch auch Portugiesisch können. Welche Kombinationen sinnvoll sind, richtet sich nach den Zielen und Interessen des einzelnen; dabei ist allerdings zu berücksichtigen, daß das Lehrangebot vor allem der kleineren Universitäten begrenzt ist.

Viertens, und das ist das entscheidende, verspricht die romanistische Vielfalt persönlichen Gewinn. Wer sich für ein Sprachenstudium entscheidet, sollte neugierig sein auf Lebensformen und Denkweisen, die sich von denen des eigenen Landes (und der eigenen Gegenwart) unterscheiden; kaum ein anderes Fach bietet so viele Möglichkeiten wie die Romanistik, diese Neugier zu stillen. Während bei der Wahl der Hauptsprache Französisch, Italienisch oder Spanisch natürlich praktische Aspekte eine Rolle spielen, sollte man ein mögliches Nebengebiet (jedenfalls zunächst) als Liebhaberei betrachten; an vielen Universitäten bietet sich zumindest gelegentlich die Möglichkeit, etwa die altokzitanische Lyrik, die bündnerromanischen Dialekte oder die Literatur der Karibik kennenzulernen. Trotz der durch prallgefüllte Studienpläne erzeugten Zeitnot lohnt es sich, solche Angebote wahrzunehmen – in mehrfacher Hinsicht: Gerade für die kleinen Sprachen gibt es häufig Fördermaßnahmen wie Ferienkurs-Stipendien und ähnliches; oft lassen sich Erst- und Zweitsprache gewinnbringend miteinander verbinden, spätestens in der Examensarbeit. Im übrigen kann man frei wählen, womit man sich beschäftigen will – vielleicht der größte Luxus, der in unserer verwalteten Welt vorstellbar ist.

Anmerkungen
1 Großer Asterix-Band VIII. Text: Goscinny. Zeichnungen: Uderzo. Stuttgart 1971, S. 9.
2 M. Nathan [Übersetzung aus dem Frz. von V. Erdmann]: Cham – Ein Polemiker. In: Die Karikatur zwischen Republik und Zensur. Bildsatire in Frankreich 1830 bis 1880 – eine Sprache des Widerstands? Hg. von R. Rütten u. a. Marburg 1991, S. 200–210, das Zitat S. 201.
3 Hier die Titel der im folgenden erwähnten Arbeiten:
– M. Pfister: Lessico Etimologico Italiano. Wiesbaden 1979 ff.
– K. Knopp: Französischer Schülerargot. Frankfurt/ Bern/Las Vegas 1979;
– C.J. Wernitz: Bedingungen und Voraussetzungen für Sprachwechsel. Eine Untersuchung zum Sprachwechsel bei bilingualen Marokkanern in Frankreich. Frankfurt/M. etc. 1993.
– Th. Ebneter: Wörterbuch des Romanischen von Obervaz, Lenzerheide, Valbella (Romanisch – Deutsch; Deutsch – Romanisch). Tübingen 1981.
– K. Heitmann: Rumänische Sprache und Literatur in Bessarabien und Transnistrien. In: Zeitschrift für romanische Philologie 81 (1965), S. 102–156;

Ders.: Sprache und Nation in der Republik Moldova. In: Konfliktregion Südosteuropa. Vergangenheit und Perspektiven. Hg. von W. Potthoff. München 1997, S. 79–105.
– H. Berschin/W. Berschin/R. Schmidt: «Augsburger Passionslied». Ein neuer romanischer Text des X. Jahrhunderts. In: Lateinische Dichtungen des X. und XI. Jahrhunderts. Festgabe für Walther Bulst zum 80. Geburtstag. Heidelberg 1981, S. 251–279.
– J. Küpper: Diskurs-Renovatio bei Lope de Vega und Calderón. Untersuchungen zum spanischen Barockdrama (...). Tübingen 1990.
– G.R. Lind (Übers.): F. Pessoa. Das Buch der Unruhe des Hilfsbuchhalters Bernardo Suares. Zürich 1985;
Ders.: F. Pessoa. Alberto Caeiro. Dichtungen. Ricardo Reis. Oden. Zürich 1986;
Ders.: F. Pessoa. Alvaro de Campos. Poesias/Dichtungen. Portugiesisch/Deutsch. Zürich 1987.
– Kritisches Lexikon der romanischen Gegenwartsliteraturen. Hg. von W.-D. Lange. Tübingen 1984 ff.
– H.-J. Bachorski (Hg.): Lektüren. Aufsätze zu Umberto Ecos *Der Name der Rose*. Göppingen 1985;
M. Kerner/B. Wunsch (Hg.): Welt als Rätsel und Geheimnis? Studien und Materialien zu Umberto Ecos *Foucaultschem Pendel*. Frankfurt 1996;
Th. Stauder (Hg.): «Staunen über das Sein». Internationale Beiträge zu Umberto Ecos *Insel des vorigen Tages*. Darmstadt 1997.
– H.U. Gumbrecht: *Eine* Geschichte der spanischen Literatur. 2 Bde. Frankfurt/M. 1990 (vgl. S. 996 ff);
B. Schmidt/J. Doll/W. Fekl/S. Loewe: Frankreich-Lexikon. Schlüsselbegriffe zu Wirtschaft, Gesellschaft, Politik, Geschichte, Kultur, Presse- und Bildungswesen. 2 Bde. Berlin 1981–1983.
4 Für die romanischen Sprachen bieten die gängigen Nachschlagewerke z. T. erheblich voneinander abweichende Sprecherzahlen; die folgenden Angaben basieren auf M. Harris: The Romance Languages. In: Harris/Vincent 1988, S. 1–25, sowie auf dem Sprachenkatalog Ethnologue. Hg. von B.F. Grimes. 13. Aufl. Dallas, Texas 1996, im Internet unter http://www.sil.org/ethnologue/.

Literatur zur Einführung

F. Nies/R.R. Grimm (Hg.): Ein ‹unmögliches› Fach: Bilanz und Perspektiven der Romanistik. Tübingen 1988.
O. Gsell: Europa 2000 – Ende der Romanistik? Perspektiven eines deutschen Hochschulfaches. In: W. Dahmen u. a. (Hg.): Die Bedeutung der romanischen Sprachen im Europa der Zukunft. Romanistisches Kolloquium IX. Tübingen 1996, S. 35–54.
H. Weinrich: Ökonomisch-ökologische Betrachtungen zur Lage der Romanistik. In: Deutscher Romanistenverband (DRV). Mitteilungen 1997/2, S. 38–61.

Nachschlagewerke und Studienbücher zu den romanischen Sprachen und Literaturen

(Bücher, die sich besonders zum Einstieg in die Thematik eignen, sind mit * gekennzeichnet.)

Romanische Sprachwissenschaft

E. Blasco Ferrer: Linguistik für Romanisten. Grundbegriffe im Zusammenhang. Berlin 1996.

* H.-M. Gauger/W. Oesterreicher/R. Windisch: Einführung in die romanische Sprachwissenschaft. Darmstadt 1981.

M. Harris/N. Vincent: The Romance Languages. London/Sydney 1988.

G. Holtus/M. Metzeltin/Chr. Schmitt (Hg.): Lexikon der Romanistischen Linguistik [LRL]. (geplant) 8 Bde. Tübingen 1988 ff.

C. Tagliavini: Einführung in die romanische Philologie (UTB). 2. Aufl. Tübingen 1998.

Romanische Literaturwisssenschaft

R. Hess/G. Siebenmann/M. Frauenrath/T. Stegmann: Literaturwissenschaftliches Wörterbuch für Romanisten (UTB, 1373). 3. Aufl. Tübingen 1989.

Kritisches Lexikon der romanischen Gegenwartsliteraturen. Hg. von W.-D. Lange. Tübingen 1984 ff.

Französische Sprachwissenschaft

H. Geckeler/W. Dietrich: Einführung in die französische Sprachwissenschaft. Ein Lehr- und Arbeitsbuch. 2. Aufl. Berlin 1997.

* P. Pöll: Französisch außerhalb Frankreichs. Geschichte, Status und Profil regionaler und nationaler Varietäten. Tübingen 1998.

* A. Stein: Einführung in die französische Sprachwissenschaft (Sammlung Metzler, 307). Stuttgart/Weimar 1998.

Französische Literaturwissenschaft

W. Engler: Lexikon der französischen Literatur. 2. Aufl. Stuttgart 1984.

J. Grimm (Hg.): Französische Literaturgeschichte. 3. Aufl. Stuttgart/Weimar 1994 [S. 376–438 zu den frankophonen Literaturen].

* J. Grimm/F.-R. Hausmann/Chr. Miething: Einführung in die französische Literaturwissenschaft (Sammlung Metzler, 148). 3. Aufl. Stuttgart 1987.

* E. Reisen: Französische Literaturwissenschaft. Grundstrukturen literarischer Texte und ihre Interpretation. Stuttgart 1997.

Französische Landeskunde

W. Bufe/H.-J. Lüsebrink u. a.: Französische Kultur- und Medienwissenschaft. Eine Einführung. Tübingen 1999.

* H.-J. Lüsebrink: Einführung in die Landeskunde Frankreichs (Sammlung Metzler, 315). Stuttgart/Weimar 1999.

Spanische Sprachwissenschaft

F. Berschin/J. Fernández-Sevilla/J. Felixberger: Die spanische Sprache: Verbreitung, Geschichte, Struktur. 2. Aufl. Ismaning 1995.

* W. Dietrich/H. Geckeler: Einführung in die spanische Sprachwissenschaft. Ein Lehr- und Arbeitsbuch. 2. Aufl. Berlin 1993.

Spanische Literaturwissenschaft
M. Franzbach: Geschichte der spanischen Literatur im Überblick (Reclams Universal Bibliothek, 8861). Stuttgart 1993.
H.-J. Neuschäfer (Hg.): Spanische Literaturgeschichte. Stuttgart/Weimar 1997.
Chr. Strosetzki (Hg.): Geschichte der spanischen Literatur. Tübingen 1991.
Spanische Landeskunde
W.L. Bernecker/K. Dirscherl (Hg.): Spanien heute. Politik, Wirtschaft, Kultur. 3. Aufl. Frankfurt/M. 1998.
Lateinamerika
H. Kubarth: Das lateinamerikanische Spanisch. Ein Panorama. München 1987.
M. Rössner (Hg.): Lateinamerikanische Literaturgeschichte. Stuttgart/Weimar 1995.
Chr. Strosetzki: Kleine Geschichte der lateinamerikanischen Literatur im 20. Jahrhundert (Beck'sche Reihe, 1048). München 1994.
V. Werz (Hg.): Handbuch der deutschsprachigen Lateinamerikastudien. Freiburg 1992.
Italienische Sprachwissenschaft
E. Blasco Ferrer: Handbuch der italienischen Sprachwissenschaft. Berlin 1994.
A.L. Lepschy/G. Lepschy: Die italienische Sprache (UTB, 1371). Tübingen 1986.
Italienische Literaturwissenschaft
V. Kapp (Hg.): Italienische Literaturgeschichte. Stuttgart/Weimar 1992.
* E. Schulze-Witzenrath: Literaturwissenschaft für Italianisten. Eine Einführung. Tübingen 1998.
Portugiesische Sprachwissenschaft vgl. LRL Bd. 6/2, S. 130 ff.
V. Noll: Das brasilianische Portugiesisch. Herausbildung und Kontraste. Heidelberg 1999.
Portugiesische Literaturwissenschaft
G.C. Rossi: Geschichte der portugiesischen Literatur. Tübingen 1964.
H. Siepmann: Portugiesische Literatur des 19. und 20. Jahrhunderts in Grundzügen. 2. Aufl. Darmstadt 1995.
Rumänisch
E. Behring: Rumänische Literaturgeschichte von den Anfängen bis zur Gegenwart. Konstanz 1994.
* K.-H. Schroeder: Einführung in das Studium des Rumänischen. Sprachwissenschaft und Literaturgeschichte. Berlin 1967.
Galicisch
U. Herrmann: Das Galicische. Studien zur Geschichte und aktuellen Situation einer der nationalen Sprachen in Spanien. Frankfurt/M. 1990.
J. Kabatek: Die Sprecher als Linguisten. Interferenz- und Sprachwandelphänomene dargestellt am Galicischen der Gegenwart. Tübingen 1996.

Katalanisch
J. Hösle: Die katalanische Literatur von der Renaixença bis zur Gegenwart. Tübingen 1982.
J. Lüdtke: Katalanisch: eine einführende Sprachbeschreibung. München 1984.
* K.-H. Röntgen: Einführung in die katalanische Sprache. 3. Aufl. Bonn 1990.
Okzitanisch vgl. LRL Bd. 5/2, S. 1–126.
Sardisch
* G. Mensching: Einführung in die sardische Sprache. 2. Aufl. Bonn 1994.
Korsisch vgl. LRL Bd. 4, S. 799–835.
Rätoromanisch
R. Liver: Das Rätoromanische Graubündens. Tübingen 1999.
G. Rohlfs: Rätoromanisch. Die Sonderstellung des Rätoromanischen zwischen Italienisch und Französisch. Eine kulturgeschichtliche und linguistische Einführung. München 1975.
Judenspanisch
T. Harris: Death of a Language. The History of Judeo-Spanish. Newark/London/Toronto 1994.
S. Kowallik: Beiträge zum Ladino und seiner Orthographiegeschichte. Hamburg 1989.
Kreolsprachen
A. Bartens: Die iberoromanisch-basierten Kreolsprachen. Ansätze der linguistischen Beschreibung. Frankfurt/M. 1995.
P. Stein: Kreolisch und Französisch. Tübingen 1984.
Dalmatisch vgl. LRL Bd. 3, S. 522–536.

1 Von der Schule zur Universität: Lernziele und wie man sie erreicht

Einem Thema – oder einem Studium – kann man sich auf unterschiedliche Weise nähern. Wir wollen uns Giovanni Boccaccio (1313–1375) zum Vorbild nehmen, der den unterhaltsamen Geschichten seines *Decameron* eine Schilderung der Pestepidemie in Florenz (1348) vorangestellt hat und sich dafür bei seinen Leserinnen entschuldigt: «Dieser schreckliche Anfang wird für euch nicht anders sein wie für Wanderer ein unwegsamer, steiler Berg, hinter dem eine sehr schöne und anziehende Ebene verborgen ist, die ihnen um so mehr gefallen wird, je beschwerlicher Aufstieg und Abstieg waren»[1]. In diesem ersten Kapitel wird viel von Leistungen die Rede sein, die es zu erbringen gilt; die Romanistik verlangt den Studenten neben einer gewissen Sprachbegabung vor allem einiges Engagement ab – es wäre unehrlich, das zu verschweigen. Davon abgesehen sind die Anforderungen nicht wesentlich höher als in anderen geisteswissenschaftlichen Fächern; und es ist auch weder nötig noch wünschenswert, daß man pausenlos nur an den nächsten ‹Schein› oder die nächste Prüfung denkt. Griechisch *Philologie* bedeutet «Liebe zum Wort»; trotz Regelstudienzeit und Leistungsdruck ist lustbetonter Umgang mit Sprache, literarischen Texten und kulturellen Phänomenen nicht nur befriedigender, sondern im Endeffekt auch erfolgreicher als strikt leistungsorientiertes Vorgehen.

Romanistik ist mehr als Sprachenlernen. Fachleute sind sogar der Ansicht, fundierte Sprachkenntnisse seien nicht Zweck, sondern Voraussetzung eines Romanistik-Studiums.[2] Freilich ist das im Universitätsalltag ein frommer Wunsch: Im Französischen haben die meisten Studienanfänger gute, in Spanisch und Italienisch allenfalls geringe Kenntnisse, in den anderen Sprachen gar keine. So spielen die sprachpraktischen Übungen vor allem in den ersten Semestern eine wichtige Rolle; später verschiebt sich das Hauptgewicht mehr und mehr auf die wissenschaftliche Auseinandersetzung mit Sprache, Literatur und Kultur der romanischen Länder. Wer vor allem das Ziel hat, nach dem Abschlußexamen eine romanische Sprache (oder mehrere) in Wort und Schrift perfekt zu beherrschen, sollte nicht Romanistik studieren, sondern sich zum Dolmetscher oder Übersetzer ausbilden lassen.[3]

Das Fach Romanistik gliedert sich (unabhängig davon, welche Sprache als Schwerpunkt gewählt wird) in vier Teilbereiche:

– *Sprachpraxis*. Vorkenntnisse werden nur bei den Studienanfängern im Fach Französisch vorausgesetzt, für die anderen Sprachen, speziell für Italienisch und Spanisch, werden Anfänger-Kurse angeboten (empfehlenswert sind Intensivkurse, für die man zwar ein ganzes Semester opfern muß; dafür erreicht man aber rasch ein Niveau, das aktive Mitarbeit in Seminaren ermöglicht). Unterschiedliche Veranstaltungstypen bieten Gelegenheit, die Sprachkenntnisse kontinuierlich zu erweitern: Sprechfertigkeit und Hörverstehen kann man z. B. durch Konversationsübungen, Vorlesungen in der Fremdsprache (gehalten von ausländischen Lektoren) und vor allem im Sprachlabor trainieren; durch Aufsatzkurse und Übersetzungsübungen (aus dem Deutschen in die Fremdsprache oder umgekehrt) läßt sich das schriftliche Ausdrucksvermögen verbessern. In sprachpraktischen Veranstaltungen muß eine Reihe von Pflichtscheinen erworben werden (s. u.), der Leistungsnachweis erfolgt meist durch (eine oder mehrere) Klausur(en).

– Die *Sprachwissenschaft* [Linguistik] beschäftigt sich mit den romanischen Sprachen der Gegenwart [synchrone Perspektive] und mit ihrer geschichtlichen Entwicklung seit der Spätantike [diachrone Perspektive]. Die Systemlinguistik als Fortentwicklung der traditionellen Grammatik beschreibt die Bausteine, aus denen sich Sprache zusammensetzt: von den Lauten [zuständige Teildisziplinen: Phonetik und Phonologie] über die Wortformen [Flexionslehre oder Morphologie] und Wortbedeutungen [Semantik] bis zu den Sätzen [Syntax]. Gegenstand der Varietätenlinguistik sind die Sprachformen bestimmter gesellschaftlicher Gruppen, die sich zum Teil erheblich von der Standardsprache unterscheiden; darunter fallen z. B. Mundarten und Regionalsprachen [Dialektologie, Sprachgeographie], Jugend- und Studentensprache, die Fachsprachen einzelner Berufe (oder die Sprache der Fußballspieler, Jäger, Bergsteiger ...), die Abstufungen zwischen Hoch-, Umgangs- und Vulgärsprache [Soziolinguistik] und anderes mehr. Sprache erfüllt eine kommunikative

Funktion: Man bedient sich ihrer, um anderen etwas mitzuteilen. Wie das im einzelnen vor sich geht, untersucht die Pragmalinguistik (oder Pragmatik).

– Gegenstand der *Literaturwissenschaft* ist das Schrifttum in den romanischen Sprachen, von den mittelalterlichen Anfängen bis zur Gegenwart (der Schwerpunkt liegt naturgemäß auf der ‹Schönen Literatur›, aber besonders für die ältere Zeit werden auch Sachtexte einbezogen). Literarische Werke sind einerseits Gebilde aus Sprache, die nach eigenen (spezifisch ‹literarischen›) Gesetzen organisiert sind; andererseits machen sie Aussagen über außersprachliche Wirklichkeit. Ein Literaturwissenschaftler kann seine Aufmerksamkeit zum einen auf die Eigengesetzlichkeit, also auf die *ästhetische* Qualität von Texten richten; dann wird er z. B. die Erzähltechnik und den Stil eines Romans, die Dialoggestaltung in einem Theaterstück oder rhythmische Strukturen in Vers- oder Prosatexten analysieren, er wird den Querverbindungen zwischen Texten einer Epoche nachspüren oder (innerliterarische) Entwicklungsprozesse über einen kürzeren oder längeren Zeitraum verfolgen – er könnte z. B. zeigen, wie Charles Baudelaire mit seiner Gedichtsammlung *Les fleurs du mal* (Die Blumen des Bösen, 1857) die französische Lyrik verändert hat, oder das Streben nach Klarheit und Einfachheit in der italienischen Literatur des 18. Jahrhunderts als Reaktion auf barocken Schwulst deuten.

Zum anderen spiegelt Literatur das Weltbild und die Lebensverhältnisse der Gesellschaft, in der sie entstanden ist. Natürlich muß man hier differenzieren: Die Spekulanten in den Romanen Honoré de Balzacs (1799–1850) verhalten sich nicht immer so, wie sich ein Spekulant der 1830er Jahre nach der Ansicht des lesenden Publikums hätte verhalten sollen – und erst recht nicht so, wie sich Vertreter dieses Typus in der alltäglichen Wirklichkeit verhielten. Literarische Werke sind (mehr oder weniger subjektive) Beiträge zu Diskussionen, die innerhalb einer Gesellschaft geführt werden (in unserer Gegenwart werden z. B. Auseinandersetzungen über das Verhältnis Europas zur Dritten Welt oder über das Selbstverständnis der Frauen *auch* in der Literatur ausgetragen). Um das Besondere der Spekulanten-Porträts bei Balzac zu erfassen, wird man sie mit nichtliterarischen Zeugnissen aus derselben Zeit, Äußerungen von Journalisten, Nationalökonomen, Soziologen etc., konfrontieren müssen; das führt leicht dazu, daß die Frage «Was sagt Balzac über

Spekulation und Spekulanten?» den eigentlich interessanten Aspekt: «Mit welchen *literarischen* Techniken stellt Balzac Kapitalismus und Spekulation dar?» in den Hintergrund drängt. Die Literaturwissenschaft teilt sich ihren Gegenstand mit allen anderen Geisteswissenschaften, die ebenfalls literarische Quellen auswerten; damit hängt es auch zusammen, daß sie besonders leicht Theorie-Angebote der Nachbardisziplinen übernehmen und ihren Bedürfnissen anpassen kann (vgl. Schulz-Buschhaus 1994, S. 447): Soziologie, Philosophie, Psychoanalyse, Geschichtswissenschaft, auch die Linguistik haben zu unterschiedlichen Zeiten jeweils wesentliche Anregungen gegeben (vgl. unten Kap. 2).

Zweifellos spielt dabei das Bemühen eine Rolle, die Beschäftigung mit Literatur als Wissenschaft zu legitimieren: Während sich z. B. Physik oder Chemie mit Fragestellungen beschäftigen, die dem Laien großenteils fremd (aber für das alltägliche Leben relevant) sind, während die Musikwissenschaft immerhin über ein dem Uneingeweihten verschlossenes Zeichensystem (die Notenschrift) verfügt, sind für die Lektüre literarischer Texte keinerlei Fachkenntnisse erforderlich. Jeder, der eine Novelle aus dem *Decameron* liest, wird sie – auf seine Weise – verstehen und deuten; dasselbe tut auch der Literaturprofessor, der einen Aufsatz über diese Novelle in einer Fachzeitschrift veröffentlicht.

Allerdings dürfte der Professor ein privilegierter Leser sein, der nicht nur Boccaccio, sondern auch die frühere und spätere italienische Literatur, die antike Tradition, das geistige Leben im 14. Jahrhundert etc. mehr oder weniger genau kennt; er sollte daher in der Lage sein, die Novelle historisch zu verstehen. Zahlreiche, oft illustrierte Ausgaben präsentieren den *Decameron* als ‹Meisterwerk erotischer Literatur› oder ähnlich, und es ist unübersehbar, daß viele Geschichten von Liebe und Sexualität handeln. Liest man das Buch jedoch vor dem Hintergrund der zeitgenössischen Philosophie, tritt ein anderer Aspekt in den Vordergrund: Gegen die mittelalterliche Vorstellung, daß die Welt nach festen, immergleichen Regeln organisiert ist, setzt Boccaccio Geschichten, die ganz anders ausgehen, als es nach der allgemeinen Lebenserfahrung zu erwarten wäre, und unterstreicht damit die Bedeutung des Zufalls; ebendarin liegt die Modernität seiner Sammlung. Diese Erkenntnis muß einer ‹naiven› Lesart des Werks nicht widersprechen, kann sie aber vertiefen und bereichern; literaturwissenschaftliche Forschung fördert kein Spezialistenwissen zutage, die Ergebnisse können (und sollten) in Form von Kommentaren, Nachworten oder ähnlich an interessierte Laien vermittelt werden (andererseits steht es selbstverständlich jedem Leser des *Decameron* frei, sich an die deftigen erotischen Szenen zu halten und das Problem des Zufalls links liegenzulassen).

– Am schwersten einzugrenzen ist der Bereich der *Landeskunde* (auch *Landeswissenschaft* genannt). Hierbei handelt es sich um eine Art Superdisziplin, die neben bestimmten Bereichen der Natur (z. B. der Geographie) die gesamte Kultur (als Gesamtheit des von Menschen Geschaffenen, vgl. Hansen 1995, S. 17 ff) eines romanischen Landes umfaßt; insofern nimmt die Landeskunde das vorweg, was neuerdings als *Kulturwissenschaft* (bzw. *Cultural Studies*) bezeichnet wird. Der Totalitätsanspruch nötigt freilich dazu, sich auf das Sammeln und Ordnen des in anderen Disziplinen (Geschichte, Geographie etc.) gewonnenen Wissens zu beschränken; spezifisch landeskundliche Theorien und Methoden gibt es nicht und kann es nicht geben (vgl. Schulz-Buschhaus 1997, S. 337).

Im Fach Französisch können die Lehrveranstaltungen z. B. Louis XIV, Louis Pasteur oder Louis de Funès, die Tour de France, das Programm von TV 5, die Verfassung der Fünften Republik, den Weinanbau in der Bourgogne, die Malerei der Impressionisten, Pariser Architektur, die Nouvelle cuisine oder Asterix behandeln. Entsprechende Kenntnisse sind nicht zuletzt für das Verständnis literarischer Texte von Bedeutung, insofern ist die Landeskunde Hilfs- und Grundlagendisziplin für die Literaturwissenschaft (vgl. Ernst u. a. 1998, S. 289). Anderes läßt sich als Erweiterung sprach- und literaturwissenschaftlicher Fragestellungen verstehen: Um sich einen Überblick über die französische Presse zu verschaffen, kann man z. B. von Unterschieden der Sprachverwendung in einzelnen Zeitungen ausgehen; zwischen der Geschichte, die ein Film erzählt, und einem Roman gibt es viele Gemeinsamkeiten. Dagegen sind etwa auf dem Gebiet der Wirtschaft oder des Rechts spezifisch romanistische Vorkenntnisse von geringerem Nutzen; hier können Lehrveranstaltungen in der Regel nur gewisse Grundbegriffe vermitteln.

In den verschiedenen Studiengängen sind die Teilbereiche unterschiedlich gewichtet (eine Sonderstellung kommt der Sprachpraxis zu, denn Sprachkenntnisse sind zwar nicht das einzige, aber doch das erste Ziel jedes romanistischen Studiums): Im Staatsexamen für das Lehramt an Gymnasien und in der Magisterprüfung sind vor allem fundierte sprach- und literaturwissenschaftliche Kenntnisse nachzuweisen; wer sich auf das Lehramt an Realschulen (nur im Fach Französisch möglich) vorbereitet, hat es bei gleicher Schwerpunktsetzung etwas leichter (er muß sich z. B. nicht mit dem Altfranzösischen – der mittelalterlichen Sprachstufe – befassen).

In den Diplomstudiengängen, die Qualifikationen auch für Berufe außerhalb der traditionellen Tätigkeitsfelder von Geisteswissenschaftlern vermitteln wollen, spielt die Landeskunde eine größere Rolle; häufig ist die sprachpraktische Ausbildung um Kurse in Wirtschaftsfranzösisch, -spanisch oder -italienisch erweitert. Dafür sind die Anforderungen in Sprach- und Literaturwissenschaft geringer: Oft müssen sich Diplomromanisten nicht mit vor 1800 entstandener Literatur auseinandersetzen. Gerade bei den Diplomstudiengängen variieren die Lernziele und damit auch die Studienpläne (und die Pflichtscheine) von Universität zu Universität; erste Orientierung bietet die Übersicht im Anhang (S. 168 ff). – Wenn Romanistik nicht als Haupt-, sondern als Nebenfach studiert wird, bleiben die Schwerpunkte der Studiengänge gleich, allerdings werden von den Nebenfächlern deutlich weniger Leistungsnachweise verlangt (gewöhnlich müssen sie z. B. nur ein Hauptseminar besuchen, im Hauptfach sind es mindestens zwei).

Welche Lehrveranstaltungen ein angehender Romanist besuchen muß, erfährt man aus der Studienordnung; für den Magisterstudiengang an der Universität Bamberg, der uns als Beispiel dienen soll, sieht sie so aus:

| Grundstudium | (1.–4. Semester)

Übung: Einführung in die Sprachwissenschaft – Sch[einpflicht], 2 Semesterwochenstunden (= SWS)
Übung: Einführung in die Literaturwissenschaft – Sch, 2 SWS
Proseminar: Sprachwissenschaft – Sch, 2 SWS
Proseminar: Literaturwissenschaft – Sch, 2 SWS
wahlweise Vorlesungen oder Proseminare Sprachwissenschaft – 4–5 SWS
wahlweise Vorlesungen oder Proseminare Literaturwissenschaft – 4–5 SWS

Sprachpraktischer Grundkurs (Französisch: 1 Semester; Italienisch/Spanisch: 2 Semester) – Sch, 4 SWS (Frz.) bzw. 4+2 SWS (It./Sp.)
Übung: Phonetik/Phonologie – Sch, 2 SWS
Übung: Übersetzung Fremdsprache-Deutsch (mit Klausuren) – Sch, 2 SWS
wahlweise Übung: Übersetzung Deutsch-Fremdsprache – 2 SWS
wahlweise Übung: Grammatikrepetitorium – 2 SWS
wahlweise sonstige sprachpraktische Übungen – 5–6 SWS
wahlweise Übung: Landeskunde – 2 SWS
Gesamtstundenzahl – 38 SWS

| Hauptstudium | (5.–8. Semester)
2 Haupt- (oder Ober-)Seminare – jeweils Sch, je 2 SWS
wahlweise Vorlesungen oder Seminare – 8 SWS
Übung: Ältere Sprachstufe – Sch, 2 SWS
Übung: Grammatikkurs (Oberstufe) – Sch, 2 SWS
Übung: Wortschatz-Stilistik-Kurs – Sch, 2 SWS
wahlweise Übung: Aufsatz – 2 SWS
Übung: Übersetzung Deutsch-Fremdsprache (Oberstufe) – Sch, 2 SWS
wahlweise Übung: Übersetzung Fremdsprache-Deutsch – 2 SWS
wahlweise sonstige sprachpraktische Übungen – 5 SWS
wahlweise landeskundliche Veranstaltung – 2 SWS
wahlweise zweite romanische Sprache – 6 SWS
Gesamtstundenzahl – 37 SWS

Auf den ersten Blick ist der Unterschied zwischen Pflicht und Kür erkennbar: Einerseits gibt es Veranstaltungen, deren Besuch zwingend vorgeschrieben ist, wie die beiden Einführungsübungen zur Sprach- und Literaturwissenschaft, die möglichst in den ersten beiden Semestern besucht werden sollten. Am Semesterende wird eine Klausur geschrieben; wer sie besteht, bekommt einen ‹Schein›, den man benötigt, um zum Proseminar zugelassen zu werden.

In diesen Einführungen werden vor allem Grundbegriffe und die entsprechenden Termini eingeführt – das berüchtigte ‹Fachchinesisch›. Die verbreitete Abneigung gegen Fachvokabular scheint sich merkwürdigerweise

nur auf die Geisteswissenschaften zu erstrecken: Niemand stört sich daran, daß jede Sportart ihre eigene Terminologie entwickelt, und daß die Sprache der Computer-Experten mit Alltagsenglisch kaum noch etwas gemein hat, erregt auch keinen Anstoß. Nun ist es zweifellos lästig, z. B. die Bezeichnungen für ein paar Dutzend rhetorische Figuren auswendig lernen zu müssen; aber wer es nicht tut, macht sich das Leben unnötig schwer: Fachtermini sind Abbreviaturen, die eine schnellere Verständigung ermöglichen. Wenn Baudelaire (im Gedicht *A une Passante*) schreibt
La douceur qui fascine et le plaisir qui tue
(die Süße, die betört, und die Lust, die tötet),
kann ich natürlich mit Wörtern der Gemeinsprache beschreiben, was an diesem Vers auffällig ist: Er zerfällt in Hälften, die genau gleich gebaut sind (jeweils ein Substantiv mit bestimmtem Artikel, dann ein Relativsatz, dessen Verb kein Objekt bei sich hat); *douceur* und *plaisir* haben ähnliche Bedeutungen, aber zwischen den Verben *fasciner* und *tuer* besteht ein Gegensatz; außerdem scheint *tuer* nicht zu *plaisir* zu passen: Eine Erfahrung, die tötet, ist im allgemeinen nicht lustvoll, sondern unangenehm. Dasselbe kann ich aber auch kürzer und zugleich präziser sagen, indem ich die rhetorischen Figuren des Parallelismus und des Oxymorons benenne.

Das Proseminar bietet Gelegenheit, das in der Einführung Gelernte auf einen begrenzten Gegenstand anzuwenden und zu vertiefen; an größeren Universitäten gibt es gewöhnlich mehrere Proseminare zu jedem Bereich, der einzelne kann entscheiden, ob ihn z. B. die italienischen Dialekte mehr interessieren als die Geschichte des Wortschatzes, ob er Dantes *Divina Commedia* oder lieber Alessandro Manzonis *Promessi sposi* lesen will. Auch in Proseminaren wird der Lernerfolg manchmal durch eine Abschlußklausur überprüft; andere Dozenten vergeben statt dessen Referate, die schriftlich ausgearbeitet und im Seminar vorgetragen werden. Dieses Verfahren begünstigt exemplarisches Lernen: Das Referat behandelt nicht *I Promessi sposi* als Ganzes, sondern einen bestimmten Aspekt – z. B. die Perspektive des Erzählers, die Funktion der Landschaftsschilderungen oder die Bedeutung Manzonis für die Geschichte des historischen Romans. Natürlich erschöpft sich der Sinn eines solchen Referats nicht darin, hinterher alles über die Landschaftsschilderungen in den *Promessi sposi* zu wissen: Es geht darum, an einem mehr oder weniger beliebigen Beispiel Arbeitstechniken zu erlernen, die dann auch auf ganz andere Texte angewendet werden können.

Die Arbeit im Seminar ist *intensiv*: Ein literarisches Werk oder einige wenige Werke werden eingehend analysiert (spachwissenschaftliche Seminare behandeln ähnlich begrenzte Fragestellungen). Um größere Zusammenhänge zu erkennen, bedarf es aber *extensiver* Textkenntnis, die man sich ausgehend von *Vorlesungen* erarbeiten kann.

Die Vorlesung vermittelt einen Überblick über ein größeres Gebiet, z. B. über eine Epoche der Literaturgeschichte oder einen Teilbereich der Sprachwissenschaft (Semantik, Sprachgeschichte ...). Von den Teilnehmern ist aktives Zuhören gefordert (was mehr ist als Mitschreiben); ein Leistungsnachweis ist nicht zu erbringen, deshalb gibt es auch keine Scheine (im Zuge der Studienreform dürfte sich das allerdings ändern). Abgesehen davon, daß man im Verlauf des Studiums eine bestimmte Zahl von Vorlesungen besuchen muß (schon, um die geforderte Zahl von Semesterwochenstunden zu erreichen), kann man aus dem Angebot völlig frei auswählen; es ist auch nicht ehrenrührig, an einer Vorlesung nur unregelmäßig teilzunehmen oder ganz wegzubleiben, wenn z. B. ein Referat mehr Zeit kostet als ursprünglich eingeplant.

Um von einer Vorlesung zu profitieren, muß man sie nacharbeiten. Die Dozenten geben regelmäßig Hinweise auf wichtige Primär- und Sekundärliteratur; niemand kann alles lesen, aber einiges sollte man sich schon anschauen. Französisch, Spanisch oder Italienisch zu studieren bedeutet, daß man sich einen Überblick über die Hauptwerke der Literatur in dieser Sprache sowie über Teilbereiche und Arbeitsweisen der Sprach- und Literaturwissenschaft verschafft; so oder ähnlich steht es in den Studienordnungen, und spätestens im Abschlußexamen gilt es, entsprechend breite Kenntnisse unter Beweis zu stellen. Das macht viel Arbeit, Lektüre-Arbeit, die man großenteils in der vorlesungsfreien Zeit wird leisten müssen.

An dieser Stelle muß eines klar gesagt werden: Vieles und Wesentliches im Romanistik-Studium muß sich jeder selbst erarbeiten. Ein, vielleicht zwei Semester lang kann man an der Übung «Lektüre spanischer Zeitungen» teilnehmen, danach lohnt es nicht mehr; aber man sollte mindestens einmal in der Woche *El País* lesen. Lehrveranstaltungen sind keineswegs der einzige und auch nicht immer der beste Weg, um Sprachkenntnisse und landeskundliches Wissen zu erwerben; regelmäßig fremdsprachige Rundfunk- oder Fernsehprogramme zu verfolgen (oft im Sprachlabor der Universität möglich) oder ausländische Zeitungen durchzugehen (sie liegen im Lesesaal der Bibliothek auf), kostet zwar Zeit, zahlt sich aber mit Sicherheit aus.

Die größte Herausforderung (der eine oder andere würde vielleicht sagen: Zumutung) stellt naturgemäß die Primärliteratur dar. Ein grober Überblick über die literargeschichtliche Entwicklung der letzten Jahrhunderte ist nötig, um den Einzelwerken ihren jeweiligen historischen Ort zuweisen zu können (was Voraussetzung für ein tieferes Verständnis ist). Antwort auf die Frage «Was sollen Romanisten lesen?» bietet ein kleines Buch (Baasner/Kuon 1994) mit Titellisten zur französischen, spanischen/lateinamerikanischen und italienischen Literatur vom Mittelalter bis zur Gegenwart, jeweils mehr als 200 längere und kürzere Werke, Erzählendes, Dramen und Gedichtsammlungen. Die Romanisten sollen das nicht *alles* lesen, sondern eine eigene Auswahl treffen (zum engsten Bestand des Allerwichtigsten zählen die Verfasser z. B. nur 22 der insgesamt 237 französischen Titel); an den meisten Romanischen Seminaren sind ähnliche, allerdings kürzere Lektürelisten im Umlauf. Auf etliche tausend Seiten summiert sich die Menge des zu Lesenden allemal. Wer dies als lästige Pflicht ansieht, sollte seine Entscheidung, Romanistik zu studieren, vielleicht noch einmal überdenken.

Es gibt verschiedene Gründe, sich mit einem literarischen Text zu beschäftigen, und daher auch unterschiedliche Arten des Lesens. Studienanfänger werden häufig bemüht sein, ihre Sprachkenntnisse zu erweitern, deshalb jedes unbekannte Wort nachschlagen und vielleicht sogar in ein Vokabelheft eintragen. Dieses Verfahren ist naturgemäß sehr langwierig; nicht nur das Vergnügen am Text kommt dabei zu kurz, es besteht auch die Gefahr, daß über dem Bemühen, einzelne Wörter und syntaktische Strukturen zu verstehen, der Sinnzusammenhang in den Hintergrund tritt. Wenn es sich um umfangreichere, zumal ältere Texte handelt, sollte man deshalb lieber auf Übersetzungen zurückgreifen, die natürlich sprachlich-stilistische Eigenheiten des Originals höchstens annäherungsweise wiedergeben können; trotzdem ist es besser, ein Hispanist liest den *Don Quijote* (zunächst) auf Deutsch, als gar nicht.

Breite Kenntnis einer Nationalliteratur kann man sich nur durch *kursorische* Lektüre erwerben; Voraussetzung dafür ist, daß man möglichst bald auf den Gebrauch des Wörterbuchs verzichtet (der Sinn einzelner unbekannter Wörter läßt sich aus dem Zusammenhang erschließen). Kursorisches Lesen ist im Idealfall lustbetont, zumindest aber entspannt; es schadet nichts, wenn man sich Notizen macht oder wichtige Stellen anstreicht, aber man sollte nicht krampfhaft bemüht sein, nur ja nichts Wesentliches zu übersehen. Souveräner Umgang mit Literatur setzt eine gewisse Routine voraus; deshalb ist es wichtig, möglichst viel zu lesen (auf die Gefahr hin, daß man nicht jeden Text gleich gründlich liest). Ganz von selbst verbessern sich dabei auch die Sprachkenntnisse; einerseits prägen sich einzelne Wörter und Wendungen gleichsam unwillkürlich ein, andererseits fördert die Beschäftigung mit Literatur (auch mit älterer Literatur) das Gespür für idiomatischen Sprachgebrauch.

Lektürelisten sind nicht dazu da, von oben nach unten abgearbeitet zu werden; dennoch sollte man sich bemühen, systematisch zu lesen. Die Vorlesung zur «Französischen Erzählkunst im 19. Jahrhundert» ist z. B. eine gute Gelegenheit, sich je einen Roman von Balzac, Stendhal, Flaubert und Zola oder Novellen von Mérimée, Théophile Gautier und Maupassant vorzunehmen. (Wenn man nach dem dritten Buch die Lust am 19. Jahrhundert verliert, sollte man sich andererseits nicht scheuen, ein Werk aus einer anderen Epoche – oder einen Kriminalroman – dazwischenzuschieben.) Mit der Zeit sollte sich das Gelesene zu einem Überblick über 500 Jahre Literatur (das Mittelalter nicht gerechnet) runden.

Es genügt freilich nicht immer, einen Text kursorisch zu lesen. Vielleicht wird ein literaturwissenschaftliches Proseminar zu den *Promessi sposi* (oder zum *Père Goriot* von Balzac, 1834/35) angeboten; wer sich zur Teilnahme entschließt, wird sich ein Semester lang relativ eingehend mit diesem Roman zu beschäftigen haben. Aktiv mitarbeiten (also von dem Seminar profitieren) kann man um so eher, je genauer man den Text kennt; deshalb lohnt es, sich durch *intensive* Lektüre vorzubereiten. Zunächst sollte man (am Rand oder auf Notizzetteln) alles anmerken, was einem beim Lesen auffällt: stilistische Eigentümlichkeiten, Kommentare des Erzählers, lange Beschreibungen, Parallelen und Gegensätze zwischen Handlungselementen (Reden, Situationen …) und anderes mehr; anschließend kann man seine Beobachtungen nach gewissen Leitfragen ordnen: Wer erzählt? (Gibt es nur einen Erzähler, oder sind z. B. Binnenerzählungen einzelner Figuren eingeschoben?) Wie ist die Erzählung aufgebaut? (Gibt es Gliederungssignale, z. B. eine Buch- oder Kapiteleinteilung, bzw. Zeitsprünge, Ortswechsel u. ä.? Ist eine Symmetrie der Teile erkennbar?) Wie sind die Beziehungen der Figuren zueinander? (Sind strukturierende Prinzipien erkennbar, z. B. Verwandtschaftsverhältnisse oder Standesunterschiede? Gibt es markierte Gegensätze, z. B. zwischen Gut und Böse?) – und anderes mehr. Sinnvoll ist es auch, die Geschichte in wenigen Sätzen zusammenzufassen: So zeigt sich am deutlichsten, was wichtig und was unwichtig ist.

Eine Technik der intensiven Lektüre sollte jeder nach seinen persönlichen Vorlieben entwickeln. Im Grunde macht es natürlich wenig Unterschied, ob man wichtige Stellen mit Textmarker, mit Kugelschreiber oder mit Farbstiften anstreicht; dennoch bevorzugt der eine diese, der andere jene Methode. Trefflich streiten läßt sich auch darüber, ob man ein für allemal einen bestimmten Fragenraster entwickeln sollte, den man dann auf jedes Werk anwendet, oder ob man sich besser von den Besonderheiten des Einzeltexts leiten läßt; für das eine wie das andere Verfahren gibt es gute Gründe.

Natürlich sind Anstreichungen nur in Büchern möglich, die man selbst besitzt. Die Hauptwerke der Literatur sollte man sich in billigen Taschenbuchausgaben anschaffen, ebenso das eine oder andere Lehrbuch und eine Literaturgeschichte. Alles andere kann man aus der Bibliothek entleihen oder in Auszügen fotokopieren.

Auch im Umgang mit sprach- und literaturwissenschaftlicher Sekundärliteratur gilt es, zwischen intensiver und kursorischer Lektüre zu unterscheiden: Bestimmte grundlegende Werke wird man von der ersten bis zur letzten Seite genau studieren müssen; in Spezialarbeiten, die man z. B. bei der Vorbereitung eines Referats heranzieht, sind unter Umständen nur wenige Seiten oder gar nur einige Sätze wichtig. In solchen Fällen spart man durch gezieltes Suchen (‹Diagonal-Lesen›) eine Menge Zeit.

Das alles sollte man mitbedenken, wenn man den Stundenplan für das erste Semester zusammenstellt. Von den meisten Lehrveranstaltungen profitiert man nur, wenn man Zeit für gründliche Vor- und Nachbereitung hat, folglich sollte man sich auf keinen Fall zuviel vornehmen. Wenn Romanistik als Hauptfach studiert wird, sind bis zur Abschlußprüfung meist zwischen 70 und 80 Semesterwochenstunden zu belegen; bei acht Semestern Regelstudienzeit macht das acht bis zehn Wochenstunden (vier bis fünf zweistündige Kurse) pro Semester. Da im zweiten Hauptfach (oder in zwei Nebenfächern, wenn man die Anforderungen zusammenrechnet) noch einmal die gleichen Leistungen zu erbringen sind, wären in jedem Semester zwischen 16 und 20 Stunden Lehrveranstaltungen zu besuchen. Das ist dicht an der äußersten Grenze dessen, was sich bewältigen läßt, und für Anfänger eigentlich zuviel. Wer ganz oder fast ohne Vorkenntnisse mit Spanisch oder Italienisch anfängt, sollte sich im ersten Semester vor allem auf den entsprechenden Intensivkurs (ca. sechs Wochenstunden) konzentrieren; wenn man sich in drei oder vier Monaten die wesentlichen grammatischen Strukturen einer Sprache und einen Grundwortschatz erarbeiten will, bleibt für anderes kaum noch Zeit. Statt weitere Scheine zu machen, sollte man lieber Vorlesungen hören, um sich einen ersten Überblick über Fragestellungen und Arbeitsweisen in beiden Studienfächern zu verschaffen.

Auf das erste Semester folgt die vorlesungsfreie Zeit, die nicht gleichbedeutend ist mit Ferien: Wer gerade den Spanisch- oder Italienisch-Intensivkurs absolviert hat, sollte die zwei oder drei Monate nutzen, um seine Sprachkenntnisse zu erweitern, z. B. durch Lektüre (nicht zu schwieriger) fremdsprachiger Texte. Außerdem ist wohl auch einiges vorzubereiten: Noch bevor das alte Semester zu Ende geht, erscheint in der Regel das Kommentierte Vorlesungsverzeichnis des neuen (zu kaufen in der Seminarbibliothek oder im Sekretariat); hier findet man nicht nur Kurzbeschreibungen der Lehrveranstaltungen, sondern auch Hinweise auf Primär- und Sekundärliteratur, die in den Seminaren als bekannt vorausgesetzt wird.

Ein romanistisches Studium kommt einem Full-time-Job sehr nahe – obwohl es im allgemeinen nicht so betrieben wird, da die meisten Studenten während des Semesters, und erst recht in der vorlesungsfreien Zeit, arbeiten (müssen), um ihren Lebensunterhalt zu verdienen. Das ist eine Tatsache, mit der sich alle Beteiligten abzufinden haben und die auch positive Seiten hat: Nicht wenigen Romanisten eröffnet der Nebenjob langfristig eine berufliche Perspektive. Man muß sich nur im klaren sein, daß sich das Studium und eine berufliche Tätigkeit, die über wenige Stunden in der Woche hinausgeht, nur unter Aufbietung äußerster Energie miteinander vereinbaren lassen – im Klartext: Entweder hat die Woche 50 Arbeitsstunden (oder mehr), oder es dauert länger. Wer ständig nebenher arbeiten muß und den Ehrgeiz hat, gut vorbereitet ins Examen zu gehen, sollte sich von vornherein darauf einstellen, nicht acht, sondern zehn Semester zu studieren. (Bezeichnenderweise spielt das Faktum, daß sich heute viel weniger Studenten als vor 30 oder 40 Jahren ausschließlich auf ihr Studium konzentrieren können, in der öffentlichen Debatte über Studiendauer und Studienzeitverkürzung keine Rolle.)

Wer sein Studium mit ausreichenden Sprachkenntnissen aufnimmt, könnte sich die acht bis zehn Wochenstunden Romanistik im ersten Semester ungefähr so einteilen:

– *Einführung(en) in die Sprach- und/oder Literaturwissenschaft: 2 bzw. 4 Stunden*

Ob es sinnvoll ist, beide Einführungsübungen parallel zu besuchen, hängt von vielen Dingen ab. Wer noch ein zweites philologisches Fach studiert (z. B. Anglistik), kann auch französische (italienische, spanische) und englische Sprachwissenschaft und im folgenden Semester die literaturwissenschaftlichen Veranstaltungen kombinieren: Ein Teil des Stoffs ist in beiden Fächern gleich, anderes ergänzt sich. Andererseits berühren sich natürlich auch die beiden romanistischen Einführungen in manchen Punkten.

– *Sprachpraktische Veranstaltungen: 3–4 Stunden*

Für welche Kurse man sich entscheidet, hängt vom Kenntnisstand, von den Vorschriften der Studienordnung und natürlich auch vom Lehrangebot ab. Unter Umständen gibt es (wie in Bamberg, s. o.) einen obligatorischen Grundkurs; sonst sollten diejenigen, die fließend sprechen können, z. B. einen Konversationskurs besuchen, wer sich noch unsicher fühlt, fängt besser mit einer Grammatik- oder Wortschatzübung an. Besonders zu empfehlen sind die fremdsprachigen Vorlesungen der Lektoren, die gewöhnlich landeskundliche Themen behandeln (meist einstündig).

– *eine sprach- und/oder eine literaturwissenschaftliche Vorlesung: 2 bzw. 4 Stunden*

Vorlesungen sind grundsätzlich für alle Hörer offen, vom Erstsemester bis zum Examenskandidaten; gegebenenfalls wird im Kommentierten Vorlesungsverzeichnis auf Veranstaltungen hingewiesen, die für Anfänger besonders (oder gar nicht) geeignet sind.

Wer sein Programm nach diesem Muster zusammenstellt, sollte am Ende des Semesters erste Erfolgserlebnisse erzielen können. Allerdings gilt, hier wie bei allen früheren und künftigen Empfehlungen: Wer besonders interessiert ist, seine Arbeitszeit optimal zu nutzen versteht und nicht nebenbei arbeiten muß, *kann* auch mehr Veranstaltungen besuchen. Es gibt kein Patentrezept, wie man am besten studiert; wo die eigene Belastungsgrenze liegt, muß jeder selbst herausfinden. Im übrigen mag das, was für die Mehrheit der Studienanfänger richtig und notwendig ist, für den einzelnen durchaus falsch oder überflüssig sein. Wer z. B. in Spanien oder Italien aufgewachsen ist, kann gegebenenfalls von sprachpraktischen Kursen befreit werden; wer schon in der Schulzeit Linguistik als Hobby betrieben hat, wird vielleicht die sprachwissenschaftliche Einführung und das Proseminar parallel besuchen dürfen etc. In den Studienordnungen und an der Universität allgemein gibt es (fast) keine Regel, von der nicht auch abgewichen werden kann, wenn besondere Umstände vorliegen.

Zu den Einführungen (aber auch zu anderen Veranstaltungen, z. B. zu Proseminaren) werden häufig Tutorien angeboten. Die Tutoren sind Studenten höherer Semester, die in Abstimmung mit dem Dozenten den Stoff des Kurses wiederholen und vertiefen: Wenn in der literaturwissenschaftlichen Einführung an zwei, drei Beispielen vorgeführt wurde, wie man das Versmaß französischer Gedichte bestimmt, wird das im Tutorium so lange geübt, bis es jeder sicher beherrscht. Auch die Tutorien sind gewöhnlich zweistündig, der Stundenplan derer, die mitmachen, füllt sich also noch weiter; die Teilnehmerzahl ist denn auch fast immer deutlich kleiner als im Hauptkurs. Ebendeshalb ist es möglich, auf alle Fragen einzugehen (auch auf ganz praktische Fragen: Wie funktioniert die Computer-Ausleihe in der UB? oder: Welcher Copy-Shop in Uni-Nähe ist der beste?). Wenn man in Zeitnot gerät, aber das Tutorium unbedingt besuchen will, sollte man getrost eine andere Veranstaltung streichen. (Allgemein geben die Studienordnungen der Eigenverantwortung der Studenten vielleicht nicht hinreichend Raum. Wer in einem Semester zwei romanistische Seminare besucht und sich Woche für Woche gründlich vorbereitet, dürfte dem maximalen Lernerfolg sehr nahe kommen; wenn er daneben nur noch zwei Vorlesungen ‹belegt›, ohne hinzugehen, ist das sicher kein Unglück.)

Davon abgesehen läßt sich die für ein geisteswissenschaftliches Studium charakteristische Vereinzelung auch dadurch überwinden, daß man Arbeitsgruppen bildet; ob man sich besser zu zweit oder zu sechst zusammensetzt, hängt dabei von den Umständen und vom Temperament der Beteiligten ab. Die Vorteile gemeinsamen Lernens liegen auf der Hand: Es macht mehr Spaß, man motiviert sich gegenseitig, täuscht sich auch weniger leicht über den eigenen Kenntnisstand. Auf eine Klausur oder eine mündliche Prüfung kann man sich zu mehreren meist besser vorbereiten als allein. Auch bei Referaten ist Gruppenarbeit grundsätzlich möglich (damit es Scheine gibt, muß klar erkennbar sein, wer für welchen Teil verantwortlich ist); die gemeinsamen Anstrengungen zu koordinieren, kostet allerdings Zeit: Wenn zwei zusammen ein Referat schreiben, für das einer allein 50 Stunden gebraucht hätte, wird jeder der beiden nicht 25, sondern 30 oder 35 Stunden aufwenden müssen. Andererseits kommt es der Sache natürlich zugute, wenn mehrere ihre Ideen und Kenntnisse einbringen.

Ein nützlicher Nebeneffekt der Gruppenarbeit ist, daß freies Sprechen und Diskussionsverhalten trainiert werden – nicht nur in der Fremdsprache, sondern auch im Deutschen. Zum Ertrag, den ein Romanistikstudium abwirft, gehören auch solche kommunikativen Fähigkeiten – auf dem Arbeitsmarkt sind sie mitunter wertvoller als Fachwissen. Deshalb sollte man jedes Seminar als praktische Rhetorik-Übung auffassen und eventuelle Hemmungen, sich zu Wort zu melden, möglichst schnell zu überwinden suchen. Wer ein Referat hält, sollte wissen, daß er um die Aufmerksamkeit der Zuhörer werben muß; es gibt viele Möglichkeiten, einen Vortrag interessant zu gestalten: pointiert zugespitzte Thesen, konkrete Beispiele für abstrakte Sachverhalte, Medieneinsatz (Schaubilder, Film- oder Tonbeispiele ...) und anderes mehr. Auch bei einer schriftlichen Arbeit sollte man die Notwendigkeit, einen möglicherweise sperrigen Sachverhalt in Worte zu fassen, nicht als lästige Pflicht, sondern als Herausforderung an die eigene sprachliche Kreativität begreifen.

Wer ein gutes Referat schreiben will, muß nicht nur fachspezifische Arbeitstechniken beherrschen; ebenso wichtig sind allgemeinere Fertigkeiten, die sich auf das Sammeln, Ordnen und Verarbeiten von Informationen beziehen. Im italianistischen Proseminar zu Umberto Ecos Roman *Il nome della rosa* (Der Name der Rose,

1980) hätte man vielleicht das Thema: «Die Ketzerbewegungen des 14. Jahrhunderts im Roman» zu bearbeiten. Ein erster Schritt wäre, die Passagen des Buches zu analysieren, in denen vom Kampf der Kirche gegen die Ketzer die Rede ist. Um die Bedeutung dieses Elements innerhalb des Romans einschätzen zu können, muß man sich nun aber auch über die historische Realität informieren, auf die Eco Bezug nimmt; man muß also nachlesen, was theologische oder kirchengeschichtliche Handbücher über häretische Strömungen zu berichten wissen. Vermutlich hat der Seminarleiter auch darauf hingewiesen, daß Leser und Kritiker Beziehungen zwischen den mittelalterlichen Ketzern und der Terrororganisation der Brigate Rosse erkannt haben, die in den siebziger Jahren zahlreiche Anschläge verübten; man wird also auch die italienische Zeitgeschichte zu berücksichtigen haben. Mit ebendiesem Thema hat sich nun aber auch schon die literaturwissenschaftliche Eco-Kritik befaßt: Es gibt Bücher und Aufsätze, die unter Überschriften wie «Eco und das Mittelalter», «Gegenwartsbezug des Romans» oder ähnlich Wesentliches zur Fragestellung des Referats beitragen; man kann diesen Arbeiten Fakten entnehmen oder sich von ihren Deutungen anregen lassen, sich seine eigenen Gedanken zu machen.

Daß man nach Fertigstellung des Referats einiges über die Ketzerbewegungen im 14. Jahrhundert weiß, ist kein Nachteil; letztlich wichtiger ist aber (auch in Hinblick auf den späteren Beruf), daß man Methoden des Recherchierens einübt: Wie findet man Spezialliteratur zum Thema? (Dazu ist es nötig, die Katalog-Systematik der Universitätsbibliothek und die einschlägigen Bibliographien [Bücherverzeichnisse] zu kennen.) Wie wertet man sie aus? (Hier kommt es darauf an, Wichtiges von Unwichtigem zu trennen: Unter der Fragestellung, die man verfolgt, mag z. B. nur das Resultat einer Studie bedeutsam sein, nicht die einzelnen Schritte der Beweisführung. Oft ist es hilfreich, Gedankengänge stichwortartig zusammenzufassen; zentrale Stellen sollte man sich herausschreiben oder deutlich markieren. Ob man seine Notizen in den Computer eingibt oder z. B. Karteikarten anlegt, ist Geschmackssache: Beide Arbeitsweisen haben Vor- und Nachteile.) Wie wägt man zwischen unterschiedlichen Forschungspositionen ab und gelangt zu einer eigenen Meinung? (Wenn man drei oder vier Aufsätze zu einem Thema gelesen hat, sollte man die angeführten Argumente zusammenstellen und vergleichen; dabei zeigt sich möglicherweise, daß bestimmte Ansichten überholt sind, weil sie auf falschen Voraussetzungen basieren [z. B. einen zu hohen oder zu niedrigen Prozentsatz deutscher Lehnwörter im Italienischen annehmen oder Daten zu Entstehungszeit, Verfasserschaft, Verbreitung eines literarischen Werks zugrunde legen, die später korrigiert worden sind]. Weiterhin gilt es, das methodische Vorgehen in den einzelnen Arbeiten und die Plausibilität der gezogenen Schlußfolgerungen kritisch zu vergleichen.) Wie formuliert man schließlich seine Ergebnisse aus? (Manchmal ergibt sich die Gliederung des Referats aus der Themenstellung: Wenn das Problem, das es zu lösen gilt, aus mehreren Teilfragen besteht, kann man diese nacheinander abhandeln. Wird ein Sachverhalt in der Forschung widersprüchlich beurteilt, sollte man erst die eine, dann die andere Seite zu Wort kommen lassen. Der Referent kann aber auch den Gang der Überlegungen nachzeichnen, die ihn zu seiner persönlichen Auffassung geführt haben.)

Es gibt eine Reihe von Einführungen in die Technik wissenschaftlichen Arbeitens, die von den rein formalen (z. B. Zitierpraxis) bis zu inhaltlichen Aspekten (Aufbau und Gliederung, Art der Argumentation ...) und zum Umgang mit dem Computer alles behandeln, was im Seminarreferat, aber auch in der Magister- oder Diplomarbeit zu beachten ist (vgl. die Liste unten S. 48).

Die schriftlichen Fassungen der Referate (‹Hausarbeiten›) entstehen häufig erst in der Vorlesungspause nach dem Semester, in dem die Lehrveranstaltung stattgefunden hat. Nun ist es sicherlich sinnvoll, im Seminar eine Rohfassung vorzutragen, so daß man bei der späteren Ausarbeitung Ergebnisse der Diskussion und Empfehlungen des Dozenten noch berücksichtigen kann; andererseits spart man eine Menge Zeit, wenn man das Referat vor Semesterbeginn in Angriff nimmt, weil man so die Vorbereitung auf das Seminar gleich miterledigt. Wann immer es sich einrichten läßt, sollte man sich möglichst frühzeitig ein Thema geben lassen (die entsprechenden Listen werden oft schon gegen Ende des vorangehenden Semesters ausgehängt); wenn man von der ersten Seminarsitzung an mit dem Lehrstoff (zumindest mit den Aspekten, die das eigene Referat behandelt) gut vertraut ist, wird man sich auch mit Gewinn an der Diskussion beteiligen können. Um das Referat zu Ende zu schreiben, braucht man dann später nur noch ein paar Tage.

Vor- und Nachbereitung von Lehrveranstaltungen, kontinuierliche Erweiterung der Sprachkenntnisse und des landeskundlichen Wissens und die Lektüre literarischer Texte summieren sich zu einer Routine, die die Arbeitszeit eines Romanistik-Studenten während des Semesters wie in den Vorlesungspausen durchaus vollständig ausfüllen könnte. Zeit muß man allerdings auch für anderes aufwenden, z. B. für einen Auslandsaufenthalt oder für Praktika, wie sie in bestimmten Studiengängen vorgeschrieben sind. Die entsprechenden Nachweise sind meist erst bei der Meldung zum Abschlußexamen vorzulegen; gerade deshalb ist es nötig, frühzeitig eine Art Gesamtplan des Studiums zu entwerfen, in dem alle besonderen Verpflichtungen ihren Platz haben.

– Für viele romanistische Studiengänge ist das Latinum (bzw. der Nachweis von Lateinkenntnissen) gefordert; wer die entsprechende Qualifikation nicht während der Schulzeit erworben hat, muß dies gewöhnlich während des Grundstudiums nachholen. Das Kursangebot der Universitäten ist unterschiedlich, in der Regel wird man mindestens die Arbeitszeit eines Semesters aufwenden müssen. Übrigens ist ohne fundierte Lateinkenntnisse die Beschäftigung mit historischer Sprachwissenschaft oder mit älterer (vor 1800 entstandener) Literatur nahezu unmöglich (vgl. Kramer 1998); es gibt also gute Gründe, sich für die Sache selbst und nicht nur für den Pflichtschein zu interessieren.

– Wer eine zweite romanische Sprache erlernen muß oder erlernen will, wird dafür ebenfalls ein Semester einplanen müssen; in Hinblick auf die Arbeitsbelastung macht es keinen großen Unterschied, ob man einen zweistündigen Kurs über drei Semester oder einmal einen sechsstündigen Intensivkurs besucht.

– Die Chancen, die ein Auslandsaufenthalt bietet, sollten Romanisten unbedingt wahrnehmen (unabhängig davon, was die Studienordnung vorschreibt). Über Möglichkeiten, ein Stipendium zu erhalten, Austauschprogramme einzelner Universitäten etc. informiert das Akademische Auslandsamt vor Ort; auch die romanistischen Lektoren haben oft gute Tips. Auf jeden Fall sollte man sich frühzeitig erkundigen, denn der günstigste Zeitpunkt für einen Auslandsaufenthalt ist kurz nach der Zwischenprüfung (d. h. nach dem vierten Semester oder etwas später). Wer für ein Studienjahr oder ein Semester im Ausland studieren will, sollte vorher klären, welche Leistungsnachweise er in dieser Zeit erwerben kann; es gibt auch außeruniversitäre Alternativen, man kann z. B. ein Jahr an einer französischen Schule unterrichten.

– Ferienkurse speziell für Ausländer, wie sie von Universitäten in wohl allen romanischen Ländern (meist im Sommer) angeboten werden, können einen mehrmonatigen Auslandsaufenthalt nicht ersetzen; wer aber das Studium (fast) ohne Vorkenntnisse aufnimmt, sollte (am besten nach dem zweiten Semester) einen solchen Kurs besuchen, um Sicherheit im Gebrauch der Sprache zu gewinnen. Auch die Kenntnisse in der zweiten romanischen Sprache lassen sich auf diese Weise wesentlich verbessern. Dauer der Kurse (meist vier bis sechs Wochen), Lehrangebot, Unterbringung (in Wohnheimen oder in Familien), auch Freizeitangebote sind höchst unterschiedlich; Informationen, auch zu Stipendienangeboten, erhält man über die Akademischen Auslandsämter. Hauptfach-Studenten sollten den Ferienkurs auch als Vorbereitung auf den ‹großen› Auslandsaufenthalt ein Jahr oder anderthalb Jahre später verstehen.

– Für die Diplomstudiengänge sind häufig mehrwöchige Praktika vorgeschrieben. Firmen, die Praktikanten aufnehmen, sind zumal im Ausland nicht leicht zu finden; zwar dürfte jedes Romanische Seminar über eine Liste einschlägiger Adressen verfügen, aber oft ist es aussichtsreicher, sich selbst umzuschauen. Wer in der vorlesungsfreien Zeit regelmäßig z. B. bei einer Zeitung arbeitet, sollte sich erkundigen, ob diese Tätigkeit als Inlandspraktikum anerkannt wird; vielleicht hat man Freunde, Verwandte, einen Arbeitgeber oder Studienkollegen, die den Kontakt zu einem ausländischen Unternehmen herstellen können. Auch um einen Praktikumsplatz sollte man sich frühzeitig bemühen.

Zuletzt noch ein Aspekt, der vielleicht am Anfang hätte stehen sollen: Romanistik allein kann man nicht studieren, man braucht, jedenfalls an deutschen Universitäten, noch ein zweites Hauptfach (oder zwei Nebenfächer). Im Magisterstudiengang kann man z. B. Romanistik mit Schwerpunkt Italienisch als erstes Hauptfach und als zweites Anglistik, Germanistik, Philosophie, Kunstgeschichte oder was auch immer wählen; für Romanistik mit Schwerpunkt Französisch oder Spanisch gilt das gleiche (oft müssen Kombinationen mit Fächern aus anderen Fakultäten, z. B. mit einer Naturwissenschaft, vom Prüfungsausschuß genehmigt werden). Verbindungen wie Spanisch (erstes Hauptfach) und Französisch (zweites Hauptfach) sind dagegen ausgeschlossen. (Wer ein Hauptfach und zwei Nebenfächer studiert, darf dagegen im allgemeinen zwei Fächer aus dem Bereich der Romanistik wählen, z. B. Romanistik mit dem Schwerpunkt Spanisch als Hauptfach und Romanistik mit dem Schwerpunkt Italienisch als ein Nebenfach; wenn im Hauptfach Beschäftigung mit einer zweiten Sprache vorgeschrieben ist, darf diese Sprache nicht zugleich Nebenfach sein, das heißt, man muß insgesamt drei Sprachen studieren.)

Die Studienordnungen lassen die unterschiedlichsten Fächerverbindungen zu, es gibt freilich auch Einschränkungen, z. B. bei den Lehramtsstudiengängen: Wer in Bayern Gymnasiallehrer werden will, kann Französisch nur in Verbindung mit Deutsch, Englisch oder Latein studieren; für Italienisch und Spanisch ist die Kombination mit Englisch zwingend vorgeschrieben, es ist aber ratsam, ein drittes Fach hinzuzunehmen. In den Diplomstudiengängen ist das Angebot an Nebenfächern meist auf eine bestimmte berufliche Perspektive ausgerichtet (im Diplomstudiengang der Universität Bamberg muß z. B. das Hauptfach Romanistik mit einem der Wahlpflichtfächer Literaturvermittlung, Deutsch als Fremdsprache, Politikwissenschaften, Soziologie, Wirtschaftswissenschaften [mit Schwerpunkt Volks- oder Betriebswirtschaftslehre] oder Erwachsenenbildung kombiniert werden).

Es gibt gute Gründe dafür, daß bestimmte Fächerverbindungen, z. B. Romanistik und Anglistik, besonders beliebt sind: Die Fragestellungen und Arbeitsweisen der beiden Fächer sind ähnlich, und es gibt vielfältige kulturelle (bzw. literarische) Beziehungen zwischen den englischsprachigen Ländern und der Romania. Andererseits wird man sich um so eher für eine ungewöhnliche Fächerkombination entscheiden, je genauer das (berufliche oder persönliche) Ziel definiert ist, das man damit verfolgt: Romanistik und Betriebswirtschaft zu studieren liegt nahe, wenn man schon einmal in einem Fachverlag oder einem multinationalen Unternehmen gearbeitet hat und weiß, was sich mit einer solchen Ausbildung anfangen läßt. Die

Fächervielfalt der Universitäten sollte es jedem ermöglichen, sich seinen individuellen Ausbildungswunsch zu erfüllen. Was man hinterher mit dem Abschlußzeugnis ‹anfangen› kann, hängt in den Geisteswissenschaften weniger von den Studienfächern als von den erworbenen Fertigkeiten ab; insofern gibt es weder ‹richtige› noch ‹falsche› Kombinationen.

Anmerkungen

1 G. Boccaccio: Decameron. A cura di V. Branca. Nuova ed. Firenze 1965, S. 11; Übersetzung A.G.
2 So steht es z. B. im Entwurf der *Fachspezifischen Bestimmungen für die Magisterprüfung mit Romanistik als Haupt- und Nebenfach* (Gemeinsame Kommission für die Koordinierung der Ordnung von Studium und Prüfungen, Bonn, 6. 6. 1997), S. 15 f.
3 Mehrere deutsche Universitäten bieten Studiengänge für Diplom-Übersetzen bzw. Diplom-Dolmetschen an, so die Humboldt-Universität in Berlin; die Universität Heidelberg; die Universität Hildesheim (Diplomstudiengang Fachübersetzen: Fremdsprachen plus technische Fächer und angewandte Datenverarbeitung); die Universität Leipzig; die Universität Mainz (Fachbereich Angewandte Sprach- und Kulturwissenschaft in Germersheim) oder die Universität Saarbrücken.

Literatur

F. Baasner/P. Kuon: Was sollen Romanisten lesen? Berlin 1994.
G. Ernst/A. Hahn/U. Schulz-Buschhaus: Zukunftsperspektiven der Romanistik. In: Literaturwissenschaftliches Jahrbuch Neue Folge 39 (1998), S. 277–296.
K.P. Hansen: Kultur und Kulturwissenschaft. Eine Einführung (UTB, 1846). Tübingen/Basel 1995.
D. Kollmann/B. Meisser: Studieren in Europa. Frankreich. Das Nachschlagewerk mit sprachlicher Begleitung – Von Abitur bis Zulassung. 2. Aufl. München 1998.
J. Kramer: Wozu brauchen Romanisten Latein? In: D. Briesemeister/A. Schönberger (Hg.): Ex nobili philologorum officio: Festschrift für Dietrich Bihler zu seinem 80. Geburtstag. Berlin 1998, S. 1–23.
U. Schulz-Buschhaus: «Moden in der Literaturwissenschaft – gibt es sie?» In: Jahrbuch der Deutschen Schillergesellschaft 38 (1994), S. 445–450.
Ders.: Die Zukunft der (französischen) Literaturwissenschaft. In: Zeitschrift für französische Sprache und Literatur 107 (1997), S. 332–340.

Literatur zu Arbeitstechniken im Studium (Auswahl)

A. Bänsch: Wissenschaftliches Arbeiten. Seminar- und Diplomarbeiten. 6. Aufl. München/Wien 1998.

W. Faulstich/H.-W. Ludwig: Arbeitstechniken für Studenten der Literaturwissenschaft. Tübingen 1978.

F. Hülshoff/R. Kaldewey: Mit Erfolg studieren. Studienorganisation und Arbeitstechniken. 3. Aufl. München 1993.

O. Kruse (Hg.): Handbuch Studieren. Von der Einschreibung bis zum Examen. Frankfurt/M. 1998.

Ders.: Keine Angst vor dem leeren Blatt. Ohne Schreibblockaden durchs Studium. 5. Aufl. Frankfurt/M. 1997.

M. Pabst-Weinschenk: Reden im Studium. Ein Trainingsprogramm. Frankfurt/M. 1995.

G. Rückriem/J. Stary/N. Franck: Die Technik wissenschaftlichen Arbeitens. Eine praktische Anleitung. 10. Aufl. Paderborn etc. 1997.

G. Seidenspinner: Wissenschaftliches Arbeiten. Techniken, Methoden, Hilfsmittel – Aufbau, Gliederung, Gestaltung – richtiges Zitieren. 9. Aufl. München/Landsberg 1994.

W. Sesink: Einführung in das wissenschaftliche Arbeiten ohne und mit PC. 2. Aufl. München/Wien 1994.

E. Standop: Die Form der wissenschaftlichen Arbeit. 14. Aufl. Heidelberg/Wiesbaden 1994.

J. Stary/H. Kretschmer: Umgang mit wissenschaftlicher Literatur. Eine Arbeitshilfe für das sozial- und geisteswissenschaftliche Studium. Frankfurt/M. 1994.

U. Steinbuch: Raus mit der Sprache. Ohne Redeangst durchs Studium. Frankfurt/M. 1998.

L. von Werder: Wissenschaftliche Texte kreativ lesen. Kreative Methoden für das Lernen an Hochschulen und Universitäten. Berlin/Milow 1994.

2 Roman(t)ische Philologie: Stationen der Wissenschaftsgeschichte

Im Jahre 1920 nahm der Romanistik-Professor Oskar Schultz-Gora (1860–1942) kritisch Stellung zu neueren Entwicklungen in seinem Fach.[1] Daß deutsche Romanisten die ‹moderne›, das heißt nachmittelalterliche Literatur Frankreichs lange vernachlässigt hatten, mochte er zwar nicht ausdrücklich loben, aber er fand es verständlich: zum einen, weil er (ziemlich unsympathische) rassistisch-nationalistische Vorurteile hegte, zum anderen, weil man mit der Art von Romanistik, die er betrieb (und lehrte), der Literatur z. B. des 19. Jahrhunderts nicht beikommen konnte: «um hier richtig zu urteilen, bedarf es außer Kenntnissen und Verstand ästhetischer Begabung und eines nachfühlenden Kunstsinnes, die angeboren sind und nicht erworben werden können» (S. 219). Ähnlich unbillig schien Schultz-Gora übrigens das Ansinnen, ein Professor der Romanistik müsse fließend Französisch sprechen können.

Für das 19. Jahrhundert waren die neueren Philologien (Germanistik, Romanistik, Anglistik) Wissenschaften von mittelalterlicher Sprache und Literatur. Ein Philologe, so steht es im maßgeblichen Handbuch jener Zeit, hat sich um «die unverstandene oder unverständlich gewordene Rede und Sprache» zu kümmern (Gröber 1897–1906, Bd I, S. 193); die neuere Literatur, die in unmittelbar verständlicher Sprache abgefaßt ist, geht den Literaturkritiker oder «Ästhetiker» an. Solche Leute sind keine Wissenschaftler, und ihr Platz ist nicht an der Universität.

Die Vor- oder auch Frühgeschichte der Romanistik beginnt, wenn man so will, mit Dante Alighieri (1265–1321), der bereits die enge Verwandtschaft der italienischen, französischen und okzitanischen Sprache erkannte. In den folgenden Jahrhunderten entstehen neben Grammatiken, Sprachlehren oder Wörterbüchern auch bedeutende Beiträge zu Theorie und Geschichte der romanischen Sprachen und Literaturen. Die Romanistik als akademische Disziplin gibt es jedoch erst seit Beginn des 19. Jahrhunderts.

Als ihr Begründer gilt Friedrich Diez (1794–1876), der seit 1821 als Lektor, seit 1830 dann als ordentlicher Professor für «mittlere und neuere Literaturgeschichte» an der Bonner Universität lehrte. In dieser Zeit entdeckten die deutschen Romantiker das Mittelalter und seine Literatur, und die Methoden der Textkritik, die die klassische Philologie am lateinischen und griechischen Schrifttum entwickelt hatte, wurden erstmals auf mittelhochdeutsche Texte angewandt. Diez stellte den deutschen Lesern zunächst die Dichtung der okzitanischen Troubadours vor, mit vielen Textproben in deutscher Übersetzung. Er sah es als seine Aufgabe an, «sich durch die Dornen des historisch-kritischen Weges zu arbeiten, ohne auf die glattere Bahn der ästhetischen Behandlung abweichen zu dürfen» (Hirdt/Baum/Tappert 1993, Bd. 2, S. 709), denn die Gedichte der Troubadours, altfranzösische Heldenepen oder spanische Chroniken des Mittelalters mußten dem Publikum erst durch moderne Editionen erschlossen werden. Mittelalterliche Handschriften aber geben selbst erfahrenen Herausgebern viele Rätsel auf: Sie enthalten zahlreiche Abkürzungen; oft ist nicht erkennbar, wo ein Wort aufhört und das nächste anfängt, es gibt keine Zeichensetzung, die die syntaktische Struktur verdeutlichte, und selbst den zuverlässigsten Schreibern unterlaufen hin und wieder Fehler.

Deutsche und ausländische Forscher haben während des ganzen 19. Jahrhunderts immer mehr Texte des romanischen Mittelalters kritisch herausgegeben und dabei die Editionstechnik beständig vervollkommnet. Grammatiken und Wörterbücher entstanden zunächst als Hilfsmittel für die Textlektüre; bald aber verselbständigte sich die historische Sprachbetrachtung zu einer eigenen Teildisziplin der Romanistik. Das zeigt sich schon bei Friedrich Diez, der nach seinen Troubadour-Studien eine dreibändige *Grammatik der romanischen Sprachen* (1836–1843) und ein *Etymologisches* [Herkunfts-] *Wörterbuch der Romanischen Sprachen* (1853) verfaßte.

Die romanischen Sprachen sind ein dankbares Objekt für vergleichende Untersuchungen, weil sie im Lateinischen ihren gemeinsamen Ursprung haben. Nachdem Forscher wie Franz Bopp (1791–1867) die Verwandtschaft der indoeuropäischen Sprachen (Sanskrit, Griechisch, Latein, Germanisch ...) nachgewiesen hatten, entstanden Allgemeine Sprachwissenschaft und Indogermanistik als historisch-vergleichende Disziplinen. Ihnen kam zugute, daß im

Französische Handschrift von 1294 (Frère Laurent, *Somme le roi*), aus:
J. Stiennon: Paléographie du moyen âge. Paris 1973, S. 255

Zeitalter des Positivismus (begründet von A. Comte, *Cours de philosophie positive*, 1830–1842) die Exaktheit der Naturwissenschaften auch in den Geisteswissenschaften erreicht werden sollte. Die Veränderungen von einer hypothetischen indoeuropäischen Ursprache zum Lateinischen und vom Lateinischen zu den romanischen Sprachen ließen sich, so schien es den Vertretern der sogenannten ‹junggrammatischen› Schule, in Lautgesetze fassen, denen die gleiche Allgemeingültigkeit zukäme wie den Naturgesetzen. In der Romanistik wurde diese Richtung vor allem von Wilhelm Meyer-Lübke (1861–1936) vertreten, dessen *Grammatik der romanischen Sprachen* (1890–1902) und *Romanisches Etymologisches Wörterbuch* (1930–1935) die Vorgänger-Werke Diezens ersetzen. Obwohl der heuristische (praktische) Wert der Lautgesetze, die bis heute z. B. in Altfranzösisch-Kursen gelehrt werden, unbestritten ist, hat sich die Vorstellung naturwissenschaftlicher Exaktheit längst als unhaltbar erwiesen: In der historischen Sprachwissenschaft wie in allen anderen geistes- und übrigens auch naturwissenschaftlichen Teildisziplinen sind Resultate nie unabhängig von epochen- und institutionenspezifischen Denkgewohnheiten (‹Diskursen›, s. u.) und von den Erkenntnisinteressen des jeweiligen Forschers (wonach man sucht, entscheidet letztlich darüber, was man findet).

Romanistik als Mittelalter-Philologie, wie sie im 19. Jahrhundert betrieben wurde, hat einen klar abgegrenzten Objektbereich und verfügt (obwohl Sprach- und Literaturwissenschaft bemerkenswert früh auseinanderstreben) wohl auch über ein kohärentes theoretisch-methodisches Instrumentarium. Das Studium dieses Fachs bereitete die Absolventen allerdings kaum auf ihre künftige berufliche Tätigkeit vor: Die meisten Romanisten wurden Französischlehrer an Oberrealschulen, wo sie naturgemäß die moderne Sprache und die Literatur der Neuzeit (wenn auch nicht unbedingt der Gegenwart) zu unterrichten hatten. Die Forderung, neuere Literatur stärker zu berücksichtigen, wurde daher vor allem von den Lehrerverbänden erhoben; um 1900 begannen die Universitäten, dem Rechnung zu tragen.

Im 20. Jahrhundert hat sich der Objektbereich der romanischen Sprach- und Literaturwissenschaft kontinuierlich in mehrere Richtungen erweitert (Christmann 1977, S. 28): *zeitlich*, da Gegenwartssprache, frühneuzeitliche und moderne Literatur als Arbeitsfelder entdeckt werden; *räumlich*, da die ‹Neue Romania›, Süd- und Mittelamerika, die frankophonen Gebiete Afrikas etc., immer mehr Aufmerksamkeit beanspruchen; in Hinblick auf die *Sprach- und Stilebenen*, da romanistische Forschung und Lehre sich nach und nach der gesprochenen Sprache, der Unterhaltungs- und Trivialliteratur, Sach- und Gebrauchstexten zuwenden.

Die ersten Romanisten-Generationen, die sich am Objektivitätsideal der exakten Wissenschaften orientierten, hatten vor allem Fakten zusammengetragen. Sie durchstöberten Archive nach Dokumenten zur Biographie eines Dichters, suchten anhand lautlicher Merkmale den Dialekt eines Textes oder einer Handschrift zu bestimmen und erstellten kritische Ausgaben; die Scheu vor subjektiven Urteilen hinderte sie jedoch daran, die erhobenen Daten zu interpretieren und Zusammenhänge herzustellen. Gegen den herrschenden Positivismus entwarf Karl Vossler (1872–1949) das Modell einer idealistischen Philologie oder Geistesgeschichte (vgl. seine Programmschrift *Positivismus und Idealismus in der Sprachwissen-*

schaft, 1904), die historische Prozesse erklären und den ‹Geist›, die Summe der charakteristischen Merkmale einer Sprachgemeinschaft oder einer Epoche, isolieren sollte.

Vossler bemerkt z.B. über die Unterschiede zwischen französischen und italienischen Versformen: «das italienische Ohr kann nun einmal den festen Rhythmus und die Gleichheit der Halbverse nicht lieben; denn solche Formen sind Gefäße des schreitenden Wollens oder des wägenden antithetischen Denkens, und der Italiener gefällt sich besser im freien Gewoge des Gefühles (...)»[2]. Hier wird eine in ihrer Allgemeinheit fragwürdige Aussage («das italienische Ohr») mit weitverbreiteten nationalen Stereotypen (französische Rationalität *vs.* italienisches «Gefühl») kurzgeschlossen, mit dem Ergebnis, daß die Vorurteile des Betrachters bestätigt werden.

Durch ihre kühnen Verallgemeinerungen machen sich die Idealisten angreifbar (zu allen ihren Thesen gibt es Gegenbeispiele); und die Vorstellung eines ‹Volksgeistes› läßt sich – in eklatantem Widerspruch zu Vosslers Intentionen – im Sinne nationalistischer Ideologien funktionalisieren. Die Beschäftigung mit Sprache und Literatur eines Landes setzt nicht notwendig Sympathie für dieses Land voraus (den wichtigsten Grund dafür, daß im 19. Jahrhundert nicht französische, sondern romanische Philologie als akademische Disziplin begründet wurde, sieht M. Nerlich [1996, S. 411] in der Frankreich-Feindlichkeit deutscher Intellektueller). Während des Ersten Weltkriegs und in den Jahren danach verfaßten auch Romanisten Hetzschriften, die die Überlegenheit des deutschen ‹Wesens› gegenüber dem französischen zu erweisen suchten; die Mehrheit der romanistischen Hochschullehrer vertrat konservativ-reaktionäre Positionen. Dieser Teil der Fachgeschichte ist lange verdrängt bzw. totgeschwiegen worden, wie auch das nationalsozialistische Engagement zumindest eines Teils der Professoren; erst in den letzten Jahren ist eine Reihe von Arbeiten zu diesem Thema erschienen (vgl. Hausmann 1993 und 1998). Zu einigen der nach 1933 in die Emigration getriebenen deutschen Romanisten liegen monographische Studien vor (vgl. Christmann/Hausmann 1989).

Karl Vossler gehört zu den wenigen Romanisten, die Sprach- und Literaturwissenschaft gleichermaßen überschauten. Zur Klammer zwischen dem System der Sprache und dem einzelnen literarischen Text wird für ihn die Kategorie des Stils: Die Analyse von Einzeltexten zielt auf das Besondere eines Werkes (oder eines Autors), während die geistesgeschichtliche Synthese auf das Allgemeine gerichtet ist. Vosslers Aufmerksamkeit gilt daher wesentlich der (schriftlich fixierten) literarischen Sprache; etwa gleichzeitig bildet sich mit der Sprachgeographie eine Forschungsrichtung heraus, die sich mit den Dialekten, das heißt mit gesprochener Sprache, beschäftigt. Dafür müssen neue Methoden der Datenerhebung und -präsentation entwickelt werden: Der Sprachgeograph erhebt in den Dörfern und Städten eines Sprachgebiets den Wortschatz mittels eines Fragebogens, die Antworten der Gewährsleute werden in Lautschrift notiert. Für jeden abgefragten Begriff wird eine Sprachkarte erstellt, an der die regionale Verbreitung von lexikalischen oder Aussprache-Varianten ablesbar ist. Nach J. Galliérons *Atlas Linguistique de la France* (1902–1910) entstanden zahlreiche weitere Sprachatlanten für die gesamte Romania.

Für die Literaturwissenschaft ergibt sich aus den Postulaten der idealistischen Philologie das Problem, zwischen dem Allgemeinen (der geistesgeschichtlichen Synthese) und dem Besonderen (der Einzeltext-Analyse) vermitteln zu müssen. Die vor allem von Leo Spitzer (1887–1960) betriebene Stilforschung (*Stilstudien*, 1928) sucht den Personalstil eines Autors, also das Besondere, zu erfassen; hier schließt später die Werkimmanente Interpretation an. Daß diese Methode, die die politische und gesellschaftliche Dimension von Literatur ignoriert, sich nach dem Zweiten Weltkrieg bis in die sechziger Jahre besonderer Beliebtheit (nicht nur in der Romanistik) erfreut, ist auch als Reaktion auf die Ideologisierung der Wissenschaft in der Zeit des Nationalsozialismus zu verstehen.

Dagegen steht für Ernst Robert Curtius (1886–1956) das Allgemeine der Geschichte im Vordergrund: In seinem einflußreichsten Buch *Europäische Literatur und lateinisches Mittelalter* (1948) geht es um die Kontinuität der rhetorischen Tradition von der klassischen Antike bis zu Goethe und darüber hinaus; die These einer historisch begründbaren kulturellen Einheit (des westlichen) Europa hatte in der Nachkriegszeit natürlich auch politische Implikationen. (Im übrigen wird die politische und ideologische Dimension der Schriften von Curtius bis heute intensiver und kontroverser diskutiert als bei irgendeinem anderen Romanisten seiner Zeit; man wird darin ein Indiz für die Widersprüchlichkeit seiner – konservativen – Position, aber auch für die Faszination sehen dürfen, die von seinem Œuvre und seiner Persönlichkeit bis heute ausgehen.)

In exemplarischer Weise ist die Vermittlung zwischen dem Allgemeinen und dem Besonderen bei Erich Auerbach gelungen (vgl. Schulz-Buschhaus 1994): Er empfahl, «nicht vom allgemeinen Problem» auszugehen, «sondern von einem gut und griffig ausgewählten Einzelphänomen: etwa einer Wortgeschichte oder einer Stelleninterpretation. Das Einzelphänomen kann gar nicht klein und konkret genug sein (...)»[3]. Folglich stellt *Mimesis. Dargestellte Wirklichkeit in der abendländischen Literatur* (1946) – ein Schlüsselwerk nicht nur der romanistischen Literaturwissenschaft – die Geschichte des realistischen Erzählens von Homer bis Virginia Woolf in einer Folge von Interpretationen knapper Textpassagen dar und macht so nicht nur das Verbindende, sondern gerade auch die Unterschiede zwischen den verschiedenen Formen von ‹Realismus› deutlich.

In den Geisteswissenschaften bedeutet ‹Fortschritt› nicht, daß durch eine neue theoretisch-methodische Konzeption alle früheren Ansätze entwertet würden. Wer, wie manche Vertreter der Werkimmanenten Interpretation, Literatur entschieden ahistorisch auffaßt, wird die Frage nach ihrer Bedeutung für eine gegebene Gesellschaft nicht stellen können; abstrahiert man jedoch von dieser ideologischen Festlegung und begreift man Stil- und Formanalyse rein als Arbeitstechnik, dann lassen sich ihre Ergebnisse z. B. auch für literatursoziologisch ausgerichtete Forschungen nutzen. Vor allem textnahe Methoden wie diejenige Auerbachs oder auch Spitzers können den unterschiedlichsten Fragestellungen dienstbar gemacht werden.

Die entscheidende Wende in der Geschichte der Sprachwissenschaft bedeutet zweifellos die Entwicklung des strukturalistischen Modells. Daß vorstrukturalistische Arbeitsweisen dadurch nicht bedeutungslos werden, zeigen z. B. die etymologischen Großwörterbücher zum Italienischen, Altfranzösischen oder Altspanischen[4], die derzeit in Deutschland erarbeitet werden: Auch wenn die Konzeption jeweils (in unterschiedlichem Maß) von strukturalistischem Denken geprägt ist, bleibt die methodische Grundlage doch die historische Sprachwissenschaft des 19. Jahrhunderts.

Der Begründer des Strukturalismus ist Ferdinand de Saussure (1857–1913), dessen Vorlesungen zur Sprachtheorie postum von seinen Schülern herausgegeben wurden (*Cours de linguistique géné-*

rale, 1916); in Deutschland begann die Auseinandersetzung mit Saussure erst nach dem Zweiten Weltkrieg. Gegen die Sprachgeschichte [Diachronie] setzt Saussure die synchrone Analyse der Gegenwartssprache (oder auch einer älteren Sprachstufe) als eines hierarchisch gegliederten Systems, das durch Oppositionen zwischen den zugehörigen Elementen strukturiert wird. Das sprachliche Zeichen besteht aus dem Lautkörper [Signifikant] und der Bedeutung oder dem Begriff [Signifikat], die auf einen außersprachlichen Referenten verweist: Im Italienischen steht die Lautfolge *rana* für den (übereinzelsprachlichen) Begriff «Frosch», der bestimmte Tierarten (eine Familie innerhalb der Klasse der Amphibien) bezeichnet. Die Lautfolge *lana* dagegen entspricht dem Begriff «Wolle»; die Laute *r* und *l* stehen im Italienischen also in Opposition zueinander. Man bezeichnet sie als Phoneme (d. h. bedeutungsunterscheidende Einheiten). Spricht ein Deutscher, der das italienische, gerollte Zungenspitzen-r nicht beherrscht, *rana* mit Zäpfchen-r aus, verstehen seine Gesprächspartner trotzdem «Frosch»; Zäpfchen- und Zungenspitzen-r sind also nicht verschiedene Phoneme, sondern Varianten eines Phonems.

Die strukturale Sprachwissenschaft hat eine ganze Reihe von einander ergänzenden oder miteinander konkurrierenden Methoden entwickelt, um das System der Laute, Wortformen, Bedeutungen und syntaktischen Strukturen einer Sprache zu beschreiben; auch in der Romanistik wurde eine Vielzahl von Ansätzen erprobt (ein Vergleich der Resultate wird dadurch erschwert, daß fast jede methodische Richtung ihre eigene Terminologie, eigene Notationsweisen etc. einführt). Als eine der jüngsten Teildisziplinen untersucht die Textlinguistik, wie sich Sätze zu größeren Sinnzusammenhängen fügen.

Von der Sprache als System (*langue* in der Terminologie Saussures) ist die einzelne sprachliche Äußerung in einer konkreten Situation (*parole*, deutsch ‹Rede›) zu unterscheiden. Für welche der (zahlreichen) Möglichkeiten, einen Sachverhalt auszudrücken, sich ein Sprecher entscheidet, hängt von seiner persönlichen Befindlichkeit, dem Verhältnis zum Gesprächspartner und den äußeren Umständen ab: Ein Student, der Schwierigkeiten mit einem Referat hat, wird darüber mit dem Seminarleiter anders reden als mit seiner Freundin oder mit den Eltern; wenn er mit Studienkollegen in der Kneipe zusammensitzt, wird er sein Problem nicht so schildern wie bei einer zufälligen Begegnung in der Bibliothek und so weiter. Als Linguistik der *parole* beschäftigt sich die Pragmatik mit den Mechanismen der sprachlichen Kommunikation; die Sprachverwendung in literarischen Texten ist Gegenstand der Stilistik. Wie sprachliche Äußerungen auf die Wirklichkeit einwirken, untersucht die Sprechakttheorie (J. L. Austin, *How to do Things with Words*, 1962; J. L. Searle, *Speech Acts*, 1969).

Die (nicht nur romanistische) Literaturwissenschaft hat in den letzten 50 Jahren theoretisch-methodische Anregungen gewöhnlich von den Nachbardisziplinen erhalten. An erster Stelle ist hier die Sprachwissenschaft zu nennen. Probleme, vor denen ältere Ansätze versagt hatten, schienen dank der systematischen Begrifflichkeit des Strukturalismus lösbar: So bestand Uneinigkeit darüber, was eigentlich als das ‹Literarische› oder ‹Poetische› an einem literarischen Text zu betrachten sei. Roman Jakobson (1972) schlug ein griffiges Kriterium vor: ‹Poetische› Funktion der Sprache meine «die Zentrierung auf die Nachricht um ihrer selbst willen», das heißt auf die sprachliche Materialität des Textes. Indizien dafür sind Klangspiele (z. B. Reim), Rhythmus (nicht nur in Verstexten), Symmetrien, Wiederholungen etc.

Da sich eine sprachliche Äußerung in der Regel noch auf anderes, etwa auf außersprachliche Wirklichkeit (referentielle Funktion) oder auf die Befindlichkeit des Sprechers (emotive Funktion) bezieht, hat man nicht zwischen poetischen und nichtpoetischen, sondern zwischen höheren und niedrigeren Graden der Poetizität zu unterscheiden. In dieser Perspektive scheint ein Text um so poetischer, je stärker er von der referentiellen Funktion abstrahiert, also Wörter und Sätze nicht als Zeichen für Außersprachliches, sondern als Bauelemente behandelt, deren Funktion aus den Beziehungen zu vorangehenden und folgenden Elementen resultiert (ähnlich wie bei den Akkorden in einem Musikstück). Die poetische Funktion verwirklicht sich nicht nur in der sogenannten ‹schönen Literatur›, sondern auch in der Alltagssprache, in Werbeslogans etc.; die von Jakobson gewählte Bezeichnung legt freilich die Vermutung nahe, hier werde ein distinktives Merkmal jener Werke benannt, die einen ästhetischen (literarischen) Anspruch erheben. Die Neigung, den literarischen Text als selbstbezügliches System zu betrachten, ist allerdings keineswegs universell verbreitet, sondern im Gegenteil charakteristisch für die Moderne (z. B. für die Lyrik St. Mallarmés [1842–1898] und seiner Nachfolger, oder für den französischen *Nouveau roman* der fünfziger Jahre); so gibt die überzeitlich-systematisch konzipierte Kategorie doch wieder ihre Bindung an die Ästhetik ihrer Epoche zu erkennen.

Das verbreitete Unbehagen der Literaturwissenschaftler an ihrem Tun hängt mit der unvermeidlichen Subjektivität jeder Interpretation zusammen: Wie man (und «man» kann ebenso gut Erich Auerbach oder Leo Spitzer wie der Verfasser oder der geneigte Leser dieses Kapitels sein) einen Text liest, hängt von der eigenen Lebensgeschichte, früheren Lektüreerfahrungen, politischen oder religiösen Überzeugungen etc. ab; durch intellektuelle Selbstdisziplin läßt sich die eigene Voreingenommenheit reduzieren, aber nie ganz ausschalten. Einen Ausweg aus diesem Dilemma erhoffte man sich vor allem in den sechziger Jahren von der Übernahme linguistischer Beschreibungsmodelle: Mittels einer universellen ‹Erzählgrammatik› sollten Boccaccios *Decameron* wie Maupassants Novellen, Homers *Illias* und Prousts *A la recherche du temps perdu* (Auf der Suche nach der verlorenen Zeit) objektiv beschrieben und verglichen werden können. Die vor allem von französischen Forschern wie Cl. Bremond (*Logique du récit*, 1973) vorgelegten Entwürfe erfüllten freilich die Erwartungen nicht: Das abstrakte Schema einer ‹Erzählsequenz› besagt nur noch, was Aristoteles schon wußte, daß nämlich jede Erzählung Anfang, Mitte und Ende hat. Nach einer Phase des Experimentierens mit linguistischen Ansätzen (vgl. Ihwe 1972/73) machte sich denn auch bald Ernüchterung breit; dem widerspricht nicht, daß G. Genette, der bezeichnenderweise von der Analyse eines Einzelwerks (von Prousts *A la recherche du temps perdu*) ausging, ein leistungsfähiges Modell der strukturalen Erzählanalyse entwickeln konnte, das in vielen späteren Arbeiten übernommen worden ist (vgl. *Discours du récit*, in: G. Genette, *Figures III*, 1972; *Nouveau discours du récit*, 1983).

Werkimmanente Interpretation und Strukturalismus sind wesentlich ahistorische Methoden: Die Werkimmanente Interpretation sucht die Distanz, die zwischen dem alten Werk und seinem heutigen Interpreten besteht, durch Einfühlung zu überbrücken («begreifen, was uns ergreift», so Emil Staiger), für die Strukturalisten erstarrt die geschichtliche Entwicklung in der Statik des Systems. Dagegen dominierten im Deutschland der sechziger und siebziger Jahre zwei romanistische Schulen, die die Geschichtlichkeit der Literatur ins Zentrum rücken: Die Literatursoziologie Erich Köhlers (1924–1981) knüpft an marxistische Positionen und ihre Weiterentwicklung in der modernen Soziologie an; er untersucht, wie die Literatur Klassenstandpunkte zum Ausdruck bringt, und korreliert die Entwicklung des literarischen Gattungssystems mit gesellschaftlichen Umwälzungen. Daß zwischen 1655 und 1660 der Dramatiker Jean Racine den älteren Pierre Corneille in der Gunst des französischen Publikums ablöst, erklärt Köhler damit, daß der in der Auseinandersetzung mit König Louis XIV unterlegene Feudaladel «nicht mehr an den peinlichen Prozeß seiner Entmachtung erinnert werden» wollte und deshalb das Interesse an den von Corneille bevorzugten politischen Themen verlor (Köhler 1983–1987 Bd. [3], S. 188). Köhler argumentiert bedeutend differenzierter als orthodox marxistische Kritiker, da er das literarische System nicht als bloße Widerspiegelung der gesellschaftlichen Verhältnisse sieht, sondern seine Eigendynamik berücksichtigt.

Während für Köhler der Autor als Literaturproduzent im Vordergrund steht, beschäftigt sich Hans Robert Jauß (1921–1997), der Begründer der Rezeptionsästhetik, mit den Mechanismen der Aufnahme des Kunstwerks durch das Publikum. Angeregt u. a. durch die philosophische Hermeneutik [Lehre vom Verstehen] H.-G. Gadamers (vgl. Eagleton 1994, S. 36 ff), zeigt Jauß, daß das Verständnis eines Textes historischen Wandlungen unterworfen ist: Unsere Art zu lesen wird durch die (mehr oder weniger diffusen) Erwartungen gesteuert, mit denen wir ein Buch aufschlagen; diese Erwartungen resultieren aus unserem Wissen über den Autor, seine Stellung in der Literaturgeschichte, (bei Neuerscheinungen) aus Rezensionen, die wir vielleicht gelesen haben, aus der Gattungsbezeichnung («Roman», «Erzählung») auf dem Titelblatt, und aus vielem anderen. Ein spanischer Leser, der sich 1605 den ersten Teil des *Don Quijote* vornahm, mußte dieses Buch eines ziemlich unbekannten Autors auf die vielbändigen Ritterromane von Amadís und anderen rückbeziehen, die Cervantes parodiert; er hat die Geschichte mit Sicherheit anders (oder eine andere Geschichte) gelesen als ein deutscher Romanistik-Student im Jahre 1999, der von Amadís noch nie etwas gehört hat, aber weiß, daß der *Don Quijote* allgemein als eines der

Meisterwerke der Weltliteratur gilt, und der mit der Gattungsbezeichnung «Roman» Benito Pérez Galdós, Juan Goytisolo oder etwa Stephen King assoziiert.

Im Text liegt nicht *ein* ‹Sinn› beschlossen, den es zu entschlüsseln gilt, sondern die Rezipienten geben dem Text *ihren* Sinn. Historisch gesehen ist jede der zahlreichen Lesarten, die dem *Don Quijote* in knapp 400 Jahren unterlegt wurden, gleichermaßen legitim und interessant (unabhängig davon, daß es durchaus Kriterien gibt, an denen sich die Plausibilität einer Interpretation messen läßt). Einen allgemein verbindlichen Kanon des literarisch Wertvollen, wie ihn das 19. Jahrhundert postuliert, kann es folglich nicht geben: Auf die Fragen, die eine Zeit beschäftigen, mögen seit langem in Vergessenheit geratene Werke eher Antwort geben als die ‹Klassiker› der vorangehenden Epoche.

In der Kunst gibt es keinen Nullpunkt, und niemand schreibt im luftleeren Raum: Jeder Autor reagiert (bewußt oder unbewußt) auf Vorbilder, die er nachahmt oder von denen er sich absetzt (das Phänomen der Intertextualität – daß in der Literatur (wie im Leben) alles mit allem zusammenhängt – ist in den letzten Jahren zu einem Kreuzungspunkt unterschiedlichster Theorieentwürfe geworden). In den Arbeiten von Jauß und seinen Schülern spielt diese produktive Rezeption eine bedeutende Rolle: Wie setzt sich Goethe in *Iphigenie auf Tauris* mit der Tragödie Racines über den gleichen Stoff auseinander? Andererseits wird versucht, den Kontext (den ‹Erwartungshorizont› der zeitgenössischen Leser) zu rekonstruieren, auf den innovative Werke treffen: Welche thematischen und formalen Konstanten bestimmen den Charakter der französischen Lyrik im Jahr 1857, und inwiefern mußte Baudelaires Gedichtsammlung *Les fleurs du mal* hier neu und provozierend wirken?

Vor allem die französische Literaturwissenschaft hat wesentliche Anregungen von der Psychoanalyse empfangen. Roland Barthes (1915–1980) erweiterte schon in den sechziger Jahren die Perspektive der traditionellen Literaturkritik durch den Rückgriff auf Sigmund Freud; auch der Historiker Michel Foucault (1926–1984) knüpft u. a. bei der Psychoanalyse an. In seiner «Archäologie des Wissens» (vgl. *L'archéologie du savoir*, 1969) geht es um die Beziehung zwischen einem erkennenden Subjekt und dem überindividuellen Rahmen, der dessen Erkenntnismöglichkeit einschränkt: Jeder

Mensch ist in Denkgewohnheiten seiner Epoche, seiner sozialen Schicht, seiner Berufsgruppe etc. befangen, die er nur ausnahmsweise kritisch hinterfragt. Dem Phänomen des Wahnsinns z. B. nähert sich ein Arzt, der zu prüfen hat, ob Heilungschancen bestehen, auf ganz andere Art als ein Jurist, für den es darauf ankommt, ob der Kranke für seine Taten im strafrechtlichen Sinn verantwortlich ist. Die Denk- und Argumentationsweisen bestimmter Gruppen nennt Foucault Diskurse; die einen Diskurs konstituierenden Elemente lassen sich aus einem Textcorpus abstrahieren, für den medizinischen Diskurs des 19. Jahrhunderts z. B. aus Lehrbüchern, Aufsätzen in Fachzeitschriften, Memoiren von Ärzten, persönlichen Aufzeichnungen etc. Die unterschiedlichen Diskurse sind außerdem jeweils durch eine epochenspezifische Wissensordnung (Episteme) geprägt. In Mittelalter und Renaissance geht man davon aus, daß Form und Inhalt, Wort und Sache zeichenhaft aufeinander bezogen sind: Weil der Kern der Walnuß die gleiche Form hat wie das Gehirn, gelten Walnüsse als Heilmittel für Krankheiten des Kopfes; der Gleichklang von lat. *amor* («Liebe») und *amarus* («bitter») muß als Indiz dafür herhalten, daß die Liebe bitter ist. Spätere Zeiten haben für solche Überlegungen nur noch Spott übrig. Die Literaturwissenschaft verwendet den Diskursbegriff z. B. in der Gattungstheorie: Als Gefüge formaler und inhaltlicher Konventionen markiert der Diskurs einer literarischen Gattung die Grenzen, die der individuelle Ausdruckswille eines Autors in älterer Zeit nur selten überschreitet (vgl. Kapitel 5).

Die Auswahl der hier vorgestellten theoretisch-methodischen Ansätze ist nicht zufällig, aber unvollständig. Sie könnte mühelos (müßte vielleicht) erweitert werden: für den Bereich der Sprachwissenschaft z. B. um Dependenzgrammatik und Generative Transformationsgrammatik oder den großen Bereich der Computerlinguistik; für die Literaturwissenschaft um Mentalitätsgeschichte, Pierre Bourdieus Theorie des literarischen Feldes, Dekonstruktion, feministische Ansätze und anderes mehr. Diese Stichwörter zeigen allerdings auch, daß Theorieentwürfe (oder Moden?) innerhalb der Geisteswissenschaften in immer schnellerem Rhythmus aufeinanderfolgen, was naturgemäß zu einer nicht unbeträchtlichen Verkürzung der Halbwertszeit einzelner Ansätze führt.

Wissenschaftsgeschichte der *Landeskunde* als Geschichte von

Theorien und Methoden läßt sich zur Zeit noch nicht schreiben. Das hängt einerseits damit zusammen, daß diese jüngste Teildisziplin der Romanistik erst seit etwa 30 Jahren intensive Beachtung findet; zum anderen sind die philologischen Fächer mit der Aufgabe, komplexe Gesellschaften wie die französische oder italienische in allen ihren Erscheinungsformen zu studieren, notwendigerweise überfordert: «wenn [eine landeskundliche Ausbildung] nicht zum Dilettantismus werden soll, [kann sie] nur in integrativen Studiengängen unter Beteiligung vieler Fächer geleistet werden» (Lüsebrink in: Hansen 1993, S. 84).

Ergänzend zu landesbezogener Politikwissenschaft, Geographie, Soziologie, Wirtschafts- und Geschichtswissenschaft (und warum nicht auch Musikwissenschaft und Kunstgeschichte?) könnte(n) sich allerdings romanische Landeskunde(n) als textbezogene Kulturwissenschaft(en) etablieren, als deren Gegenstandsbereich «erstens die kulturellen Kommunikationsformen einer Gesellschaft von der Presse über die Werbung, die Literatur bis hin zu den Briefmarken und zweitens die aus ihnen erkennbaren Mentalitäten, d.h. die sozialen und kollektiven Wahrnehmungsmuster und Vorstellungen» zu gelten hätten (Lüsebrink ebd., S. 93). Eine so konzipierte Landeskunde sollte methodisch bei der romanischen Sprach- und Literaturwissenschaft anknüpfen, wobei sich Umakzentuierungen mehr oder weniger automatisch aus jeweils spezifischen Fragestellungen ergeben dürften. Welche Anregungen diese Teildisziplin von anderen Fächern wie etwa der Ethnologie empfangen kann (vgl. Hansen 1993, S. 95–114), sollte noch weiter diskutiert werden.

Anmerkungen
1 Die deutsche Romanistik in den letzten zwei Jahrzehnten. In: Archiv für das Studium der neueren Sprachen und Literaturen, 75. Jg., Bd. 141 (1921), S. 208–221.
2 Italienisch – Französisch – Spanisch, ihre literarischen und sprachlichen Physiognomien. In: K. Vossler: Südliche Romania. 2. Aufl. Leipzig 1950, S. 7–41, Zitat S. 15.
3 Brief an M. Hellweg vom 22. 5. 1939, in: Erich Auerbachs Briefe an Mar-

tin Hellweg (1939–1950). Edition und historisch-philologischer Kommentar. Hg. von M. Vialon. Tübingen/Basel 1997, S. 57.
4 M. Pfister: Lessico Etimologico Italiano. Wiesbaden 1979 ff; K. Baldinger: Dictionnaire Etymologique de l'Ancien Français. Québec/Tübingen/Paris 1974 ff; B. Müller: Diccionario del español medieval. Heidelberg 1987 ff.

Literatur

R. Baasner: Methoden und Modelle der Literaturwissenschaft. Eine Einführung. Berlin 1996.
K.-M. Bogdal (Hg.): Neue Literaturtheorie. Eine Einführung. 2. Aufl. Opladen 1997.
H. H. Christmann: Romanistik. In: Zeitschrift für Literaturwissenschaft und Linguistik. Heft 25: Philologien in der Planung (1977), S. 27–42.
Ders./F.-R. Hausmann (Hg.): Deutsche und österreichische Romanisten als Verfolgte des Nationalsozialismus. Tübingen 1989.
T. Eagleton: Einführung in die Literaturtheorie (Sammlung Metzler, 246). 3. Aufl. Stuttgart/Weimar 1994.
G. Gröber (Hg.): Grundriß der romanischen Philologie. 4 Bde. Straßburg 1897–1906 [Reprint Berlin/New York 1985].
K.P. Hansen (Hg.): Kulturbegriff und Methode. Der stille Paradigmenwechsel in den Geisteswissenschaften. Tübingen 1993, S. 81–94.
F.-R. Hausmann: «Aus dem Reich der seelischen Hungersnot». Briefe und Dokumente zur Fachgeschichte der Romanistik im Dritten Reich. Würzburg 1993.
Ders.: Auch eine nationale Wissenschaft? Die deutsche Romanistik unter dem Nationalsozialismus. In: Romanistische Zeitschrift für Literaturgeschichte 22 (1998), S. 1–39.
F.-R. Hausmann/H. Stammerjohann (Hg.): Haben sich Sprach- und Literaturwissenschaft noch etwas zu sagen? Bonn 1998.
W. Hirdt/R. Baum/B. Tappert (Hg.): Romanistik. Eine Bonner Erfindung. 2 Bde. Bonn 1993.
J. Ihwe (Hg.): Literaturwissenschaft und Linguistik. Eine Auswahl. Texte zur Theorie der Literaturwissenschaft. 2 Bde. Frankfurt/M. 1972/73.
R. Jakobson: Linguistik und Poetik. In: H. Blumensath (Hg.): Strukturalismus in der Literaturwissenschaft. Köln 1972, S. 118–147.
H.R. Jauß: Literaturgeschichte als Provokation. Frankfurt/M. 1970.
Ders.: Ästhetische Erfahrung und Literarische Hermeneutik. Frankfurt/M. 1982.
H.H. Kögler: Michel Foucault (Sammlung Metzler, 281). Stuttgart/Weimar 1994.
E. Köhler: Literatursoziologische Perspektiven. Gesammelte Aufsätze. Hg. von H. Krauß. Heidelberg 1982.
Ders.: Vorlesungen zur Geschichte der französischen Literatur. Hg. von H. Krauß und D. Rieger. 11 Bde. Stuttgart etc. 1983–1987.

W.-D. Lange (Hg.): «In Ihnen begegnet sich das Abendland». Bonner Vorträge zur Erinnerung an Ernst Robert Curtius. Bonn 1990.

M. Nerlich: Romanistik: Von der wissenschaftlichen Kriegsmaschine gegen Frankreich zur komparatistischen Konsolidierung der Frankreichforschung. In: Romanistische Zeitschrift für Literaturgeschichte 20 (1996), S. 396–436.

U. Schulz-Buschhaus: Auerbachs Methode. In: Lingua et Traditio. Geschichte der Sprachwissenschaft und der neueren Philologien. Festschrift für Hans Helmut Christmann zum 65. Geburtstag. Tübingen 1994, S. 593–607.

R. Warning (Hg.): Rezeptionsästhetik. Theorie und Praxis. 2. Aufl. München 1979.

3 Prestigefragen: Sprachpolitik und Sprachlenkung

Für Außenstehende dürfte die Verbissenheit, mit der in Deutschland jahrelang über die Rechtschreibreform gestritten wurde (und wird), schwer verständlich sein: Einige der neuen Regeln sind zweifellos unglücklich, und englische Lehnwörter krampfhaft einzudeutschen («Schrimps»), scheint nicht recht zeitgemäß, da immer mehr Deutsche immer besser Englisch sprechen; doch bei nüchterner Betrachtung erweisen sich die Auswirkungen der Reform auf das Schriftbild deutscher Texte als ziemlich unbedeutend. Warum also die ganze Aufregung?

Zweifellos ist es lästig, neu und anders lernen zu müssen, was man jahre- oder jahrzehntelang sicher beherrschte; und die Rechtschreibreform mußte wohl auch als Ventil herhalten für einen diffusen Widerwillen gegen Entscheidungen ‹von oben›, die das Leben des einzelnen immer stärker beeinflussen. Das eigentlich Bemerkenswerte an der öffentlichen Diskussion ist allerdings, daß nicht wenige Leserbrief-Schreiber die neuen Regeln als persönliche Kränkung aufzufassen scheinen. Individuen und Gesellschaften finden in ihrer Sprache eine Art geistiger Heimat; wie man spricht (oder schreibt), richtet sich nicht allein nach dem Kriterium der Zweckmäßigkeit. Offenbar wurde in Deutschland die Veränderung der Orthographie (weitgehend unreflektiert) als Absage an die Tradition, als Bruch in der deutschen Kultur- oder Geistesgeschichte wahrgenommen.

Im Bewußtsein ethnischer Minderheiten ist es oft (nur) die Sprache, die sie von ihren Nachbarn unterscheidet; in mehrsprachigen Regionen konkretisiert sich das Autonomiestreben einzelner Bevölkerungsgruppen fast immer an der Sprachenfrage. (Die eifersüchtige Neigung, die eigene ‹Muttersprache› zu verteidigen, hat im übrigen bis in unsere Gegenwart zu vielen blutigen Konflikten geführt. Die [z. B. von Posner 1991] geforderte Entwicklung zu einem polyglotten Europa, in dem möglichst jeder die Sprache des anderen zumindest versteht und viele Regionen zwei oder mehr Sprachen als gleichberechtigt anerkennen, wäre sicher wünschenswert; ob sich dieses Ziel erreichen läßt und ob der politische Wille dazu vorhanden ist, darf freilich bezweifelt werden.)

Man sieht: Wer wann welche Sprache spricht oder schreibt, ist wesentlich ein politisches Problem. Kein Wunder also, daß der Staat hier reglementierend eingreift. Dabei sind zwei große Bereiche zu unterscheiden: Zum einen entscheiden staatliche Institutionen über den *Status* einer Sprache. Katalanisch wird sowohl südlich wie nördlich der Pyrenäen gesprochen, Amtssprache ist es nur in Katalonien; in Barcelona kann ich erwarten (und verlangen), daß mir ein Verkehrspolizist auf Katalanisch Auskunft gibt, im Roussillon nicht. Sprachkonflikte entzünden sich im allgemeinen an Statusfragen.

Zum anderen ist reibungslose sprachliche Kommunikation nur möglich, wenn Orthographie, Grammatik und Wortschatz *standardisiert* sind. In Deutschland und in vielen anderen Staaten ist es Sache mehr oder weniger unabhängiger Gremien oder Institutionen, entsprechende Normen zu formulieren; die neue Rechtschreibung hat eine internationale Kommission erarbeitet, über ihre Anwendung wacht z. B. die *Duden*-Redaktion in Mannheim. Zeitungen, Buchverlagen und erst recht schreibenden Privatleuten ist es an sich freigestellt, ob sie die Reform annehmen oder nicht; daß sie sich früher oder später durchsetzen wird, ist allerdings absehbar, da die neuen Regeln in den Schulen gelehrt werden und für den Schriftverkehr der Behörden verbindlich sind.

Sprachpolitik, Sprachplanung und Sprachpflege fallen in die Zuständigkeit der Soziolinguistik. Heute sind im allgemeinen Sprachwissenschaftler an der Vorbereitung einschlägiger Gesetze beteiligt, deren Anwendung von unabhängigen (z. B. ausländischen) Experten beobachtet und kritisch bewertet wird (daß die Fachleute durchaus nicht immer einer Meinung sind, ist in der Debatte über die deutsche Rechtschreibreform sehr deutlich geworden). Als Teil der Kultur eines Landes ist die nationale Sprachpolitik auch Gegenstand der Landeskunde; übrigens kann die Kenntnis der Rechtslage in diesem Bereich für ausländische Wirtschaftsunternehmen von einiger Bedeutung sein, so z. B. seit 1994 in Frankreich (s. u.).

An romanischen Beispielen läßt sich die komplexe Problematik besonders gut verdeutlichen, denn zum Gegenstandsbereich der Romanistik gehören Nationalsprachen wie Minderheitensprachen, von denen einige offiziell anerkannt sind, während andere noch um ihre offiziellen Rechte kämpfen. Besonders energisch wird Sprachpolitik in Frankreich betrieben; dabei geht es nicht um Statusfragen, die Minderheiten scheinen sich weitgehend damit abgefunden zu haben, daß das Okzitanische, Katalanische, Korsische, Bretonische, Baskische, Flämische oder Deutsche in Frankreich ein ziemlich kümmerliches Dasein fristen. (Der Verfassungsrat lehnte noch im Juni 1999 die Ratifizierung der Europäischen Charta zum Schutz von Minderheiten- und Regionalsprachen ab, denn nach der Verfassung ist allein Französisch die Sprache der Republik.) Die Maßnahmen der Regierung zielen vielmehr darauf ab, das Französische vor ausländischen Einflüssen zu schützen und seine Verwendung in internationalen Institutionen zu sichern.

Staatliche Sprachpflege hat in Frankreich eine lange Tradition. 1635 gründete König Louis XIII. die Académie française, damit sie «unserer Sprache feste Regeln gebe, sie rein und beredt mache und befähige, die Künste und Wissenschaften zu behandeln» (wie es in den Statuten heißt). 1694 erschien das Wörterbuch der Académie, das den *bon usage*, den Sprachgebrauch der sozialen und kulturellen Elite, dokumentierte: Wer etwas auf sich hielt, nahm Wörter, die dort fehlten, nicht in den Mund.

Schon im 17. Jahrhundert war das Französische stärker normiert als andere europäische Sprachen. Dialekte (und Minderheitensprachen) wurden systematisch zurückgedrängt, nachdem die Revolution von 1789 und das Regime Napoleon Bonapartes den modernen zentralistischen Staat geschaffen hatten. Große Teile der Bevölkerung orientieren sich bis in die Gegenwart an der Norm des ‹guten› Französisch, wie es z. B. in der Referenzgrammatik von Maurice Grevisse [1] definiert wird; Sprachglossen sind eine feste Rubrik in vielen Tageszeitungen. Nach wie vor gibt die Académie française ihre Kommentare zur Sprachentwicklung ab; daneben wurden seit den sechziger Jahren Expertengremien geschaffen, die die sprachpolitischen Vorgaben des Präsidenten der Republik und der Regierung umsetzen sollen.

Die Sprachgesetze von 1975 («loi Bas-Lauriol») und 1994 («loi Toubon») wurden vor allem erlassen, um den angloamerikanischen Einfluß auf den Wortschatz zurückzudrängen (vgl. Braselmann 1999). Seit 1972 gibt es bei den meisten Ministerien Terminologiekommissionen, die französische Entsprechungen zu Anglizismen vor allem aus Technik, Wissenschaft und Industrie suchen: Statt Computer-*Software* soll es *logiciel* heißen, statt *Walkman baladeur*, die *hit-parade* wird zum *palmarès (de la chanson)*, und so weiter. 1994 erschien ein offizielles Wörterbuch der Neuschöpfungen; es enthält ca. 3600 Substantive, nicht viel für 20 Jahre.

Erklärtes Ziel des Sprachgesetzes von 1975 war, die Verbraucher vor unverständlichen, da mit Fremdwörtern gespickten Produktinformationen und Gebrauchsanweisungen zu schützen; die nicht ganz konsequenten Vorschriften wurden 1994 präzisiert, seitdem dürfen z. B. bei der Bezeichnung von Gütern und Dienstleistungen, in der Werbung, in Schule, Unterricht und in den audiovisuellen Medien nur noch die französischen Bezeichnungen verwendet werden. Unternehmen, die gegen diese Regelung verstoßen, können wegen Betrugs zu einer (nicht übermäßig hohen) Geldstrafe verurteilt werden.

Eine Gebrauchsanweisung, das dürfte offensichtlich sein, wird nicht durch einzelne englische Produktbezeichnungen unverständlich, an die sich der Konsument längst gewöhnt hat. Eigentliches Anliegen des Gesetzgebers war die ‹Reinheit› der Sprache. Dachte die französische Bevölkerung ebenso puristisch wie die Regierenden? Amtliche und Umgangssprache klaffen oft weit auseinander: In Deutschland fragt man am Postschalter nach Briefmarken, kein Mensch verwendet die offizielle Bezeichnung «Postwertzeichen». Man sollte also wissen (und ein Ausländer sollte im Fremdsprachenunterricht lernen), ob französische Jugendliche weiter *walkman* sagen, obwohl auf dem Karton *baladeur* steht.

Die Arbeit der Terminologiekommissionen hat von französischen wie ausländischen Linguisten durchweg schlechte Zensuren bekommen. Ihre Akzeptanz wird unterschiedlich beurteilt: In einer französischen Sprachgeschichte hieß es 1991, die Leute hätten sich nach und nach an viele der neuen Wörter gewöhnt (Picoche/Marchello-Nizia 1991, S. 357); dagegen stellt P. Braselmann 1999 fest, die Vorschläge würden «in der Praxis kaum zur Kenntnis genommen» (S. 127). Wie soll man sich hier Klarheit verschaffen?

Wer in Frankreich lebt, kann natürlich in Gesprächen, beim Fernsehen, Radiohören und bei der Zeitungslektüre darauf achten, ob Anglizismen oder Ersatzwörter vorkommen. Zu verwertbaren Ergebnissen wird man so allerdings kaum gelangen; selbst wenn die Beobachtungen konsequent über längere Zeit durchgeführt würden, könnten sie repräsentativ allenfalls für das soziale Milieu sein, in dem man sich bewegt. Hans Helmut Christmann (1983, S. 436) führt Fernsehdiskussionen, Leserbriefe und dergleichen als Belege dafür an, daß die französische Öffentlichkeit positiv auf das Gesetz von 1975 reagiert habe. Solche Zeugnisse sind sicher signifikant, aber nicht unbedingt beweiskräftig; es wäre z. B. denkbar, daß einer Minderheit engagierter Befürworter eine Mehrheit von Gegnern gegenübersteht, die aus Desinteresse, Apathie oder Resignation nicht zum Kugelschreiber oder Telefonhörer gegriffen hätten.

Zustimmung oder Ablehnung der Sprachgemeinschaft spiegelt sich oder sollte sich zumindest in Wörterbüchern spiegeln, die (wie der jährlich aktualisierte *Petit Larousse*) den gegenwärtigen Sprachgebrauch dokumentieren wollen. Untersuchungen der siebziger Jahre zeigen, daß zwar viele Ersatzwörter aufgenommen werden, aber ohne daß der inkriminierte Anglizismus verschwindet. Braselmann (1999, S. 123) stellt sogar fest, daß «die Erlasse kaum Auswirkungen auf die lexikographische Arbeit haben».

Daraus zu schließen, der Versuch der Sprachnormierung sei gescheitert, scheint nun allerdings voreilig. Im allgemeinen registrieren Wörterbücher sprachliche Entwicklungen mit einer gewissen Verzögerung, weil deren Redakteure – mit Recht – abwarten, ob sich ein neues Wort wirklich durchsetzt. Noch heikler ist es, ungebräuchlich gewordene Ausdrücke zu tilgen, denn in der älteren Generation mögen sie noch jahrzehntelang lebendig sein. Unter bestimmten Bedingungen (vgl. Braselmann 1999, S. 113–115) ist die Sprachgemeinschaft offenbar bereit, Ersatzwörter zu akzeptieren: *logiciel* etwa hat *software* vollständig verdrängt.

Am einfachsten und sichersten, so könnte man glauben, wäre es, eine repräsentative Gruppe von Franzosen zu befragen, ob sie *fair play* oder *franc-jeu* sagen und ob ihnen *remue-méninges* als Äquivalent zu *brainstorming* bekannt ist; dies könnte entweder mündlich oder mittels eines Fragebogens geschehen. Das Verfahren hat allerdings seine Tücken: Zunächst, was ist eine repräsentative Gruppe? Im April 1994, während das Parlament noch über die «Loi Toubon» beriet, ergab eine Telefon-Umfrage, daß 79 Prozent von 826 befragten Franzosen entgegen den neuen Vorschriften weiter so schreiben und sprechen wollten, wie sie es gewohnt waren (vgl. Braselmann 1999, S. 14). Wäre das Ergebnis gleich gewesen, wenn man sechs Monate später 2000 Probanden befragt hätte?

Außerdem sind Meinungsumfragen, falsche Voraussagen von Wahlergebnissen beweisen es immer wieder, nicht unbedingt zuverlässig: Die Informanten sagen oft nicht, was sie denken, sondern was der Fragende ihrer Meinung nach hören will. Auch in der französischen Sprachpolitik läßt sich mit den Mitteln der Demoskopie alles und das Gegenteil davon beweisen: «Nach einer im staatlichen Auftrag durchgeführten Umfrage des Instituts SOFRES im Mai 1994 waren 65 % der Franzosen für eine gezielte Sprachpolitik zur Verteidigung der französischen Sprache, der damalige Gesetzentwurf zum Gebrauch des Französischen wurde je nach Artikel sogar von 81 % bis 93 % befürwortet» (Stein 1998, 135).

Objektive Ergebnisse ließen sich mit den Mitteln der Korpuslinguistik erzielen, was allerdings sehr aufwendig ist: Man hätte dazu einen Querschnitt durch das gesprochene und geschriebene Französisch der Gegenwart statistisch auszuwerten. Aus Gründen der Repräsentativität müßte das Material sehr umfangreich sein: ganze Jahrgänge mehrerer Zeitungen (inzwischen oft auf CD-Rom konsultierbar), Fachliteratur möglichst verschiedener Disziplinen, Belletristik, amtliche Schriftstücke usw.; dann Tonbandaufzeichnungen von Gesprächen über beliebige Themen, bei denen idealiter alle Schichten der französischen Gesellschaft, alle Regionen, alle Altersgruppen, vom Sekretär der Académie française bis zum normannischen Bauern und vom nordafrikanischen Einwanderer bis zum Bankdirektor, vertreten sein sollten. Mittels elektronischer Datenverarbeitung ließe sich ohne weiteres ermitteln, wie oft in diesem Korpus z. B. *palmarès* und wie oft *hit-parade* vorkommt; so ließe sich die Beliebtheit von Anglizismen und Ersatzwörtern in Zahlen fassen. Daß eine solche Analyse bisher übersehene Entwicklungen deutlich macht, ist freilich nicht unbedingt gesagt; vielleicht würde sie auch nur bestätigen, was ein aufmerksamer, erfahrener Beobachter intuitiv zu erfassen vermag.

In Frankreich wurde Sprachpflege lange Zeit als ausschließlich nationale Angelegenheit betrachtet; auch den Kampf gegen Anglizismen führte die Regierung zunächst im Alleingang, ohne anderen französischsprachigen Ländern ein Mitspracherecht zu gewähren. Erst allmählich setzte sich die Einsicht durch, daß Frankreich allein die internationale Geltung seiner Sprache in einer zunehmend anglophonen Welt nicht behaupten kann. Man kann das am Wortschatz ablesen: Die Bezeichnungen *francophonie* («Gesamtheit der französischsprachigen Länder») und *francité* («französisch(sprachig)e Kultur») kamen in den sechziger Jahren in Gebrauch; entscheidenden Anteil daran hatte Léopold Sédar Senghor (*1906), der als Politiker und Dichter die ambivalente Haltung vieler afrikanischer Intellektueller gegenüber der Kolonialmacht Frankreich verkörpert: Er trat für die Unabhängigkeit seines Landes ein und wurde 1960 erster Präsident der Republik Senegal, schrieb aber sein lyrisches Werk auf französisch (und wurde 1983 in die Académie française gewählt). Für Senghor sind *francophonie* und *francité* Komplementärbegriffe zur *négritude*, die Rückbesinnung auf genuin afrikanische Traditionen bedient sich der fremden Sprache, die längst zur eigenen geworden ist.

So übernahm Senghors Senegal auch das französische Sprachgesetz von 1975 unverändert. Inzwischen gibt es Terminologiekommissionen auch in Belgien und Kanada; die Zusammenarbeit hat sich intensiviert, seit 1984 auf Betreiben Frankreichs der Haut Conseil de la francophonie geschaffen wurde. Staatspräsident François Mitterrand (1916–1996) übernahm selbst den Vorsitz und unterstrich so die Absicht, künftig eine offensive Sprach-Außenpolitik zu treiben (seit 1988 gibt es ein eigenes Ministerium für die Frankophonie). Ziel ist eine ideelle und auch institutionelle Gemeinschaft aller Länder der Welt, in denen Französisch National- oder Verkehrssprache ist, als Gegengewicht gegen die Dominanz des Englischen.

Frankreich ist das einzige Land mit einer mehrheitlich frankophonen Bevölkerung; der Status des Französischen in anderen Teilen Europas, in Afrika, Asien oder Amerika richtet sich nach der Größe der frankophonen Minderheit im jeweiligen Land und nach den soziokulturellen Rahmenbedingungen. Der Konflikt zwischen frankophonen Wallonen und niederländischsprachigen Flamen[2] in *Belgien*, der bis in die jüngste Zeit immer wieder auflebte, hat seine Ursachen in der Geschichte des Landes (bis ins 20. Jahrhundert war Französisch die Sprache der wirtschaftlich und kulturell führenden Schichten, Flämisch sprachen nur die kleinen Leute, vgl. Kramer

1984, S. 80). Seit 1962/63 ist das Land in zwei Sprachzonen aufgeteilt: Im Norden wird offiziell nur Niederländisch, im Süden nur Französisch gesprochen, die Hauptstadt Brüssel ist zweisprachig. In den Schulen ist die zweite Landessprache jeweils Pflichtfach, aber die Flamen sprechen im Durchschnitt besser Französisch als die Wallonen Niederländisch.

Vom Pariser Standard unterscheidet sich das belgische Französisch durch gewisse lautliche, syntaktische und vor allem lexikalische Eigenheiten. Belgizismen wie die Zahlwörter *septante* und *nonante* (statt *soixante-dix* und *quatre-vingt-dix*), *dîner* «Mittagessen», *souper* «Abendessen» (statt *déjeuner* und *dîner*) etc. gehören als Normalwörter der Schriftsprache an; hinzu kommen Bezeichnungen für spezifisch belgische Institutionen: Der *bourgmestre* «Bürgermeister» hat nicht genau die gleichen Aufgaben und Befugnisse wie der französische *maire*. Zwischen 100 und 200 solcher Belgizismen dürften allgemein verbreitet sein.

Obwohl sich das frankophone Belgien somit durch ein eigenes sprachliches Profil von Frankreich unterscheidet, orientieren sich – vielleicht wegen der räumlichen Nähe zur französischen Hauptstadt? – weite Kreise nach wie vor an der Pariser Norm: Viele Wallonen sind überzeugt, ‹schlechtes› Französisch zu sprechen; auch ihre Literatur schien über lange Zeit der drohenden Minderwertigkeit nur dadurch entgehen zu können, daß sie sich dezidiert am großen Nachbarn ausrichtete. Seit den siebziger Jahren gibt es gegenläufige Tendenzen; daß das wallonische Selbstbewußtsein noch wenig gefestigt ist, zeigt sich einerseits an erbitterten Auseinandersetzungen über die Frage, ob man von «französischer» oder «frankophoner» Literatur Belgiens (bzw. von «belgischer Literatur in französischer Sprache») zu sprechen habe; andererseits an der Emotionalität, die sich z.B. in dem Vorwurf ausdrückt, die Gleichsetzung von französischer Sprache und Nation habe frankophone Belgier und Schweizer zu «Waisenkindern oder Bürgern zweiter Klasse im Schoß ihrer Sprache» gemacht (Quaghebeur 1997, S. 71).

In diesem Zusamenhang ist von einiger Bedeutung, wie z.B. die belgische Literatur im Ausland wahrgenommen wird. Ihre größte internationale Wirkung erreicht sie gegen Ende des 19. Jahrhunderts; in Handbüchern werden die Werke von Maurice Maeterlinck (1862–1949), Georges Rodenbach (1855–1898) oder Emile Verhaeren (1855–1916) allerdings oft dem literarischen Erbe Frankreichs zugeschlagen, und das hat auch eine gewisse Berechtigung: Alle diese Autoren hatten Verbindungen zum Kreis der Symbolisten in Paris, wo Maeterlincks Dramen uraufgeführt wurden und wo Rodenbach als Journalist und Kritiker wirkte. Dennoch ist die rein auf Frankreich bezogene Perspektive zu einseitig: Wenn man die Werke Rodenbachs oder Verhaerens vor dem Hintergrund der frankophonen (und auch der niederländischen) Literatur Belgiens liest, ergibt sich ein anderes Bild; situiert man sie im europäischen Kontext, werden wieder andere Zusammenhänge erkennbar.

Charakteristisch für unsere Gegenwart scheint eine dialektische Spannung zwischen Globalisierungs- und Partikularisierungstendenzen zu sein: Unter dem Dach des sich vereinigenden Europa besinnen sich die *Regionen* auf ihre jeweilige Kultur und Geschichte. Möglicherweise wird auch das frankophone Belgien, im Bewußtsein seiner Zugehörigkeit zum belgischen Staat und zur französischen Sprachgemeinschaft, früher oder später eine eigene Identität entwickeln. In Hinblick auf die europäische Integration wäre es sicher wünschenswert, wenn die Unterschiede, die in sprachlicher und kultureller Hinsicht zwischen Frankreich und dem frankophonen Belgien bestehen – wie auch die Eigenart Luxemburgs –, in den Nachbarländern deutlicher wahrgenommen würden.[3]

Alles in allem sind die Unterschiede zwischen belgischem (oder auch westschweizerischem) und Standardfranzösisch eher gering (die Verständigung wird nicht beeinträchtigt). Außereuropäische Sprachvarietäten entfernen sich naturgemäß weiter von der Pariser Norm; als Beispiel mag das Französische der kanadischen Provinz Québec dienen (vgl. Pöll 1998). Frankreich hatte seit Anfang des 17. Jahrhunderts Niederlassungen in Kanada errichtet, mußte aber 1763 seine Besitzungen an England abtreten; infolgedessen verloren die französischen Siedler weitgehend den Kontakt zum Mutterland, was sich auch auf ihre Sprache auswirkte. So wird vor allem in der Unterschicht der Diphthong *oi* noch häufig *wè* oder *è* gesprochen, wie es in Frankreich bis Ende des 18. Jahrhunderts üblich war (z. B. *le rwè* «le roi»; die Aussprache *rwa* setzt sich erst nach der Revolution von 1789 allgemein durch). Am größten sind die Unterschiede zum Standardfranzösischen beim Wortschatz: In Kanada haben sich ältere Wörter erhalten, die in Frankreich untergegangen sind (z. B.

œuvrer «arbeiten» für *travailler*), außerdem sind zahlreiche Regionalismen (meist aus Nord- und Westfrankreich, den Herkunftsregionen der ersten Siedler) in die Standardsprache Kanadas eingegangen. (Anglizismen gibt es natürlich auch, aber sie sind seltener, als man vermuten würde.)

Die frankophonen Kanadier machen heute ungefähr ein Viertel der Gesamtbevölkerung aus (ihre Zahl geht seit Jahren langsam, aber stetig zurück). In der Provinz Québec allerdings sind sie deutlich in der Mehrheit: 1997 war für 82,1 Prozent der Québecer Französisch die Muttersprache. Bis weit ins 20. Jahrhundert dominierte in ganz Kanada das Englische; erst seit den frühen sechziger Jahren – parallel zur Modernisierung der Wirtschaft – wurde in Québec die Forderung nach sprachlicher Autonomie erhoben. Ein Sprachgesetz der Provinz erklärte 1977 das Französische zur einzigen offiziellen Sprache; die Folgen wurden durch die Revision der kanadischen Verfassung 1982 abgemildert, die den Anglophonen (wie allen anderen sprachlichen Minderheiten) z. B. das Recht auf Schulausbildung in ihrer eigenen Sprache zugesteht (Québec stimmte dieser Verfassung erst 1987 zu). Die Ansichten darüber, ob die Provinz Québec Teil Kanadas bleiben oder ihre Unabhängigkeit erklären soll, sind geteilt: Bei einer Volksabstimmung 1995 entschied sich nur eine knappe Mehrheit (1,16 %) gegen einen selbständigen Staat (Stein 1998, S. 149).

Die Provinzregierung betreibt offensive Sprachpolitik: Vor allem in der Arbeitswelt soll der ausschließliche Gebrauch des Französischen durchgesetzt werden; das notwendige Fachvokabular wird durch staatliche Terminologiekommissionen vorgegeben. Umfragen zeigen allerdings, daß Québec vom angestrebten Ziel der Einsprachigkeit noch weit entfernt ist: Überall dort, wo man mit Partnern in anderen kanadischen Provinzen (oder in den USA) zusammenarbeitet, ist die Verkehrssprache Englisch, der gesetzlich verankerten Einsprachigkeit steht somit die reale Zweisprachigkeit vieler Lebensbereiche gegenüber. Das ändert allerdings nichts daran, daß Québec in den politischen, wirtschaftlichen und kulturellen Institutionen der Frankophonie eine wichtige Rolle spielt, was längerfristig Auswirkungen z. B. auch auf die Handelsbeziehungen der Provinz haben muß.

In Ländern der Dritten Welt stellen sich andere Probleme. So gibt es auf den Seychellen keine Minderheiten, sondern ein Nebeneinander dreier Sprachen: In mündlicher Kommunikation wird fast ausschließlich die (auf dem Französischen basierende) Kreolsprache verwendet, aber ein Großteil der Bevölkerung (insgesamt ca. 70 000 Menschen) beherrscht auch das Englische und/oder das Französische. Wie die Insel Réunion, die heute noch zu Frankreich gehört, wurden die Seychellen zunächst (im 18. Jahrhundert) französische Kolonie, fielen aber 1810 an Großbritannien (Unabhängigkeit 1976). Obwohl somit Englisch Amtssprache war, wurde an den Schulen weiterhin auch Französisch unterrichtet.

Als Kreolisch 1981 zur ersten Sprache der Republik erklärt wurde, ergab sich eine Schwierigkeit: Bis in die siebziger Jahre war Seychellenkreolisch nur gesprochen, aber nicht geschrieben worden; wie sollte diese Sprache im Schulunterricht, in der Presse oder im amtlichen Schriftverkehr Verwendung finden? Die Schreibung des Standardfranzösischen vermag die kreolische Aussprache nicht adäquat wiederzugeben. Hier gewinnt die linguistische Analyse von Lautstand und Grammatik ganz praktische Bedeutung: Auf dieser Grundlage entwickelten die Sprachwissenschaftlerinnen Danielle D'Offay und Annegret Bollée eine Orthographie (1976), die sich in der Folgezeit allgemein durchsetzte (vgl. Bollée 1991).

Wenn man von Sardinien absieht, gibt es in Italien keine zahlenmäßig bedeutenden sprachlichen Minderheiten. Nur in Südtirol, das bis 1919 zu Österreich-Ungarn gehörte, sind ca. 60 Prozent der Bevölkerung deutschsprachig; radikalen Gruppen, die in den fünfziger und sechziger Jahren durch Bombenanschläge die Rückkehr zu Österreich zu erzwingen suchten, hat das Autonomiestatut für Bozen und Trient (1972) die Basis entzogen (vgl. Bochmann 1989, S. 97–103).

Die meisten Italiener beherrschen allerdings zwei deutlich unterschiedene Sprachvarietäten, denn neben der Standardsprache, die inzwischen dank Radio und Fernsehen auch die entlegensten Regionen erreicht hat, behaupten sich die Dialekte. Die italienische Sprachlandschaft ist sehr differenziert, die Mundart ändert sich von Dorf zu Dorf, in den großen Städten von Viertel zu Viertel; Kommunikation über die Dialektgrenzen hinweg ist vor allem dann schwierig, wenn Mittel- und Süditaliener mit Leuten aus dem Norden zusammentreffen.

An sich wäre es Sache des Staates gewesen, eine einheitliche Sprachnorm durchzusetzen. Italien zerfiel aber bis ins 19. Jahrhundert in zahlreiche Kleinstaaten bzw. von ausländischen Mächten beherrschte Territorien, die nationale Einigung gelang erst 1861 bis 1870; vorher war effektive Sprachpolitik nicht möglich. Eine italienische Schriftsprache bildete sich ohne staatlichen Rückhalt durch den Konsens der Schriftsteller und Intellektuellen heraus: Schon im 14. Jahrhundert wurden Dante Alighieri (1265–1321), Francesco Petrarca (1304–1374) und Giovanni Boccaccio (1313–1375), die alle in ihrer heimischen Florentiner Mundart geschrieben hatten, als vorbildhaft betrachtet. Nach Auffassung der Renaissance-Humanisten bestand die Kunst des Schriftstellers zu einem wesentlichen Teil in der Nachahmung der Musterautoren: Da Ciceros Latein als Inbegriff stilistischer Eleganz galt, verwendete man in lateinischen Texten möglichst nur ‹ciceronianische› Wörter, Wendungen und Satzkonstruktionen. Pietro Bembo (1470–1547) übertrug dieses Prinzip auf die italienische Literatur: Künftige Autoren sollten ihr Sprachmaterial ausschließlich den Werken der Klassiker (speziell Dantes, Petrarcas und Boccaccios) entnehmen.

Trotz mancher Widerstände wurde Bembos Position für die folgenden Jahrhunderte maßgeblich. 1612 veröffentlichte die Florentiner Accademia della Crusca ihr Wörterbuch, das rasch zur obersten Autorität in sprachlichen Fragen avancierte; in der ersten Auflage sind nur Beispiele aus vor 1400 entstandenen Werken angeführt. Bis ins 19. Jahrhundert war die Norm der literarischen Sprache identisch mit dem Sprachgebrauch der großen Autoren. Lorenzo Da Ponte (1749–1838), der als Theaterdichter in Wien unter anderem drei Libretti für Mozart schrieb, berichtet, wie sein Konkurrent Casti Anstoß daran nahm, daß er *taglia* im Sinne von «Statur» verwendet hatte; Da Ponte belegte diese Bedeutung mit einem Vers von Francesco Berni (1497–1535), woraufhin Casti sich geschlagen gab.[4]

Mit der Romantik ändert sich hier vieles. Alessandro Manzoni (1785–1873), der einflußreiche Verfasser des Romans *I Promessi sposi* (Die Verlobten, 1827), plädiert dafür, statt der literarischen Tradition die lebendige Sprache der Florentiner Bildungselite zur Norm zu erheben. Im vereinten Italien wird die Standardsprache, die lange nur geschrieben wurde, zunehmend auch zum Medium der mündlichen Kommunikation: Schätzungen zufolge hätten im Jahr der Staatsgründung 1861 höchstens zehn Prozent der Bevölkerung ‹Italienisch› gesprochen (die meisten davon quasi unabsichtlich, weil ihr toskanischer Dialekt mit der Hochsprache weitgehend übereinstimmte); 1982 erklärte mehr als die Hälfte der Befragten, daß sie im Gespräch mit Familienmitgliedern immer oder gelegentlich die Standardsprache verwenden (im Gespräch mit Freunden sogar knapp zwei Drittel, vgl. Holtus 1990, S. 33 f). Der Staat hat an dieser Entwicklung insofern Anteil, als in den Schulen nicht der jeweilige Dialekt, sondern die Standardsprache gelehrt wird; darüber hinausgehende sprachpflegerische Aktivitäten der Regierung gibt es nicht.

Trotz oder wegen dieser Zurückhaltung ist das (Standard-)Italienische eine sehr konservative Sprache. Lautung und Grammatik haben sich seit dem 14. Jahrhundert kaum verändert, so daß die Werke Dantes oder Petrarcas für den heutigen italienischen Leser ohne größere Schwierigkeiten verständlich sind, während z. B. Mittelhochdeutsch oder Altfranzösisch eigens erlernt werden müssen. Auch die Geschichte der italienischen Literatur scheint bis in unsere Gegenwart stärker von Kontinuitäten als von Brüchen geprägt. Spuren klassisch-humanistischer Rhetorik lassen sich bis in die Leitartikel mancher Zeitungen und in die Reden einzelner Politiker verfolgen.

Von den Bevölkerungsgruppen, die sich im heutigen Spanien um offizielle Anerkennung ihrer Sprache oder ihres Dialekts bemühen (Basken, Galicier, Asturianer ...), haben die Katalanen die größten Erfolge erzielt. Die *Renaixença*, das heißt die Bemühungen, eine eigenständige katalanische Literatur und Kultur zu begründen, begannen schon 1833; eine orthographische Norm gibt es seit 1913. Ein wichtiges Ziel war 1931 erreicht, als Katalanisch Amtssprache wurde. Der aus dem Spanischen Bürgerkrieg (1936–1939) hervorgegangene faschistische Staat propagierte dagegen politischen Zentralismus und sprachliche Uniformität, der öffentliche Gebrauch des Katalanischen wurde verboten.

Die demokratische Öffnung, die auf den Tod des Staatschefs General Franco (1975) folgte, brachte auch den Katalanen sprachliche Gleichberechtigung. Die spanische Verfassung von 1978 gesteht grundsätzlich allen Regionen eine gewisse Eigenständigkeit zu; Einzelheiten werden – keineswegs einheitlich – durch gesonderte Autonomiestatuten geregelt. Nun wird Katalanisch nicht nur in der *Ge-*

neralitat de Catalunya (Hauptstadt: Barcelona), sondern auch in der Region Valencia und auf den Balearen gesprochen; Rivalitäten zwischen diesen Gebieten boten der Regierung in Madrid die Möglichkeit, nach dem Prinzip «Teile und herrsche» zu verfahren. In den achtziger Jahren wurden nacheinander Sprachgesetze für die drei Regionen erlassen; eine einheitliche katalanische Sprachpolitik gibt es nicht, Valencia verteidigt seine Eigenart gegen Barcelona wie Madrid.

Die gesetzlich verankerte Zweisprachigkeit ist in Katalonien, Valencia und auf den Balearen längst Routine geworden. 1991 beurteilte Jens Lüdtke die Situation noch sehr skeptisch: «das Katalanische [ist] eher Unterrichtsfach als Unterrichtssprache (...) Es ist immer noch möglich, daß man ohne Katalanisch, nicht aber daß man ohne Spanisch in den Katalanischen Ländern auskommt» (S. 241). Georg Kremnitz dagegen konstatierte: «Es ist heute zweifellos möglich, im Principat ‹auf Katalanisch› zu leben und zu arbeiten» (in: Bochmann 1993, S. 450). Diese beiden Aussagen widersprechen einander keineswegs, spiegeln aber unterschiedliche Standpunkte und Erwartungen wider: Daß es katalanische Fernsehprogramme gibt, wertet Kremnitz als Erfolg; Lüdtke vermerkt kritisch, daß es nicht *nur* katalanische Programme gibt.

> Soziolinguistische Daten (zum Schulunterricht, zur Buchproduktion, zu den Medien...) lassen sich auf unterschiedliche Weise interpretieren; deshalb muß man die Resultate einschlägiger Untersuchungen grundsätzlich auf deren Erkenntnisinteressen und methodische Prämissen rückbeziehen. Wie sprachliche Realität wahrgenommen wird, hängt auch im Alltag vom Standpunkt des Betrachters ab: Ausländer, die Spanisch sprechen, werden ohne größere Schwierigkeiten über die Zweisprachigkeit Kataloniens hinwegsehen und -hören können. Für dort tätige Geschäftsleute mag es dennoch ratsam, vielleicht sogar dringend geboten sein, sich eingehender mit katalanischer Sprache und Kultur zu beschäftigen.

Offizielle Staatssprache in Spanien ist das Kastilische (zum folgenden Lebsanft 1997); so legt es die Verfassung von 1978 fest und präzisiert: «Todos los españoles tienen el deber de conocerla y el derecho de usarla.» (Alle Spanier haben die Pflicht, sie zu beherrschen, und das Recht, sie zu benutzen.) Autonomiestatuten wie das katalanische, die der Minderheitensprache nicht weniger, aber eben auch nicht mehr Rechte geben als dem Kastilischen, sind insofern *auch* als Maßnahmen zur Verteidigung der Staatssprache zu verstehen. Im übrigen fehlt es in Spanien nicht an offiziellen und offiziösen Stimmen, die sich zu Wort melden, wenn Eigenständigkeit und internationale Geltung des Spanischen bedroht scheinen, von König Juan Carlos I. über Vertreter der politischen Institutionen bis zur Real Academia Española.

> Eine Besonderheit der spanischen Orthographie verteidigte die Regierung auch gegenüber der Brüsseler Ministerialbürokratie: Drei königliche Dekrete von 1989 verfügten, in Spanien verkaufte Computer-Tastaturen müßten den Buchstaben ñ (gesprochen nj) enthalten; dagegen erhob die Kommission der Europäischen Gemeinschaft 1991 Einspruch. Angesichts öffentlicher Proteste und gestützt auf ein Gutachten der Akademie gab die spanische Regierung nicht nach – was freilich nichts daran ändern konnte, daß viele Computer-Hersteller diese Regelung einfach ignorieren (vgl. Lebsanft 1997, S. 143 f).

Gesetze, die wie in Frankreich den öffentlichen Sprachgebrauch zu steuern suchen, gibt es in Spanien nicht; sprachpflegerische Institutionen wie die Real Academia Española, der 46 Schriftsteller und Wissenschaftler angehören, können lediglich Empfehlungen aussprechen. In ihrem *Diccionario de la lengua española* registriert die Akademie eher den Sprachgebrauch, als daß sie reglementierend einzugreifen sucht; vielleicht macht ebendies den Erfolg dieses Wörterbuchs aus.

Nach den Statuten von 1993 besteht die Hauptaufgabe der Real Academia Española darin, über die Einheit der spanischen Sprache zu wachen (Lebsanft 1997, S. 109f); vor allem soll verhindert werden, daß sich europäisches und amerikanisches Spanisch allzu weit auseinanderentwickeln. Während die politische und wirtschaftliche Macht Frankreichs der französischen (bzw. Pariser) Norm von vornherein eine gewisse Verbindlichkeit für die gesamte Frankophonie sichert, kann Spanien allenfalls aus historischen Gründen eine Führungsrolle in der Hispania beanspruchen. Rund 40 Millionen Spanischsprachigen in Europa stehen mehr als siebenmal so viele in der übrigen Welt gegenüber; in Mittel- und Südamerika hat sich das Spanische in eine Vielzahl nationaler und regionaler Varianten ausdifferenziert. (Einige Staaten, wie Nicaragua [1944], Kolumbien

[1960] oder Guatemala, haben eine Normierung durch Sprachgesetze versucht, denen aber wenig Erfolg beschieden war.) Forum für einen interkontinentalen Dialog ist die Vereinigung der Sprachakademien Spaniens und Lateinamerikas (gegründet 1960, vgl. Lebsanft 1997, S. 131); eine Kommission für den Fachwortschatz hat die Aufgabe, einheitliche Bezeichnungen z. B. für technische Neuerungen festzulegen. Dennoch werden die Unterschiede zwischen europäischem und amerikanischem Spanisch (wie auch zwischen europäischem und amerikanischem Portugiesisch) immer größer.

Wie schnell sich die sprachpolitische Situation verändern kann, mit einschneidenden Folgen für alle Lebensbereiche, sei abschließend am Beispiel des Rumänischen in der Republik Moldova gezeigt (Heitmann 1989; 1997). Im 19. Jahrhundert war das alte Fürstentum Moldau zerschlagen worden; ein Teil kam zu Rußland, der Rest schloß sich 1859 mit der Walachei zum Staat Rumänien zusammen. Die russische Moldau gehörte von 1918 bis 1940 zu Großrumänien und fiel dann an die Sowjetunion, 1940 wurde die Moldauische Sowjetrepublik gegründet.

Die Sprache der moldauischen Bevölkerung ist Rumänisch; aus politischen Gründen (das Sowjetregime war auf Abgrenzung gegenüber dem Nachbarland bedacht) wurde das ‹Moldauische› jedoch zur eigenen Sprache erklärt und mit kyrillischen Buchstaben geschrieben (in Rumänien dagegen schrieb man lateinisch). Erst der Zerfall der Sowjetunion brachte die Wende: Am 31. August 1989 führte der Oberste Sowjet der Moldauischen Sowjetrepublik die lateinische Schrift für die Staatssprache ‹Moldauisch› ein; die Unabhängigkeitserklärung der Republik Moldova (27. August 1991) sprach erstmals offiziell von ‹rumänischer› Sprache.

1989 erschien im *Lexikon der Romanistischen Linguistik* der Artikel «Moldauisch» von Klaus Heitmann; das Manuskript war 1986 abgeschlossen worden und wurde 1988 aktualisiert, dennoch war der Beitrag wenige Jahre später in wesentlichen Teilen überholt. In den rein historisch ausgerichteten Teilen des *Lexikons* wird vermutlich noch in 50 Jahren nur weniges zu korrigieren sein (manche Kapitel in Gustav Gröbers um 1900 erschienenem *Grundriß der romanischen Philologie*, vgl. oben S. 49, sind bis heute nicht ersetzt). Sprach- oder literaturwissenschaftliche Untersuchungen zu aktuellen, noch nicht abgeschlossenen Entwicklungen sind zum einen wertvoll, weil sich hier die Möglichkeit bietet, historische Prozesse aus nächster Nähe zu beobachten; zum anderen können ausländische Forscher zur Objektivierung der sehr emotional geführten Diskussionen z. B. über Sprachenfragen beitragen. Die Ergebnisse solcher Studien können allerdings kaum anders als vorläufig sein.

Anmerkungen

1 Le bon usage. Grammaire française. Gembloux 1936. 12. Aufl. 1986.
2 Die deutschsprachige Minderheit in den Ostkantonen können wir hier übergehen.
3 Belgienkunde ist ein Schwerpunkt der Romanistik an der Technischen Hochschule Aachen.
4 Vgl. L. Da Ponte: Memorie. Libretti mozartiani. Milano 1976, S. 102 f.

Literatur

K. Bochmann: Regional- und Nationalitätensprachen in Frankreich, Italien und Spanien. Leipzig 1989.

Ders. (Hg.): Sprachpolitik in der Romania. Zur Geschichte sprachpolitischen Denkens und Handelns von der Französischen Revolution bis zur Gegenwart. Berlin/New York 1993.

A. Bollée: Der Stand der Kodifizierung des Kreolischen der Seychellen. In: W. Dahmen u. a. (Hg.): Zum Stand der Kodifizierung romanischer Kleinsprachen. Romanistisches Kolloquium V. Tübingen 1991, S. 377–389.

P. Braselmann: Sprachpolitik und Sprachbewußtsein in Frankreich heute. Tübingen 1999.

H.H. Christmann: Das Französische der Gegenwart: zu seiner Norm und seiner «défense». In: F.J. Hausmann (Hg.): Die französische Sprache heute. Darmstadt 1983, S. 411–440.

F. Coulmas: Sprache und Staat. Studien zur Sprachplanung. Berlin 1985.

K. Heitmann: Moldauisch. In: Lexikon der Romanistischen Linguistik [LRL] Bd. 3. Tübingen 1989, S. 508–521.

Ders.: Sprache und Nation in der Republik Moldova. In: Konfliktregion Südosteuropa. Vergangenheit und Perspektiven. Hg. von W. Potthoff. München 1997, S. 79–105.

G. Holtus: Sprachliche Varietäten und Grammatikographie im Italienischen. In: Italienisch, 12. Jahrgang, Heft 24 (1990), S. 30–52.

J. Kramer: Zweisprachigkeit in den Benelux-Ländern. Hamburg 1984.

F. Lebsanft: Spanische Sprachkultur. Studien zur Bewertung und Pflege des öffentlichen Sprachgebrauchs im heutigen Spanien. Tübingen 1997.

J. Lüdtke: Katalanisch: Externe Sprachgeschichte. In: LRL Bd. 5/2. Tübingen 1991, S. 232–242.

J. Picoche/C. Marchello-Nizia: Histoire de la langue française. Edition revue et corrigée. Paris 1991.

B. Pöll: Französisch außerhalb Frankreichs. Geschichte, Status und Profil regionaler und nationaler Varietäten. Tübingen 1998.

R. Posner: Society, civilization, mentality: Prolegomena to a language policy for Europe. In: F. Coulmas (Hg.): A Language Policy for the European Community. Prospects and Quandaries. Berlin/New York 1991, S. 121–137.

M. Quaghebeur: L'identité ne se réduit pas à la langue. In: P. Gorceix (Hg.): L'identité culturelle de la Belgique et de la Suisse francophones. Actes du colloque international au Centre de rencontres de Waldegg (Soleure). Paris 1997, S. 59–105.

A. Stein: Einführung in die französische Sprachwissenschaft (Sammlung Metzler, 307). Stuttgart/Weimar 1998.

4 Neue alte Welten: Mittelalter-Philologie

Der Romanist Erich Köhler bezeichnete die mittelalterliche Literatur gern als sein Laboratorium (1985, S. 7); an ihr entwickelte er Theorien, die er dann auch auf spätere Epochen übertrug. Das ist sinnvoll, weil uns Literatur und Gesellschaft des Mittelalters weniger komplex erscheinen als die Gegenwart; die Gründe dafür sind teils in unserer Wahrnehmung, teils in den Phänomenen selbst zu suchen: Einerseits ist Literatur im Mittelalter und in der frühen Neuzeit (bis ins 18. Jahrhundert) in sehr viel geringerem Maß als später Ausdruck einer Individualität. Das Besondere des Einzelwerks tritt zurück hinter Merkmalen der literarischen Gattung, die Autor-Instanz vertritt eher den Standpunkt einer Interessengruppe oder sozialen Klasse als eine persönliche Meinung.

Andererseits lassen sich aus größerem zeitlichem Abstand Entwicklungen besser überschauen: Während uns das 20. Jahrhundert als verwirrendes Konglomerat widersprüchlicher Tendenzen erscheint, fällt es nicht schwer, z. B. das 12. Jahrhundert in Frankreich auf Stichworte wie Renaissance der klassischen Bildung, Ausbau des Französischen zur Literatursprache, Entstehung einer aristokratischen Laienkultur oder ähnliches zu reduzieren. Das bedeutet nicht notwendigerweise, daß die Menschen des 12. Jahrhunderts ihre Wirklichkeit als weniger komplex erfahren haben denn wir die unsere. Welche Merkmale einer vergangenen Epoche als repräsentativ wahrgenommen werden, hängt im übrigen vom Standpunkt und den Erkenntnisinteressen des Betrachters ab: Jede Epoche konstruiert sich ihr eigenes Mittelalter als Projektionsfläche für Sehnsüchte oder Ängste. Insofern ist Mittelalter-Philologie stets auch Wissenschaft von der Gegenwart.

Nach mittelalterlicher Vorstellung gliedert sich die Gesellschaft in drei Stände (vgl. Duby 1981): An der Spitze steht die Geistlichkeit, dahinter folgt der Adel (die Kriegerkaste), den Dritten Stand bilden alle, die von ihrer Hände Arbeit leben. (Diese Einteilung bleibt bis in die Neuzeit erhalten, obwohl sie der sozialen Wirklichkeit längst nicht mehr entspricht: Als König Louis XVI. 1788 die Generalstände einberuft, gehören zum Dritten Stand sowohl reiche Financiers wie Kleinbauern und Handwerker.) Die unterschiedliche Bedeutung der drei Stände in Frankreich, Italien und Spanien erklärt neben anderen Faktoren das je eigene Profil der Literatur dieser Länder:

Nach der Teilung des Karolinger-Reichs (843) entsteht in *Frankreich* (wie in Deutschland) ein Feudalstaat: Der Herrscher gibt seinen Dienstleuten Land zu Lehen, aus dem sie die für ihren Lebensunterhalt notwendigen Einkünfte ziehen; die Territorialfürsten sind Lehnsmänner des Königs und belehnen ihrerseits ihre adligen Vasallen. Das System stärkt die Aristokratie auf Kosten der Zentralgewalt, denn Titel und Privilegien werden rasch erblich, und die Fürsten verfolgen eigene politische Ziele. Um hier ein Gegengewicht zu schaffen, fördern die Könige seit dem 12. Jahrhundert Wachstum und Prosperität der Städte.

Die literarische Überlieferung in französischer Sprache setzt schon im 9. Jahrhundert ein und wird um 1100 dichter. Ein differenziertes Gattungssystem bietet den Rahmen, innerhalb dessen unterschiedliche gesellschaftliche Gruppen ihre politisch-ideologischen Positionen propagieren oder ihre Unterhaltungsbedürfnisse befriedigen können; vom 12. bis zum 15. Jahrhundert ist die französische Literatur die facettenreichste und innovativste in ganz Europa.

Schon seit der Römerzeit lebt ein Großteil der *italienischen* Bevölkerung in Städten; hier spielt der Adel eine ungleich geringere Rolle als in Frankreich, in den Kommunen Nord- und Mittelitaliens bilden die reichen Kaufleute die Führungsschicht. Literatur in der Volkssprache gibt es (von wenigen frühen Zeugnissen abgesehen) erst seit Anfang des 13. Jahrhunderts; das liegt wohl daran, daß das Italienische lange Zeit als eine Art lateinischer Dialekt betrachtet wurde (um 1200 dürfte eine lateinisch gehaltene Predigt für die Gläubigen in Rom oder Florenz noch weitgehend verständlich gewesen sein). Die Gattung Novelle, die Ende des 13. Jahrhunderts entsteht und in Boccaccios *Decameron* (ca. 1353) ihre für die Folgezeit verbindliche Form findet, gibt sich als Produkt eines städtischen Umfelds zu erkennen; die Rahmensituation des Erzählens im geselligen Kreis, das in vielen Geschichten propagierte Ideal der Schlagfertigkeit und die Vorliebe für Streiche, die das Verhalten von

Außenseitern sanktionieren, verweisen auf stadtbürgerliche Lebensformen. Übersetzungen und Nachahmungen machen andererseits aus Frankreich importierte aristokratische Gattungen wie Heldenepos oder Roman in Italien heimisch.

Die Situation auf der *Pyrenäenhalbinsel* ist von der jahrhundertelangen islamischen Herrschaft geprägt: 711 zerschlagen nordafrikanische Berber das Westgotenreich; zwar verzeichnet die christliche Reconquista [Rückeroberung] vom 11. bis zum 13. Jahrhundert bedeutende Erfolge, aber das Königreich Granada bleibt bis 1492 unter arabischer Herrschaft, und auch in den christlichen Gebieten gibt es bis zum Ende des 15. Jahrhunderts noch muslimische sowie jüdische Minderheiten.

Während des Mittelalters war die arabische Literatur und Wissenschaft der europäischen weit überlegen (auch, weil die Araber griechische Autoren wie Aristoteles rezipiert hatten, die in Westeuropa unbekannt waren); Spielleute mögen ihr Repertoire an arabischen Schwankerzählungen, Fabeln und Geschichten aus dem Stegreif ins Spanische übersetzt haben, viele Christen sprachen arabisch, außerdem fungierten die Juden als Mittler zwischen den Kulturen.

Für spanischsprachige Literatur bestand somit zunächst kaum Bedarf; bis zum Ende des 13. Jahrhunderts findet man einerseits wenige Heldenepen *(Cantares de gesta)* und literarisch überhöhte Formen volkstümlicher (Liebes-)Lyrik in galegoportugiesischer Sprache; andererseits begünstigen besondere Umstände die Herausbildung zweier literarischer Zentren: Französische Geistliche bringen Anfang des 13. Jahrhunderts Literatur von jenseits der Pyrenäen nach Nordostspanien; in der Folgezeit entstehen im Kloster San Millán de la Cogolla, unweit der Pilgerstraße nach Santiago de Compostela, vor allem versifizierte Heiligenlegenden. Als der Kaiserthron durch den Tod des letzten Staufers vakant wird (1254), meldet der kastilische König Alfonso X el Sabio (1252–1284) seine Ansprüche an; um sein Prestige (auch gegenüber dem Gegenkandidaten Richard von Cornwall) zu erhöhen, unternimmt er große Anstrengungen, das Kastilische als Literatur- und Wissenschaftssprache zu etablieren, gibt u. a. Übersetzungen aus dem Arabischen, ein Gesetzbuch und zwei Chroniken in Auftrag (abgesehen von der politischen Instrumentalisierung kamen diese Projekte offenbar den Interessen des Königs entgegen, der auch selbst geistliche und weltliche Lyrik dichtete). Erst seit dem 14. Jahrhundert werden unter französischem, später auch italienischem Einfluß andere literarische Gattungen in den Staaten der Pyrenäenhalbinsel heimisch.

Seit den sechziger Jahren nimmt die Bedeutung der mittelalterlichen Literatur im Universitätsunterricht ständig ab. Das hängt wohl vor allem mit der Schwierigkeit der Sprache zusammen: In altfranzösisch *cuens* («Graf») *comte*, in *annor* («Ehre») *honneur* wiederzuerkennen und die von der neufranzösischen vielfach abweichende Verbalflexion zu beherrschen, will in mindestens einem zweistündigen Kurs gelernt sein; mittelalterliches Spanisch oder Italienisch ist etwas leichter, aber der Wortschatz (viele Arabismen im Altspanischen) und die stark vom Lateinischen geprägte Syntax fordern auch hier eine gewisse Eingewöhnung.

Leider ist der Unterricht in der alten Sprachstufe bei uns meist sprachgeschichtlich ausgerichtet: Ein altfranzösischer Text liefert Beispiele, an denen die Lautentwicklung vom klassischen über das Vulgärlatein bis zum Neufranzösischen und der Zerfall des grammatischen Formensystems demonstriert werden. Diese Lehrmethode war sinnvoll, solange man bei allen Romanistik-Studenten fundierte Lateinkenntnisse voraussetzen konnte; seit das nicht mehr der Fall ist, benutzt man (weitgehend) Unbekanntes (die lateinische Form), um ein anderes Unbekanntes zu erläutern, mit der vorhersehbaren Folge, daß die Kursteilnehmer schnell jedes Interesse am Altfranzösischen verlieren.

Das Studium der Lautlehre ist zweifellos sinnvoll; wer sich hier auskennt, kommt z. B. mit den verschiedenen altfranzösischen Dialekten besser zurecht. Dennoch wäre es besser, die alte Sprachstufe so zu lehren, wie es in Frankreich üblich ist, nämlich wie eine lebende Fremdsprache: Der Kursteilnehmer prägt sich die vom Neufranzösischen (-spanischen, -italienischen) abweichenden Wörter und Formen ein, ohne nach dem lateinischen Ursprung zu fragen. Er erwirbt verhältnismäßig schnell die Fähigkeit, mittelalterliche Texte zu verstehen und unter literarischen oder kulturhistorischen Fragestellungen zu analysieren, was erfahrungsgemäß reizvoller ist als das Pauken der Lautgesetze.

Natürlich ist es auch statthaft, mittelalterliche Texte in einer modernen Übersetzung zu lesen. Wenn man komparatistisch [vergleichend] arbeitet, bleibt einem kaum etwas anderes übrig: So etwas wie Nationalliteraturen gibt es im Mittelalter nicht, über alle Grenzen findet ein ständiger Austausch von Stoffen, Themen und Dichtungsformen statt. Die lateinische Überlieferung ist als Bezugspunkt jederzeit und überall gegenwärtig; die okzitanische Lyrik der Troubadours strahlt in die Nachbarländer aus, der Artus-Stoff wandert von England nach Frankreich, die mittelhochdeutschen Romane der Blütezeit sind fast alle aus dem Französischen übersetzt und so weiter. Früher oder später wird jeder Mittelalter-Interessierte einmal auf eine Übersetzung angewiesen sein.

Einen alten Text erst einmal auf deutsch zu lesen, ist zur Vorbereitung auf ein Seminar oder eine Übung durchaus legitim. Auch gegen die Benutzung einer zweisprachigen Ausgabe ist grundsätzlich nichts zu sagen; man muß sich nur klarmachen, daß jede Übersetzung eine Interpretation darstellt. Gerade bei mittelalterlichen Texten, die oft vieldeutig und reich an Konnotationen [Nebenbedeutungen] sind, muß man sich für eine Deutung entscheiden, die mitgemeinten Alternativen gehen verloren. Deshalb ist es unbedingt ratsam, die Übersetzung anhand des Originals zu überprüfen.

Die Attraktivität mittelalterlicher Literatur liegt wesentlich in ihrer Alterität, der «erstaunlichen oder befremdenden Andersheit der vom Text eröffneten Welt» (Jauß 1977, S. 10). Der altfranzösische *Rosenroman* von Guillaume de Lorris und Jean de Meun (ca. 1240/1270) schildert die Liebeswerbung in der konventionellen Form eines allegorischen Traums: Im Garten des Gottes Amor erblickt der Erzähler eine Rose (genauer: ihr Spiegelbild im Wasser), die für die Geliebte steht. Zwischen dem Verliebten und der Rose stehen grimmige Wächter: *Honte*, die Scham, *Peur*, die Furcht, *Male Bouche*, die Verleumdung, und *Danger*, was u. a. «Hochmut» heißen kann, hier aber wohl so etwas wie «Zurückhaltung» meint; Hilfe findet der Eingeschüchterte unter anderem bei *Bel Accueil*, dem Freundlichen Empfang, *Franchise*, Edelmut oder Großzügigkeit, und *Pitié*, Mitleid. Natürlich stehen diese Personifikationen für die Reaktionen der Frau auf das Werben des Mannes, in der literarischen Fiktion aber haben sie nicht nur eine Stimme, sondern – da sie miteinander kämpfen – auch einen Körper. Der Liebende gerät zwischen die Fronten: Er handelt nicht eigentlich, sondern mit ihm geschieht etwas. Der Reiz des Romans liegt darin, daß er «die Anschauung einer inneren Welt» ermöglicht, «die alles, was für den modernen Leser Ausdruck subjektiven Empfindens ist, als Spiel und Konflikt objektiver Mächte vorstellt» (Jauß 1977, S. 14).

Das Fremde ist allerdings nicht völlig fremd; überspitzt formuliert, scheinen in einem Werk wie dem *Rosenroman* manche Einsichten der modernen Psychoanalyse vorweggenommen. Das hat nichts mit der von den Autoren trivialer historischer Romane propagierten Binsenweisheit zu tun, die Natur des Menschen sei zu allen Zeiten gleichgeblieben; wer heute versucht, seine eigenen erotischen Erfahrungen in den *Rosenroman* oder die Gedichte der Troubadours zu projizieren, wird erstens nicht auf seine Kosten kommen und zweitens die Texte gründlich mißverstehen, weil die kulturellen Rahmenbedingungen, der Wahrnehmungs- und Verstehenshorizont im 13. und im späten 20. Jahrhundert radikal verschieden sind. Wenn man Altes und Neues im Wissen um die jeweilige Eigenart zusammenbringt, können sich allerdings überraschende Perspektiven, nicht nur auf die Literatur, ergeben.

Unter den sieben Kardinallastern oder Hauptsünden verzeichnet die theologische Literatur die *acedia* oder *tristitia*, Trübsinn oder Übellaunigkeit; man findet sie häufig bei Mönchen, die ein entbehrungsreiches Leben führen und durch ein unauflösliches Gelübde gebunden sind. Nach heutigen Kriterien dürfte es sich in den meisten Fällen um eine Depression, also um eine psychische Störung oder Erkrankung handeln. Mittelalterliche Ärzte sprechen von Melancholie, aber die geistlichen Autoritäten bestehen darauf, daß die Sünde als Krankheit der Seele *(acedia)* und die als körperliches Leiden aufgefaßte Melancholie zwar ähnlich, aber nicht gleich sind. Das Beispiel zeigt sehr deutlich, daß wir Wirklichkeit nicht fertig vorfinden, sondern mittels Begriffen konstruieren. Für den klinischen Gebrauch ist der Begriff *Depression* ohne Zweifel besser geeignet als *acedia*, aber auch *Depression* ist kein Name für eine unveränderliche Realität, aufgrund neuer Erkenntnisse mag es sich irgendwann als sinnvoll erweisen, dieses Konzept anders zu definieren oder ganz aufzugeben. Die im Umgang mit Fachbegriffen grundsätzlich gebotene Skepsis läßt sich unter anderem durch historisches Wissen stimulieren.

Die Literatur der Gegenwart verwandelt sich die Vergangenheit auf vielfältige Weise an. Zahllose Romane, Theaterstücke, Filme erzählen mittelalterliche Stoffe nach (von Jean Cocteau – Theaterstück

Les Chevaliers de la Table Ronde [Die Ritter der Tafelrunde, 1937]; Film *L'Eternel Retour*, 1943, über die Tristangeschichte – bis zu Adolf Muschgs Parzival-Roman *Der rote Ritter,* 1993) oder erfinden sich ihr eigenes Mittelalter wie Umberto Eco in *Il nome della rosa*.

Welche Fragen die mediävistische [mittelalterkundliche] Literaturwissenschaft an die Texte stellt und was sie zu leisten vermag, sei an einem der ersten französischen Artusromane verdeutlicht. Ein (keltischer) Fürst namens Artus soll um 500 n. Chr. in Cornwall gegen die (germanischen) Sachsen gekämpft haben (das älteste Zeugnis seiner Herrschaft, eine Inschrift aus dem 6. Jahrhundert, wurde erst 1998 in den Ruinen der Burg Tintagel gefunden). Spätere Geschichtsquellen erwähnen diesen Artus nur am Rande, erst seit dem 12. Jahrhundert wird er wohl im Auftrag der englischen Krone zum mythischen Gründer eines britischen Weltreichs stilisiert; sein Name steht für ein ethisches Ideal, der Artushof wird zur Heimstätte ritterlicher Tugenden wie Tapferkeit und Loyalität und kultivierten (‹höfischen›) Verhaltens.

Hier zeichnet sich eine Ambivalenz ab, die die Geschichte des Artusstoffs bis zu den Romanen von Marion Zimmer Bradley und zu Filmen wie John Boormans *Excalibur* (1980) oder Steve Barrons Fernseh-*Merlin* (1998) prägt: Artus ist einerseits englischer Nationalheld, andererseits Projektionsfläche für Utopien und Ideologien jenseits aller nationalen Zuordnungen. Französische Autoren schrieben seit dem 12. Jahrhundert eifrig mit an der Artus-Sage.

Zwischen 1165 und 1190 erzählte Chrétien de Troyes in fünf Versromanen Geschichten von Rittern aus der berühmten Tafelrunde des Königs. Die Protagonisten sind, anders als Artus selbst, keine historischen Gestalten. Vielleicht hat Chrétien die Kategorie der dichterischen Erfindung als ein Drittes zwischen Wahrheit und Lüge in die Literatur eingeführt und damit den europäischen Roman als fiktionale Gattung geschaffen; dieser These des Germanisten Walter Haug (1985, S. 91 ff) ist allerdings von anderen heftig widersprochen worden.

Chrétiens vorletzter Roman, *Yvain oder der Löwenritter*, entstand um 1180. Wie in allen seinen Werken geht es auch hier um das Verhältnis von Rittertum als sozialer Verpflichtung und Selbstverwirklichung in der Liebe sowie um den Gegensatz von Artushof und Außenwelt:

Im Kreis der Artusritter gesteht Calogrenant eine Niederlage ein: Vor sieben Jahren hat er den Hüter einer Quelle im Wald von Broceliande herausgefordert, indem er Wasser auf den Brunnenrand goß und so einen schrecklichen Sturm auslöste, und im Kampf den kürzeren gezogen. Calogrenants Vetter Yvain will diese Schmach tilgen; er reitet allein zu der Quelle, verwundet den fremden Ritter tödlich und verfolgt ihn bis in seine Burg. Lunete, die Zofe der Burgherrin, gibt ihm einen Ring, der unsichtbar macht, um ihn vor der Rache des Gefolges zu schützen. Yvain verliebt sich auf der Stelle in Laudine, die Witwe des Erschlagenen; da die Quelle nicht ohne Schutz bleiben darf, muß sie eine neue Ehe eingehen, und Lunete überredet sie, Yvain zu heiraten. Als König Artus mit seinem Gefolge naht, tritt ihnen Yvain als neuer Burgherr entgegen.

Artus' Neffe Gauvain warnt seinen Freund Yvain, das seßhafte Leben an der Seite Laudines sei mit seinen Ritterpflichten nicht vereinbar; deshalb zieht der Frischvermählte mit den anderen fort, um an Turnieren teilzunehmen. Seine Frau nimmt ihm jedoch das Versprechen ab, nach genau einem Jahr zurückzukehren. Als Yvain die Frist versäumt, kündigt sie durch eine Botin die eheliche Gemeinschaft auf. Aus Kummer verliert der Ritter den Verstand, er lebt wie ein wildes Tier im Wald, bis ihn eine Dame mittels einer Wundersalbe heilt.

Um seinen Fehler wiedergutzumachen, muß Yvain viele schwere Prüfungen bestehen. Ein Löwe, den er vor einer Schlange gerettet hat, wird sein Begleiter und Helfer; ihm verdankt er seinen neuen Namen «der Löwenritter». Zuletzt kehrt Yvain zu Laudines Burg zurück; da sie keinerlei Neigung zeigt, ihm zu verzeihen, entfesselt er ein Unwetter, um den Hüter der Quelle herauszufordern, wohl wissend, daß Laudine keinen Beschützer hat. Die Burgherrin läßt sich von Lunete überreden, den ‹Löwenritter› um Hilfe zu bitten (daß es sich dabei um Yvain handelt, weiß sie nicht), und schwört, ihn zum Dank mit seiner Dame auszusöhnen. Als Yvain dann vor ihr steht, muß sie ihr Wort halten und ihm vergeben.

Auf den ersten Blick erkennt man Elemente, die uns aus dem Märchen vertraut sind: den Ring, der unsichtbar macht, das dankbare und hilfreiche Tier, selbst die sieben Jahre, die seit Calogrenants Blamage vergangen sind. Chrétien hat diese Motive aus der mündlichen Überlieferung der Waliser (oder Bretonen) geschöpft: Ob er ihre (keltische) Sprache verstand, ist ungewiß, aber an den englischen und französischen Fürstenhöfen gab es Spielleute aus diesen Gegenden, die den Inhalt der alten Lieder und Sagen auf französisch zusammenfassen konnten. Wir wissen nicht mit Sicherheit, ob Chrétien im wesentlichen Gehörtes nacherzählt oder aus ein paar Namen und Handlungselementen ganz neue Geschichten entwickelt hat: Es gibt zwar Artuserzählungen in kymrischer (walisischer) Sprache, darunter sogar eine von Owein (Yvain), aber diese Texte sind wohl jünger als die französischen Romane, könnten also von diesen beeinflußt sein. Chrétien sagt selbst (im Prolog seines ersten Romans *Erec et Enide*), daß er seine Vorlagen grundlegend umgestaltet hat, und es fällt nicht schwer, ihm das zu glauben.

Wenn man die Geschichte von Yvain auf das Wesentlichste reduziert, zerfällt sie in zwei Teile: Zuerst gewinnt der Ritter Laudine für sich; dann verliert er sie wieder und muß sie erneut erobern (daß er jeweils auf die Hilfe Lunetes angewiesen ist und daß er im zweiten Teil über einige Umwege geführt wird, können wir vernachlässigen). Vielen Zaubermärchen liegt dasselbe Schema zugrunde, wie der russische Erzählforscher Vladimir Propp (1895–1970) nachgewiesen hat (Propp 1975): Der Held besiegt z. B. einen Drachen und erwirbt sich dadurch das Recht auf die Hand der Prinzessin; aber ehe er sich zu erkennen geben kann, tritt ein Hochstapler als falscher Drachentöter auf, den der Held erst in letzter Minute zu entlarven vermag.

In Propps Perspektive kommt es nicht darauf an, wer etwas tut und was er tut, sondern wie sich sein Tun auf den Handlungsverlauf auswirkt. Yvain kehrt nicht pünktlich zurück, der Drachentöter schläft vor Erschöpfung ein oder wird ohnmächtig, aber das Ergebnis ist das gleiche: Beide verlieren die geliebte (oder begehrte) Frau. Die untereinander austauschbaren Elemente sind weniger wichtig als die Beziehungen zwischen diesen Elementen, die die *Struktur* der Handlung ergeben.

Die Struktur gleicht einem Sack, in dem sich die unterschiedlichsten Inhalte, Kohlen wie Kartoffeln, transportieren lassen. Das Schema der *Suche* z. B. scheint in allen Epochen und Kulturen verbreitet zu sein: Chrétiens Yvain verläßt den Artushof, um Genugtuung für die Schmach zu erlangen, die einem Mitglied seiner Familie bei der Zauberquelle widerfahren ist. Er erreicht sein Ziel und findet obendrein eine Frau. Zahllose Märchenhelden ziehen aus, um «ihr Glück zu machen»; wer in Buch oder Film aus dem Osten Amerikas nach Westen reitet, hat entweder fruchtbares Farmland oder den schnellen Reichtum der Goldgräber im Sinn. Sherlock Holmes kann Professor Moriarty nur überwinden, indem er sein angestammtes soziales Milieu verläßt und in Hafenkneipen oder bei den Straßenkindern nach Informationen forscht. James Bond muß in weit exotischere Gegenden reisen, um Goldfinger oder Doktor No zu stellen. Daß einem spontan Beispiele aus der modernen Massenliteratur einfallen, ist kein Zufall: Die Nähe zum Märchen ist hier besonders deutlich (vgl. Nolting-Hauff 1974).

Die Märchensuche verräumlicht einen psychischen Entwicklungsprozeß: Der Weg, den der Held zurücklegen muß und der zuletzt zu Liebe und Ehe führt, entspricht dem Stadium der Pubertät und der Entdeckung des anderen Geschlechts. Weil die Märchenfiguren selbst Chiffren für innere Vorgänge sind, haben sie kein Innenleben: In der Geschichte von den Drei Orangen, die vor allem in Italien weit verbreitet ist, läßt der Prinz seine Braut, die er unter größten Gefahren und Mühen gewonnen hat, für kurze Zeit allein; als er zurückkommt, hat eine häßliche Negerin die junge Frau verzaubert und ihren Platz eingenommen. Obwohl sich der Prinz über die Verwandlung wundert, zweifelt er nicht daran, seine Braut vor sich zu haben. Nach den Konventionen des Märchens ist diese Reaktion normal, sie kennzeichnet den Prinzen keineswegs als leichtgläubig oder naiv, wie der moderne Leser glauben könnte. Daß der junge Mann die Hochstaplerin nicht zu erkennen vermag, hat zweifellos damit zu tun, daß er auch die echte Braut noch nicht ‹erkannt› hat (im sexuellen Sinn).

Wenn wir Märchen (und ähnliche Texte) lesen, abstrahieren wir im allgemeinen automatisch von unserer Alltagspsychologie und akzeptieren das Verhalten der Figuren als selbstverständlich. Nur unter dieser Voraussetzung können wir die Geschichten ernst nehmen: Der argentinische Schriftsteller Manuel Mujica Laínez erzählte in seinem Roman *El Unicornio* (Das Einhorn, 1965) die Sage von der Fee Melusine neu (bzw. ließ sie von der Protagonistin selbst erzählen). Melusine geht eine Ehe mit einem Sterblichen ein, dem sie ihre wahre Identität verheimlichen muß; Raimondin schöpft jahrelang keinen Verdacht, obwohl seine Frau ihm wunderbaren Reichtum verschafft, in Windeseile Schlösser erbaut und anderes. Am Beispiel des Sterblichen und der Fee wird im Märchen das von der Spannung zwischen Ähnlichkeit und Verschiedenheit geprägte Verhältnis von

Mann und Frau erörtert: Der Ehemann muß sich zuerst der Illusion hingeben, Melusine wäre so wie er, damit er die Andersartigkeit ihrer verwandelten Gestalt (halb Frau, halb Schlange) als Choc erfahren kann. Mujica Laínez dagegen läßt seine Melusine nach Erklärungen für die Blindheit ihres Raimondin suchen, die ihn nur noch lächerlicher erscheinen lassen, und macht so aus dem Märchen eine Märchen-Parodie.

Psychologisierende Innenschau bildet freilich vom Mittelalter bis zum 20. Jahrhundert ein wesentliches Element der Gattung Roman. Im Märchen müßte nicht erklärt werden, warum Yvain allein und heimlich zur Zauberquelle aufbricht, Chrétien sieht sich genötigt, eine Begründung zu erfinden: Ein Streit mit dem Seneschall Keu hat den Protagonisten daran erinnert, daß er noch jung und ziemlich unbekannt ist; Artus würde nicht ihm, sondern einem erfahreneren Ritter – vielleicht Keu selbst – erlauben, das Abenteuer zu versuchen, dem muß Yvain zuvorkommen. Sobald der Erzähler beginnt, sich für die Gedanken und Empfindungen seiner Figuren zu interessieren, ergeben sich nun aber Widersprüche zur vorgefundenen Geschichte.

In der keltischen Überlieferung wäre Laudine eine Brunnenfee, die sich mit dem Hüter ihrer Quelle zu verbinden hätte (vgl. Warning 1978, S. 43 f). Indem Yvain den Herrn der Burg (einen Sturmriesen) erschlägt, erwirbt er das Land und die Frau; Laudine bleibt gar nichts anderes übrig, als ihn zum Mann zu nehmen. Umgekehrt ist sie nur so lange an ihn gebunden, wie er seine Verpflichtung erfüllt, die Quelle zu verteidigen; eine Zeitlang kommt Laudine ohne ihn aus, aber da er nicht zurückkehrt, müßte sie eigentlich nach Ersatz Ausschau halten. Sie beschränkt sich jedoch darauf, Yvain zu verstoßen – das ist paradox, denn jetzt hat sie gar keinen Beschützer mehr, weder dort, wo sie ihn braucht, noch anderswo.

Nachdem Yvain Laudines ersten Mann erschlagen hat, schildert Chrétien ausführlich ihren Schmerz und ihre Verzweiflung. Daß sie kurz danach den Sieger ehelicht, wirkt dadurch besonders skandalös. Vor allem ältere Kritiker haben viel Scharfsinn und Tinte auf die Frage verwendet, ob Laudine Yvain denn nun aufrichtig liebt oder nicht; noch eine neuere feministische Interpretation hebt die «Dürftigkeit der Gefühlsentwicklung bei Laudine» hervor und schließt daraus, Chrétien habe zumindest implizit die Geschlechterbeziehungen in der ritterlichen Gesellschaft problematisieren wollen (Krueger 1993, S. 45–51). Nun interessiert sich mittelalterliche (und frühneuzeitliche) Literatur grundsätzlich nicht für die Ausnahme, sondern für die Regel, oder auf psychologische Kategorien bezogen: nicht für das Individuum, sondern für den Typus. Daß Chrétien Laudine als herrschsüchtig (oder gar als frigide) habe charakterisieren wollen, können wir getrost ausschließen. Die Widersprüche in ihrem Verhalten kommen dadurch zustande, daß der Autor ein Märchen als Roman erzählt. Das ist im übrigen nicht als Mangel des Textes, sondern als Versuch zu verstehen, verschiedene Modelle der Aneignung und Deutung von Wirklichkeit miteinander reagieren zu lassen.

Dazu paßt, daß der Erzähler ständig die Aufmerksamkeit des Publikums auf sich und seine Aktivität lenkt. In Prologen und kommentierenden Einschüben spricht er seine Zuhörer direkt an (die Romane sind eher zum Vorlesen als zur einsamen Lektüre bestimmt; deshalb auch die Versform); Hinweise, wie das Werk aufgefaßt werden will, geben auch die vielen Stellen, an denen Chrétien auf fremde und eigene Texte Bezug nimmt. Am mittelalterlichen Artusroman läßt sich das Phänomen der *Intertextualität* modellhaft studieren; damit ist gemeint, daß jeder Text auf (viele) frühere Texte reagiert, die er fortsetzt, bestätigt, zu übertreffen versucht, denen er widerspricht etc.

Die fünf Romane Chrétiens sind schon durch die Märchenstruktur miteinander verbunden: Jedesmal macht sich der titelgebende Ritter auf einen Suchweg, an dessen Ende die Verbindung mit einer geliebten Frau steht. *Yvain* ist besonders eng auf Chrétiens ersten Roman *Erec et Enide* (ca. 1165) bezogen; in beiden Werken geht es um die Frage, wie sich die Lebensform der Ehe und die Ritterpflichten miteinander vereinbaren lassen. Nachdem Erec Enide geheiratet hat, mag er nicht mehr auf Turniere reiten, sondern bleibt glücklich und zufrieden bei seiner Frau, bis sein Ansehen in der Öffentlichkeit Schaden nimmt. Yvain verkörpert das andere Extrem: Über dem Streben nach Ritterruhm vergißt er, was er Laudine schuldig ist. Chrétien spielt hier zwei Aspekte eines Problems durch. Zuletzt, so lassen die Texte vermuten, werden beide Protagonisten gelernt haben, ihre private und soziale Existenz ins Gleichgewicht zu bringen.

Um seiner Frau zu beweisen, daß er immer noch der alte ist, zieht

Erec allein mit ihr auf die Suche nach Aventuren [Abenteuern] aus. Um den Gefahren zu trotzen, die ihnen beiden von Riesen, Raubrittern und anderen Gegnern drohen, verläßt er sich ganz auf seine eigene Tapferkeit und Stärke. Enide wird zu seiner treuen Gehilfin, die z. B. die Pferde versorgt. Im *Yvain* übernimmt der Löwe ihre Rolle, was Chrétien durch wörtliche Zitate oder Anklänge an seinen ersten Roman unterstreicht (Gier 1986).

Es ist typisch für den arturischen Versroman und speziell für diesen Autor, daß sich dabei verschiedene intertextuelle Bezüge überlagern. Den dankbaren Löwen kannte das Mittelalter aus der antiken Fabel vom Hirten Androklus, der einmal einem solchen Raubtier einen Dorn aus dem Fuß gezogen hatte; später sollte er im Zirkus den wilden Tieren vorgeworfen werden, aber ‹sein› Löwe erkannte ihn wieder und beschützte ihn. Yvains Löwe freilich folgt seinem Herrn nicht nur wie ein treuer Hund; als der Ritter vor Kummer über den Verlust Laudines die Besinnung verliert, meint sein Begleiter, er wäre tot, und will sich in Yvains Schwert stürzen, aber der kommt gerade noch rechtzeitig wieder zu sich. Der Suizid-Versuch eines Tiers kann nicht anders als komisch sein; Chrétien treibt hier ein ironisches Spiel mit zwei hochpathetischen Szenen. Einerseits sucht sich Enide in einer ähnlichen Situation mit Erecs Schwert zu töten und wird in letzter Minute davon abgehalten; andererseits kannte Chrétiens Publikum aus Ovids *Metamorphosen* oder aus einer französischen Versübersetzung die Geschichte von Pyramus und Thisbe, in der ebenfalls ein Suizid und ein Löwe, allerdings in anderer Zusammenstellung, vorkommen: Als sich das titelgebende Liebespaar heimlich an einem einsamen Ort treffen will, wird Thisbe von einem Löwen vertrieben; Pyramus findet ihr zerfetztes, blutiges Gewand, glaubt, der Löwe hätte sie getötet, und legt Hand an sich. Als Thisbe ihren Geliebten tot findet, macht auch sie ihrem Leben ein Ende.

Eine Hamburger Bürgersfrau, die im Schauspielhaus *Kabale und Liebe* von Schiller gesehen hatte, sagte beim Hinausgehen zu ihrer Nachbarin: «Gott, was für Mißvers-tändnisse!» Die Tränen, die man über das Schicksal des unglücklichen Liebespaares vergißt, können nicht vergessen machen, daß Pyramus sehr voreilig gehandelt hat. Chrétien de Troyes ahmt zunächst (in *Erec et Enide*) die Schlüsselszene aus Ovids Erzählung nach, korrigiert sie aber durch einen glücklichen Schluß; in *Yvain* führt er als eindeutiges intertextuelles Signal den Löwen ein, markiert seine ironische Distanz zur Pyramus-und-Thisbe-Geschichte, indem er den Schuldigen am Suizid der Liebenden zum Beinahe-Opfer macht, und enthüllt gleichzeitig retrospektiv das verdeckte Zitat in *Erec et Enide*.

Das Beispiel zeigt auch, daß mittelalterliche Literatur für uns heute nicht aus sich selbst heraus verständlich ist. Ohne Kenntnis der intertextuellen Bezüge wirkt der Suizidversuch des Löwen ziemlich merkwürdig; naive Leser, die die Strategie des Autors nicht durchschauen, neigen in solchen Fällen gern dazu, ihm eine irregeleitete Phantasie oder schriftstellerisches Ungeschick zu unterstellen. Ehe man solche Schlußfolgerungen zieht, sollte man sicherheitshalber in einer kommentierten Ausgabe nachschauen, die den Zugang zum Verstehenshorizont des mittelalterlichen Publikums eröffnet und damit vieles in anderem Licht erscheinen läßt.

Das gilt auch für das Verhältnis der Literatur zur zeitgenössischen Wirklichkeit. Natürlich nehmen die Autoren Bezug auf die gesellschaftlichen Verhältnisse ihrer Epoche, deshalb vermag die Geschichtswissenschaft, und besonders die Sozialgeschichte, manches zum Verständnis der Texte beizutragen. Andererseits liefern die Romane kein genaues Abbild der Realität – das mußte schon Don Quijote leidvoll erfahren, der die ganze Welt durch die Brille des Ritterbuch-Lesers sah und damit kläglich scheiterte.

Eine rechtshistorische Untersuchung kommt zu dem Ergebnis, «daß Chrétien im jungen Yvain einen gänzlich unreifen, ruhmsüchtigen und deshalb die Gesetze rücksichtslos brechenden Draufgänger darstellt» (Matthias 1977, S. 157). Die Liste seiner Verfehlungen ist in der Tat lang: Er entfernt sich unerlaubt vom Hof seines Lehnsherrn Artus, greift Esclados an, ohne ihn regelrecht zum Kampf gefordert zu haben (außerdem sind zu dieser Zeit – in der Woche nach Pfingsten – Fehdehandlungen generell verboten), verwundet ihn tödlich, obwohl das Gesetz gebietet, das Leben des Gegners zu schonen, und so weiter. So unritterlich und rücksichtslos, wie Yvain aus der Sicht der juristischen Quellen erscheint, hat Chrétien ihn nun aber nicht dargestellt; der Erzähler lobt im Gegenteil seine Tapferkeit im Kampf, und wir haben keinen Grund anzunehmen, daß dies nicht ernst gemeint sei. Der Roman bezieht sich offenbar einerseits auf das ritterliche Normensystem, bewahrt aber andererseits die archaischeren Wertvorstellungen der keltischen Überlieferung: Wenn der Sieger als Landesherr und Ehemann den Platz des Besiegten einnehmen soll, bleibt ihm in der Tat kaum etwas anderes übrig, als seinen Gegner zu töten.

Noch problematischer ist es, aus literarischen Texten auf die historische Realität rückzuschließen. In der literatursoziologischen Perspektive Erich Köhlers verfolgt der Artusroman das Ziel, durch eine gemeinsame Ideologie die Differenzen zwischen hohem und niederem Adel zu überbrücken: Die mächtigen Territorialfürsten haben naturgemäß andere Interessen als die besitzlosen Ritter, die nur in Kriegszeiten ein sicheres Auskommen im Heer eines Mächtigen finden und sonst «von Turnier zu Turnier, von Fehde zu Fehde» ziehen (Köhler 1970, S. 68). Inbegriff aller Wünsche ist für diese Schicht das, was z. B. Yvain widerfährt – die Heirat mit einer reichen Erbin.

Ob einem dieses Glück zuteil wird, hängt wesentlich davon ab, ob man zur rechten Zeit am rechten Ort ist, vom Zufall also. Im Begriff der *aventure* nun wird der Zufall zum Schicksal überhöht: Was einem «zufällt», ist nur für einen selbst und für keinen anderen bestimmt; jeder bekommt, was er verdient, und darf folglich auch stolz darauf sein. Im Artusroman führt die bestandene *aventure* immer zur Heirat mit einer geliebten Frau, folglich kann sich auch der hohe Adel dieses Ideal zu eigen machen. Yvain und Erec sind Königssöhne, es braucht sie nicht zu kümmern, ob ihre Partnerin eine Landesherrin wie Laudine oder wie Enide bettelarm ist; dennoch führt ihr Weg zum Eheglück notwendigerweise über die *aventure*. Das Idealbild des fahrenden Ritters wird zum ideologischen Fixpunkt für die Territorialfürsten, die den Aufstieg des Königtums im 12. Jahrhundert mit Unbehagen betrachten, wie auch für den Kleinadel, der sich von diesem Aufstieg eher Vorteile erhoffen kann; der Artusroman trägt also – immer noch nach Erich Köhler – wesentlich dazu bei, daß die französische Aristokratie so etwas wie ein Klassenbewußtsein entwickelt.

Das ist ohne Zweifel gut begründet und nachvollziehbar (abgesehen von Details, über die man streiten kann oder die vor dem Hintergrund neuerer Forschungsergebnisse zu modifizieren wären); es erklärt allerdings nicht, warum Chrétien seinem Yvain einen Löwen zum Begleiter gibt, warum dieser Löwe Züge Enides trägt, warum er einen Suizidversuch unternimmt und anderes mehr. Auch mittelalterliche Literatur ist neben und vor allem anderen Literatur, das heißt ein von der gelebten Wirklichkeit scharf abgegrenzter Bereich, in dem eigene (Spiel-)Regeln gelten. Eine referentielle, auf die außerliterarische Wirklichkeit bezogene Lektüre ist legitim, aber nur eine Möglichkeit unter vielen.

Literatur

G. Duby: Die drei Ordnungen. Das Weltbild des Feudalismus. Frankfurt/M. 1981.

A. Gier: Leo est femina. Yvain, Enide und der Löwe. In: Mittelalterbilder aus neuer Perspektive. Würzburger Kolloquium 1984. Hg. von E. Ruhe und D. Behrens. München 1986, S. 269–288.

W. Haug: Literaturtheorie im deutschen Mittelalter. Von den Anfängen bis zum Ende des 13. Jahrhunderts. Eine Einführung. 2. Aufl. Darmstadt 1992.

F.-R. Hausmann: Französisches Mittelalter. Lehrbuch Romanistik. Stuttgart/Weimar 1996.

H.R. Jauß: Alterität und Modernität der mittelalterlichen Literatur. In: Ders.: Alterität und Modernität der mittelalterlichen Literatur. Gesammelte Aufsätze 1956–1976. München 1977, S. 9–47.

E. Köhler: Ideal und Wirklichkeit in der höfischen Epik. Studien zur Form der frühen Artus- und Graldichtung. 2. Aufl. Tübingen 1970.

Ders.: Vorlesungen zur Geschichte der französischen Literatur. Mittelalter I. Hg. von H. Krauß. Stuttgart etc. 1985.

R.L. Krueger: Women readers and the ideology of gender in Old French verse romance. Cambridge 1993.

A.-S. Matthias: Yvains Rechtsbrüche. In: K. Baldinger (Hg.): Sprach- und literaturwissenschaftliche Beiträge vom frühen bis zum ausgehenden Mittelalter (Zeitschrift für romanische Philologie. Sonderband zum 100jährigen Bestehen). Tübingen 1977, S. 156–192.

I. Nolting-Hauff: Märchen und Märchenroman. Zur Beziehung zwischen einfacher Form und narrativer Großform in der Literatur. In: Poetica 6 (1974), S. 129–178.

V.J. Propp: Morphologie des Märchens. Frankfurt/M. 1975.

R. Warning: Formen narrativer Identitätskonstitution im höfischen Roman. In: Grundriß der romanischen Literaturen des Mittelalters. IV: Le roman jusqu'à la fin du XIIIe siècle. Heidelberg 1978, S. 25–59.

5 Kreative Nachahmung: italienische Lyrik der frühen Neuzeit

Ein prominenter Kritiker pflegt zu sagen, ein Roman sei ein erzählendes Buch von mehr als 200 Seiten Umfang, genauer lasse sich diese Literaturform nicht definieren. Schaut man sich im Buchhandel erhältliche ‹Romane› der Gegenwart an, wird man geneigt sein, ihm recht zu geben: Traditionell erzählte Kriminalgeschichten werden so etikettiert, aber auch experimentelle Bücher französischer Nouveaux romanciers wie Nathalie Sarraute oder Claude Simon, Marcel Prousts *A la recherche du temps perdu* (Auf der Suche nach der verlorenen Zeit) ebenso wie die dicken Wälzer von Stephen King. Es scheint sich um eine nur negativ bestimmbare Kategorie zu handeln: Roman wäre alles, was weder kurze Erzählung noch Lyrik, noch Theaterstück, noch Sachtext oder Essay ist.

Für einen, der sich in der Hochliteratur des 20. Jahrhunderts zurechtzufinden sucht, sind Gattungsbezeichnungen schlechte Wegweiser; sie täuschen Verbindungen vor, wo es gerade auf das Trennende ankommt. Für die Zuordnung zu literarischen Schulen oder Gruppen gilt das gleiche: Es ist – schon zur Abgrenzung gegen Früheres – durchaus sinnvoll, einige italienische Lyriker aus der Zeit nach dem Ersten Weltkrieg unter der Rubrik ‹Hermetismus› zusammenzufassen; dennoch ist es unmöglich, die Stimme, die in den Gedichten Eugenio Montales hörbar wird, mit derjenigen Ungarettis oder Quasimodos zu verwechseln.

In der Moderne (also etwa seit 1800) drückt sich in Literatur – Trivial- und Konsumliteratur immer ausgenommen – die Antwort eines Individuums auf seine Umwelt aus; radikal subjektive Wahrnehmungen, Gedanken und Empfindungen fügen sich aber schlecht in den vorgegebenen Rahmen der literarischen Gattungen ein, denn Gattungen sind Konventionen, also eine Art kleinster gemeinsamer Nenner der Denk- und Sprechweisen einer gesellschaftlichen Gruppe. Da jeder moderne Autor den ‹Roman› so auffaßt, wie es seiner individuellen Welterfahrung entspricht, werden Gattungsbegriffe zu relativen Größen: Seit den achtziger Jahren haben Jean Echenoz, Christian Gailly, Marie Redonnet und einige andere Bücher veröffentlicht, die sich vom Nouveau roman früherer Jahrzehnte hinreichend unterscheiden, um eine zusammenfassende Bezeichnung wie ‹Minimalroman› zu rechtfertigen; wenn man allerdings nach gemeinsamen Merkmalen sucht, stellt man bald fest, daß die vorliegenden Minimalromane lauter Grenz- und Sonderfälle sind.

Das Subjekt der Moderne gelangt in der Sprache zum Bewußtsein seiner selbst; der literarische Text ist nach einer sprachimmanenten Logik organisiert, die weit mehr umfaßt als grammatische Korrektheit. In dem Satz

> Le cicogne volavano basse, in bianchi stormi, traversando l'aria opaca e ferma.[1]
> (Die Störche flogen tief, in weißen Schwärmen, durch die dunkle, unbewegte Luft.)

folgt die Reihung der Attribute dem Gesetz der wachsenden Glieder; das war schon für die antike Rhetorik die ‹natürliche› Anordnung. Der Informationsgehalt wäre nur geringfügig anders, wenn der Autor geschrieben hätte * *Le cicogne volavano in bianchi stormi, basse, traversando l'aria opaca e ferma*; den Rhythmus dieses Satzes würde man aber als holprig wahrnehmen, und ein aufmerksamer Leser könnte sich fragen, ob die ungewohnte Reihenfolge etwas bedeutet, z. B. als Absage an ein klassisches Stilideal zu werten ist. Sinn wird im literarischen Text also nicht nur durch den Bezug auf Außersprachliches, sondern auch in der Materialität der Sprache selbst ausgedrückt, genauer gesagt: durch die Beziehungen zwischen Lauten, Wörtern, Satzteilen etc., die eine autoreflexive [selbstbezogene] Struktur bilden. Über solche Zusammenhänge lassen sich auch Inhalte andeuten, die begrifflich nur schwer oder gar nicht zu fassen sind; deshalb schreibt z. B. Marcel Proust keine Abhandlung über Zeit und Erinnerung, sondern sein Roman führt durch den ständigen Wechsel von Zeitraffung und Zeitdehnung, die assoziative Verknüpfung von Erinnerungsbildern etc. praktisch vor, wie das Gedächtnis mit Vergangenem umgeht. Der Sinngehalt der Textstruktur erschließt sich allerdings nicht immer auf Anhieb; deshalb gilt die Literatur der Moderne nicht ganz zu Unrecht als schwierig.

Ziel der vormodernen Literatur ist nicht Ausdruck einer Individualität, sondern Nachahmung der Wirklichkeit, was freilich idealisierende Überhöhung nicht ausschließt; oft gilt nicht die Natur, sondern nur die ‹schöne Natur› als würdiger Gegenstand der Nachahmung. Bewundertes Vorbild ist die Malerei, die z.B. eine Landschaft abzubilden vermag; seit der Romantik sucht sich die Literatur der Musik anzunähern, die allenfalls die Empfindungen des Betrachters einer Landschaft wiedergeben kann. Während die Sprache vor der unendlichen Differenziertheit solcher Empfindungen versagt, scheint sie die äußere Wirklichkeit erfassen zu können: Zwei Menschen, die nebeneinander auf einem Berggipfel stehen und die Landschaft betrachten, sehen beide Bäume, Felsen, Wiesen etc. und benennen sie mit den gleichen Wörtern. Erst in der Moderne wird man erkennen, daß diese Wörter für die beiden nicht genau dasselbe bedeuten. Die ältere Literatur glaubt noch an die Beschreibbarkeit der Welt.

Vor diesem Hintergrund scheint Kommunikation ohne weiteres möglich, und die vormoderne Literatur ist ihrem Wesen nach gesellig. Daß man sich mit einem Buch in den Winkel zurückzieht, ist in Mittelalter und früher Neuzeit eher die Ausnahme, Romane und Novellen werden meist in größerer Runde vorgelesen (die Autoren tragen dem Rechnung, indem sie z.B. den Erzähler das Publikum direkt ansprechen lassen), und natürlich wird über das Gelesene diskutiert. Lyrische Gedichte haben oft die Form eines Liedes mit Refrain, sind also dazu bestimmt, im Wechsel von Solostimme und Chor gesungen zu werden. Die Grenzen zwischen Publikum und Autoren sind fließend; vermutlich jeder Literaturkenner schreibt zumindest hin und wieder ein Gelegenheitsgedicht, Verse zu improvisieren ist ein beliebter Zeitvertreib der höfischen Gesellschaft. Damit ein Dialog mit dem Leser oder Hörer zustande kommt, muß die Literatur verständlich sein – nicht unbedingt für alle, aber doch zumindest für die Zielgruppe der literarisch Gebildeten. Nur in gedanklich oder ästhetisch sehr anspruchsvollen Texten, die sich bewußt an eine elitäre Minderheit wenden, wird Dunkelheit in Kauf genommen oder sogar angestrebt.

Die vormoderne Literatur entfaltet sich im Rahmen traditioneller Gattungen. Hinter jeder Gattung steht ein Modell der Beschreibung und Erklärung von Realität, das innerhalb einer bestimmten Gesellschaft als intersubjektiv gültig betrachtet wird. So zeigt der arturische Versroman des Hochmittelalters, von dem im vorigen Kapitel die Rede war, einen Weg zur Lösung von Problemen auf: Der Protagonist, der etwas begehrt, was er nicht hat, muß aktiv werden und sich auf die Suche begeben; ihn erwarten harte und gefährliche Prüfungen, aber er darf sich nicht entmutigen lassen. Im übrigen ist er nicht allein, denn früher oder später wird ihm (oft übernatürliche) Hilfe zuteil, und zuletzt erreicht er sein Ziel.

Diese Strategie läßt sich im Krieg oder in politischen Konflikten ebenso anwenden wie bei der Werbung um eine Frau; ein Adliger, der sich Chrétiens *Yvain*-Roman vorlesen ließ, ist also nicht nur ein paar Stunden lang, hoffentlich gut, unterhalten worden, er hat im Idealfall auch etwas fürs Leben gelernt. Der Einzeltext ist das Beispiel, an dem vorgeführt wird, wie das Welterklärungsmodell der Gattung funktioniert; wenn dieses Modell dem Publikum bei seiner eigenen Lebensführung hilfreich ist, kann man es ruhig immer wieder durchspielen (so wie Liturgie und geistliche Literatur stets aufs neue die Wahrheiten des christlichen Glaubens exemplifizieren).

Bis ins 18. Jahrhundert besteht die Originalität eines Dichters nicht darin, daß er völlig neue, ‹unerhörte› Geschichten erfindet; der Ehrgeiz richtet sich vielmehr darauf, das vorgegebene Schema einer Gattung so zu variieren, daß die angesprochene Problematik in anderem Licht erscheint und daß der Literaturkenner ein ästhetisches Vergnügen an der Wiederkehr vertrauter Elemente in neuem Gewand empfinden kann.

Chrétien de Troyes erzählt im *Yvain* die Geschichte Erecs unter umgekehrten Vorzeichen noch einmal. Er läßt außerdem Yvain mit dem Seneschall Keu kämpfen und ihn besiegen; das ist eine stereotype Szene, denn Keu wurde schon im *Erec* (halb im Scherz) und im *Lancelot* (im Ernst: er trug lebensgefährliche Verwundungen davon) aus dem Sattel geworfen. Das Publikum mag auf die Abwandlung dieses Elements in jedem neuen Roman ähnlich gespannt gewartet haben wie die Leser der *Asterix*-Comics auf die regelmäßigen Begegnungen der Gallier mit den Piraten, deren Schiff dabei im allgemeinen versenkt wird, manchmal aber auch nicht. Hier zeigt sich im übrigen, daß es zwischen vormoderner Literatur und moderner Massenkultur (Romane, Comics, Fernsehserien ...) strukturelle Ähnlichkeiten gibt, die es gelegentlich erlauben, das eine durch das andere zu erklären. (Auch insofern, als schon die frühe Neuzeit, vor allem seit Erfindung des Buchdrucks, neben der Variation die stupide Wiederholung des Gattungsschemas kennt: Manche der spanischen Ritterromane des 16. Jahrhunderts, über die sich Cervantes im *Don Quijote* lustig macht, sind nicht wesentlich einfallsreicher als heutige Soap-operas.)

Feste Bezugspunkte im Dialog zwischen den Texten sind schon für das Mittelalter die antiken (lateinischen) Autoren. Nachahmung *(imitatio)* meint nicht nur Abbildung der Wirklichkeit, sondern auch die Anverwandlung bedeutender literarischer Vorbilder; der Dichter errichtet ein neues Gebäude aus den Steinen, die ihm die Tradition liefert. Im Italien des 14. Jahrhunderts erhebt der Renaissance-Humanismus die Antike zur verbindlichen Norm.

Während des Mittelalters entwickelte sich die lateinische Sprache noch weiter, wenn auch in engen Grenzen: Die scholastische Philosophie erweiterte den Wortschatz um zahlreiche Neubildungen, es gab regionale Varietäten und Fachsprachen. Autoren wie Francesco Petrarca (1304–1374) betrachteten das Mittelalter als kulturell bedeutungslose ‹Zwischenzeit› (daher der Name!) zwischen der Antike und ihrer ‹Wiedergeburt› (it. *Rinascimento*, frz. *Renaissance*); das Latein früherer Jahrhunderte galt ihnen als barbarisch, sie bemühten sich, nur Wörter und Wendungen zu gebrauchen, die schon bei Cicero (106–43 v. Chr.) vorkamen. Auch die Literatur findet ihre Stoffe und Stilmittel vor allem in der antiken Tradition.

Entscheidende Bedeutung kommt in diesem Zusammenhang der Rhetorik zu. Sie entstand im alten Griechenland als Lehre von der (mündlichen) Rede; vermittelt wurden Techniken der Argumentation und des Ausdrucks, die auf jeden beliebigen Inhalt anwendbar sein sollten. Manches, was die Lehrbücher der Antike zur Stoffsammlung und zum Aufbau der Rede sagen, kann noch für heutige Seminarreferate nützlich sein; gelehrt wird auch, wie man den richtigen Einstieg findet (z. B. über ein Sprichwort oder eine Sentenz), wie man seinen Worten Nachdruck verleiht (etwa durch Figuren der Wiederholung) und anderes mehr.

Ein besonders wichtiger Teil der Rhetorik ist die Topik (vgl. Curtius 1969); sie liefert vorgeformte Gedanken, die sich in die unterschiedlichsten Zusammenhänge einfügen lassen. In einer Grabrede kann man etwa daran erinnern, daß alle Menschen, auch die Mächtigsten, sterben müssen, und Beispiele aus der Geschichte anführen. Wenn man die Verdienste des Verstorbenen rühmt, kann man hervorheben, daß er sich nicht nur auf das Waffenhandwerk verstand, sondern auch ein gebildeter Mann war *(arma et litterae;* heute müßte man vielleicht sagen: Praxis und Theorie); war er noch jung, kann man ihm Weisheit und Erfahrung eines alten Mannes attestieren *(puer senex)*.

Schon in der Antike wurden die Vorschriften der Rhetorik als verbindlich auch für die schöne Literatur betrachtet. So wird Dichten zum Handwerk, das nach festen Regeln ausgeübt wird; diese Regeln sind explizit in Lehrbüchern der Rhetorik und Poetik, implizit in den Werken der Musterautoren enthalten. Seit Petrarca bedeutet Nachahmung nicht nur, daß man diese Regeln befolgt *(imitatio)*, sondern auch, daß man versucht, die Kunst der Vorbilder noch zu übertreffen *(aemulatio)*. «Die Humanisten bewahrten das Alte und umarmten zugleich das Neue» (Mout 1998, S. 13); dazu gehört auch, daß sie neue literarische Gattungen einführen oder alte radikal verändern.

Literarische, philosophische, gesellschaftlich-politische, aber auch ganz alltägliche Probleme werden seit dem 15. Jahrhundert oft in der Form des Dialogs abgehandelt (vgl. Hempfer 1993, S. 28–39): Der Erzähler gibt ein Gespräch zwischen historischen oder fiktiven Figuren wieder, die z. B. über das Wesen der Liebe sehr unterschiedlicher Ansicht sind. Eine Entscheidung für die eine oder andere Position ist möglich, aber nicht notwendig, oft bleiben die Gegensätze unaufgelöst stehen. Als literarische Gattung kommt der Dialog schon in der Antike, z. B. bei Platon, vor; seine Beliebtheit in der Renaissance hängt mit der Erkenntnis zusammen, daß Wahrheit nicht absolut, sondern relativ ist.

Klaus W. Hempfer (1993, S. 38) erinnert in diesem Zusammenhang daran, daß die Humanisten die Auslegung von Texten als einzig gangbaren Weg zur Erkenntnis betrachten. Die antiken Autoren, an deren Autorität kein Zweifel besteht, widersprechen einander aber gelegentlich, wem soll man glauben? Das Problem stellt sich mit besonderer Schärfe, weil seit dem 14. Jahrhundert viele lateinische Texte wiederentdeckt worden sind, weil nach 1450 auch die altgriechische Literatur, von der das Mittelalter praktisch nichts wußte, wieder zugänglich wird und weil etwa gleichzeitig der Buchdruck neue Möglichkeiten der Verbreitung schafft. (Im übrigen widerspricht die heidnisch-antike Überlieferung natürlich vor allem den Lehren der christlichen Religion. Im Mittelalter wäre kaum jemand auf den Gedanken gekommen, Ovid oder Cicero gegen die Bibel recht zu geben; in der Renaissance kann der Zwiespalt zwischen Glaube und antiker Philosophie oder Wissenschaft zum Problem werden.) Die Dialogform erlaubt es, Widersprüche aufzuzeigen, ohne Lösungen anzubieten; wenn der Text in größerem Kreis vorgelesen wird, können die Zuhörer die fiktive Diskussion weiterführen und ihre eigene(n) Lösung(en) finden.

Nachgeahmt werden nicht nur antike, sondern auch moderne Musterautoren; so prägen die ‹drei Kronen› von Florenz, Dante (1265–1321), Petrarca und Boccaccio (1313–1375), die Entwicklung der italienischen Literatur und auch Sprache bis ins 18. Jahrhundert und darüber hinaus. Alle drei haben sowohl lateinische wie italienische Werke geschrieben. Petrarca erhoffte sich literarischen Ruhm vor allem von seinen philosophischen und philologisch-historischen Schriften oder von dem lateinischen Epos *Africa*; es waren aber seine italienischen Liebesgedichte, die ein «erotisches System von internationaler Geltung» begründeten (Hoffmeister 1973, S. 2) und vom 15. bis zum 17. Jahrhundert entscheidenden Einfluß auf die gesamte europäische Lyrik ausübten.

Petrarcas *Canzoniere* [Liederbuch] muß man vor der Folie der mittelalterlichen Minnedichtung lesen. Die okzitanischen Trobadors hatten seit Beginn des 12. Jahrhunderts eine keineswegs homogene Liebeskonzeption entwickelt, die auf ihrem Weg durch (Sprach-) Räume und Zeiten ganz unterschiedlich aufgefaßt wurde (vgl. Schnell 1985). Zentral ist wohl die Analogie des Liebesdiensts zur Lehnsbeziehung: Der Mann begreift sich als ‹Vasall› der (sozial höherstehenden) Dame; da der Lohn, den er für sein Dienen von Rechts wegen zu erwarten hätte, in eine vage Zukunft entrückt ist, wird der Weg zum Ziel, dem unendlichen Begehren entspricht das unermüdliche Streben des Liebenden nach sittlicher Vervollkommnung. Das Ich der Trobador-Lyrik schildert nicht Selbsterlebtes, sondern stellt ein Modell der Triebsublimation zur Diskussion.

Ob die Dame ein lebendes Wesen oder eine Abstraktion ist, scheint unter diesen Umständen nachrangig; bei Dante und anderen Dichtern seiner Zeit verkörpert sie das Göttliche oder die Philosophie. Petrarca hat die 366 Gedichte seines *Canzoniere* so angeordnet, daß sich die Geschichte einer (unerfüllten) Liebe ergibt; spätere Generationen haben mit großem Aufwand an detektivischem Spürsinn zu ermitteln versucht, wer jene Laura gewesen sein mag, die der Dichter am 6. April 1327 in der Kirche gesehen hätte, aber für das Verständnis des Werks ist diese Frage ohne jede Bedeutung. Die hoffnungslose Liebe wird dem lyrischen Ich zur Chiffre für die Unvollkommenheit einer Welt, die für den melancholisch Veranlagten (oder Depressiven, vgl. oben S. 88) vor allem Enttäuschungen bereithält; folglich endet die Sammlung auch nicht mit Lauras Tod (Gedicht 268), von der Trauer gelangt das Sprecher-Ich zur Einsicht in die Vergänglichkeit des Irdischen und findet zuletzt seinen Frieden in Gott.

In der Nachfolge Petrarcas ist die europäische Lyrik bis zum 17. Jahrhundert zu einem großen Teil Dichtung des Liebesleids (es gibt auch eine Dichtung des sinnlichen Liebesgenusses, die sich vor allem an klassisch-lateinischen Vorbildern orientiert, aber ihre Bedeutung ist viel geringer; vgl. Schulz-Buschhaus 1993, S. 282). In der Perspektive der Mentalitätengeschichte oder der historischen Anthropologie ist dieses Faktum bedeutsam und bedarf der Erklärung. Dabei dürfte zu berücksichtigen sein, daß in frühneuzeitlichen Gesellschaften die Lebensgemeinschaft der Ehe in der Regel nicht auf erotisches Begehren, sondern auf gemeinsame wirtschaftliche oder gesellschaftliche Interessen gegründet ist (vgl. Luhmann 1982); der eine oder andere Leser mag bewußt oder unbewußt unterdrückte sexuelle Wünsche in die Gedichte Petrarcas oder seiner Nachahmer projiziert haben. Ein hinreichender Grund für die Beliebtheit dieser Art von Lyrik ist das freilich kaum.

In der Lyrik wird Nachahmung zu einem Spiel mit vorgegebenen Elementen, die so zu kombinieren sind, daß sich eine überraschende, neue Wirkung ergibt. Petrarca hat den Späteren einen Spiel-Raum eröffnet, in dem sich vor allem die Freude an Pointen, zugespitzten Gegensätzen und paradoxen Formulierungen (was in Renaissance und Barock als ‹Witz› bezeichnet wird, vgl. Friedrich 1974, S. 670 f) entfalten kann. Petrarcas bevorzugte Gedichtform, das Sonett, weist eine antithetische Grundstruktur aus zwei Quartetten [Vierzeilern] und zwei Terzetten [Dreizeilern] auf; oft sind die mit 14 Versen eher kurzen Gedichte auf eine überraschende Schlußwendung hin konstruiert.

Allgegenwärtig sind Oxymora (scheinbar widersprüchliche Wortverbindungen, z. B. «kaltes Feuer»), die die Grundopposition Liebe und Leid variieren, parallele syntaktische Fügungen, die Gegensätzliches benennen, und ähnliches.

Die Dichtung der Petrarkisten ist geprägt von Stilmitteln und Motiven (z. B. Liebe als Krankheit, Liebe als Krieg ...) des Vorbilds. Prägnante Verse Petrarcas erscheinen als Zitate, so findet man den Anfang des Sonetts 134, *Pace non trovo e non ho da far guerra* («Ich finde keinen Frieden und vermag nicht Krieg zu führen»), in französischer, spanischer, englischer und lateinischer Übersetzung (vgl. Keller 1974, S. 348–372). Oft wird durch wörtliche Anklänge gerade auf die Umdeutung des Vorbilds aufmerksam gemacht. In einem berühmten Gedicht Petrarcas (*Canzoniere* 213) vergegenwärtigt sich das lyrische Ich die inneren und äußeren Reize Lauras:

> Grazie ch'a pochi il ciel largo destina,
> rara vertù, non già d'umana gente,
> sotto biondi capei canuta mente,
> e 'n umil donna alta beltà divina;
>
> leggiadria singulare e pellegrina, 5
> e 'l cantar che ne l'anima si sente,
> l'andar celeste e 'l vago spirto ardente
> ch'ogni dur rompe et ogni altezza inchina;
>
> e que' belli occhi che i cor fanno smalti,
> possenti a rischiarar abisso e notti, 10
> e torre l'alme a' corpi e darle altrui;
>
> col dir pien d'intelletti dolci et alti,
> coi sospiri soavemente rotti:
> da questi magi trasformato fui.[2]

(Reize, die der Himmel nur wenigen großzügig gewährt,/seltene, übermenschliche Tugend,/unter blonden Haaren ein reifer Verstand/und in einer demütigen Frau göttliche Schönheit; // einzigartige, nie gesehene Anmut/und der Gesang, den man in der Seele spürt,/der himmlische Gang und der liebliche, feurige Geist,/der alles Harte bricht und jeden Hochmut beugt; // und jene schönen Augen, die die Herzen vergehen machen,/fähig, den Abgrund und die Nächte zu erleuchten,/die Seelen aus den Körpern zu nehmen und sie jemand anders zu geben; // mit Reden voller süßer und erhabener Einsicht,/mit sanft gebrochenen Seufzern:/ Von diesen Zauberern wurde ich verwandelt.)

Mehrere Glieder der Reihe enthalten für Petrarca typische Antithesen, so gleich im ersten Vers: *Wenigen (pochi)* sind die Reize *großzügig (largo)* gewährt. Im Bild des reifen (bzw. «grauhaaarigen», *canuta*) Geistes unter den blonden Haaren (Vers 3) ist die weibliche Entsprechung zum Topos des *puer senex* aufgerufen; hervorzuheben ist auch die hohe oder erhabene *(alta)* Schönheit der demütigen *(umil*, V. 4) Frau. Das Schema der Aufzählung mit resümierender Schlußformel wird in der Folgezeit vielfach imitiert, variiert und auch parodiert (vgl. Schulz-Buschhaus 1993, S. 318 f); Pietro Bembo (1470–1547), Dichter und Theoretiker des Petrarkismus, nimmt unmittelbar auf das zitierte Sonett Bezug:

Crin d'oro crespo e d'ambra tersa e pura,
ch'a l'aura su la neve ondeggi e vole,
occhi soavi e più chiari che 'l sole,
da far giorno seren la notte oscura,

riso, ch'acqueta ogni aspra pena e dura,   5
rubini e perle, ond'escono parole
sí dolci, ch'altro ben l'ama non vòle,
man d'avorio, che i cor distringe e fura,

cantar, che sembra d'armonia divina,
senno maturo a la più verde etade,   10
leggiadria non veduta unqua fra noi,

giunta a somma beltà somma onestade,
fur l'esca del mio foco, e sono in voi
grazie, ch'a poche il ciel largo destina.
(Zit. nach Schulz-Buschhaus 1993, S. 327f)

(Goldenes Lockenhaar aus reinem Bernstein,/das im Windhauch über dem Schnee wogt,/sanfte Augen, heller als die Sonne,/um die dunkle Nacht zum hellen Tag zu machen, // ein Lachen, das jede scharfe und harte Pein besänftigt, / Rubine und Perlen, aus denen Worte kommen, / so süß, daß die Seele kein anderes Gut verlangt, / eine Elfenbeinhand, die die Herzen drückt und raubt, // ein Gesang, der von göttlicher Harmonie scheint, / ein reifer Verstand im jugendlichsten Alter, / Anmut, wie sie unter uns nie gesehen wurde, // mit höchster Schönheit höchste Ehrbarkeit gepaart / waren die Nahrung meines Feuers, und in Euch sind / Reize, die der Himmel wenigen [Frauen] großzügig gewährt.)

Einige Motive kommen geradewegs aus dem Gedicht Petrarcas: Hier wie dort ist vom Gesang (Petrarca V. 6, Bembo V. 9) und von der Anmut (*leggiadria*, V. 5 bzw. V. 11) der Dame die Rede; in V. 10 nimmt Bembo auch den Topos des *puer senex* (bzw. der *puella anus*) auf, aber die hohe Schönheit, die bei Petrarca mit Demut kontrastiert (V. 3), findet bei Bembo ihre Parallele in höchster Ehrbarkeit (V. 12). Vor allem ist Petrarcas erster Vers in Bembos Sonett zum letzten geworden, mit einer bedeutsamen Abweichung im Detail: Der ältere Dichter spricht vorgreifend von Qualitäten, die der Himmel wenigen Menschen (*a pochi*) gewährt; Bembo bestätigt der Dame zusammenfassend Vorzüge, wie sie wenigen Frauen (*a poche*) zuteil geworden sind. Dazu paßt recht gut, daß das Gedicht eher ihre äußere Erscheinung als ihr inneres Wesen beschreibt.

Bembo hat jenen Petrarca-Vers ein weiteres Mal (in seiner originalen Gestalt) zitiert und sich dabei seine Mehrdeutigkeit zunutze gemacht: *grazie* meint die reizvollen Eigenschaften einer Person, aber auch die Gunstbeweise, die sie erhält; *pochi* können wenige Menschen, aber eben auch wenige Männer sein. Das Sonett *Moderati desiri, immenso ardore* (vgl. Schulz-Buschhaus 1993, S. 319 f) schildert die (in ihrer Verbindung von Freude und Leid paradoxen) Reaktionen des Liebenden angesichts der Vollkommenheit der Dame; das Zitat steht auch hier am Ende, aber es bezeichnet den Lohn, den das lyrische Ich für seine Treue und Ergebenheit erhofft. Der Vers Petrarcas wird gleichsam zum Scharnier eines Doppelporträts der Dame und des Liebenden; dabei verweist das Spiel mit der Doppeldeutigkeit als Schlußpointe auf die Sinnlichkeit des Begehrens, die in der Vorlage allenfalls zu ahnen ist. Mit berühmten Vorbildern in Wettstreit zu treten *(aemulatio)* bedeutet, durch geringfügige Änderungen einen wesentlich anderen Sinn zu erzeugen; das macht die Schwierigkeit und den besonderen Reiz des Spiels aus.

Daneben gibt es eine Tradition antipetrarkistischer Dichtung, die die gängigen Motive konsequent ins grotesk Komische verkehrt (vgl. Hösle 1970). Weil Laura und ihre Schwestern grundsätzlich jung und schön sind, beschreibt z. B. Francesco Berni (ca. 1497–1535) in einem Sonett, das als Antwort auf Bembos Porträt-Gedicht zu verstehen ist und seinerseits stilbildend gewirkt hat, eine alte und reizlose Frau (vgl. Schulz-Buschhaus 1993, S. 326 f); aus den goldenen Locken der Dame Bembos werden hier *Chiome d'argento fino, irte e attorte* (Haare von feinem Silber, struppig und verfilzt). Die Bilder und Vergleiche sind aus Gedichten Petrarcas und seiner Nachahmer bestens bekannt, aber natürlich macht es einen Unterschied, ob die Haut der Dame «wie Milch» ist oder die Lippen. Hier werden Möglichkeiten des kombinatorischen Spiels mit petrarkistischen Motiven genutzt, von denen Dichter wie Bembo keinen Gebrauch machen. Dabei mag Kritik an der Variation des Immergleichen intendiert sein, die vor allem bei zweitrangigen Autoren zur Monotonie führt; die Überwindung des Petrarkismus haben die Antipetrarkisten jedoch weder erstrebt noch erreicht. Verstehen konnten ihre Späße ohnehin nur Leser, die die Vorlagen genau kannten (und in der Regel wohl auch mochten).

Anmerkungen
1 I. Calvino: Il visconte dimezzato. Milano 1985, S. 7.
2 F. Petrarca: Rime, Trionfi e poesie latine. A cura di F. Neri, G. Martellotti u. a. Milano/Napoli 1951, S. 284.

Literatur
E. Auerbach: Mimesis. Dargestellte Wirklichkeit in der abendländischen Literatur. 5. Aufl. Bern/München 1971.
E.R. Curtius: Europäische Literatur und lateinisches Mittelalter. 7. Aufl. Bern/München 1969.
H. Friedrich: Epochen der italienischen Lyrik. Frankfurt/M. 1964.
K.W. Hempfer: Probleme traditioneller Bestimmungen des Renaissancebegriffs und die epistemologische ‹Wende›. In: Ders. (Hg.): Renaissance. Diskursstrukturen und epistemologische Voraussetzungen. Literatur – Philosophie – bildende Kunst. Stuttgart 1993, S. 9–45.
J. Hösle (Hg.): Texte zum Antipetrarkismus. Tübingen 1970.

G. Hoffmeister: Petrarkistische Lyrik (Sammlung Metzler, 119). Stuttgart 1973.

L. Keller (Hg.): Übersetzung und Nachahmung im europäischen Petrarkismus. Stuttgart 1974.

N. Luhmann: Liebe als Passion. Zur Codierung von Intimität. 4. Aufl. Frankfurt/M. 1982.

N. Mout (Hg.): Die Kultur des Humanismus. Reden, Briefe, Traktate, Gespräche von Petrarca bis Kepler. München 1998.

A. Rabil, Jr. (Hg.): Renaissance Humanism. Foundations, Forms, and Legacy. 3 Bde. Philadelphia 1991.

R. Schnell: Causa amoris. Liebeskonzeption und Liebesdarstellung in der mittelalterlichen Literatur. Bern/München 1985.

U. Schulz-Buschhaus: Spielarten des Antipetrarkismus bei Francesco Berni. In: K.W. Hempfer und G. Regn (Hg.): Der petrarkistische Diskurs. Stuttgart 1993, S. 281–331.

G. Ueding/B. Steinbrink: Grundriß der Rhetorik. Geschichte, Technik, Methode. 2. Aufl. Stuttgart 1986.

6 Erinnertes Leben[1]: Wirklichkeit und Fiktion bei Marcel Proust

Sprache ist ein System aus Zeichen. Wörter sind feste Verbindungen eines Lautkörpers mit einer begrifflichen Vorstellung, die auf einen außersprachlichen Gegenstand verweist: Dem Begriff ‹Stuhl› ordnet das Französische das Lautbild /ʃɛːz/ (und das Schriftbild *chaise*) zu; der Hörer oder Leser assoziiert ein Sitzmöbel mit gerader Rückenlehne, ohne Armlehnen und mit (meist vier) Beinen. Diesen Begriff wird er auf konkrete Dinge anwenden und sagen können, ob er gerade auf einem Stuhl, einem Sessel oder etwa einem Hocker sitzt. Auch einen sogenannten Freischwinger, bei dem ein Rahmen aus Stahlrohr die Beine ersetzt, wird er vermutlich ohne Zögern als Stuhl bezeichnen; wenn ein solches Möbel allerdings Armlehnen hat, nennt es der eine Stuhl, der andere Sessel.

Weil Sprache aus Zeichen besteht, bedeutet Sprechen notwendigerweise, *über* etwas zu sprechen. Auch literarische Sprache kann vom Wirklichkeitsbezug nicht abstrahieren. Gleichgültig, ob ein romantischer Lyriker seine Empfindungen angesichts eines Naturschauspiels ausdrückt oder ob ein Romancier wie Leopoldo Alas (Clarín) in *La Regenta* (1884/85) eine fiktive spanische Provinzstadt beschreibt, der Leser wird sich den Sonnenuntergang in den Bergen oder die Protagonistin des Romans vorstellen und dabei (bewußt oder unbewußt) auf Elemente seiner eigenen Realitätserfahrung zurückgreifen. Eine radikale Abkehr vom Nachahmungsprinzip in der Literatur (vgl. Kapitel 5) wäre nur möglich, wenn von der semantischen Ebene der Sprache abstrahiert würde; so ersetzen bestimmte Richtungen experimenteller Lyrik Wörter durch Lautkombinationen, die in natürlichen Sprachen nicht vorkommen, und organisieren ihre Texte oft nach Prinzipien der absoluten Instrumentalmusik (der nicht-zeichenhaften Kunst par excellence).

Andererseits vermag Sprache, auch wenn sie ihrer semantischen Funktion entsprechend verwendet wird, Wirklichkeit kaum objektiv oder wertfrei abzubilden – schon deshalb nicht, weil das sprachliche

Zeichen nicht nur einen Gegenstand benennt [Denotation], sondern zugleich beim Leser oder Hörer bestimmte, gesellschaftlich vermittelte, Assoziationen und Wertvorstellungen hervorruft [Konnotation]: Deutsch *Lamm*, französisch *agneau*, italienisch *agnello* und so weiter bezeichnen das Junge des Schafs. Weil die europäische Tradition z. B. die Bezeichnung «Lamm Gottes» für Christus kennt, verbinden wir mit diesem Begriff die Vorstellungen Unschuld, Reinheit, Hilflosigkeit oder ähnlich; das Lamm, das zur Schlachtbank geführt wird, erregt Mitleid. Wenn das Lamm zum Schaf heranwächst, mutiert es zum Symbol für Dummheit; ein Schaf, das zur Schlachtbank geführt wird, weckt allenfalls den Appetit auf Hammelbraten.

Wer spricht, bringt implizit seine Einstellung gegenüber dem Besprochenen zum Ausdruck; einerseits macht er sich Einstellungen und Vorurteile zu eigen, die im Wortschatz seiner Zeit und seines gesellschaftlichen Umfeldes gespeichert sind (es macht einen Unterschied, ob der weibliche Arzt als *Ärztin* oder als *femme médecin* bezeichnet wird), zum anderen ist die Wortwahl abhängig von (möglicherweise unbewußten) Sympathien oder Antipathien des einzelnen. Im literarischen Text lassen sich solche Bewertungen auf vielfältige Weise zum Ausdruck bringen. So erweckt die Gleichgültigkeit, die der Erzähler in Gustave Flauberts Roman *Madame Bovary* (1857) gegenüber den Figuren und Ereignissen an den Tag legt, zwar den Anschein der Objektivität; dennoch wirbt das Buch um Verständnis und Sympathie für die Protagonistin Emma Bovary, da es dem Leser nur in ihre Gedanken und Gefühle Einblick gewährt, nicht jedoch in die der anderen.

Damit stellt sich die Frage nach der Möglichkeit realistischer Literatur. ‹Realismus› kann systematisch als Stil- und historisch als Epochenbegriff verwendet werden. Wir haben gesehen, daß sich (fast) jede Art von Literatur auf außerliterarische Wirklichkeit bezieht [referentielle Funktion]; als überzeitliche Kategorie wäre das Adjektiv ‹realistisch› auf Texte anzuwenden, die die Realität einer Gesellschaft oder Epoche in ihrer Gesamtheit abzubilden suchen oder Alltägliches, das in der hohen Literatur früherer Zeiten gewöhnlich nicht vorkommt, ausführlich darstellen.

Natürlich hängen beide Aspekte zusammen: Weil Cervantes seinen Don Quijote mit Vertretern aller Stände, vom Herzog bis zum Bauernknecht, zusammentreffen läßt, werden auch die Ziegenhirten beschrieben, die am Lagerfeuer Eicheln verzehren (I. Buch Kap. 11). Der ‹Realismus› solcher Passagen ist nun aber nicht Selbstzweck, sondern notwendiger Gegenpol zur Überspanntheit des Protagonisten, und der Kontrast verdeutlicht ein allgemeines (erkenntniskritisches) Problem: Don Quijote glaubt, die Welt bestünde aus Zeichen, und die Ritterbücher, die er gelesen hat, wären der Schlüssel dazu. Alles, was ihm begegnet, reduziert er auf wenige, immer gleiche Muster: Windmühlen werden zu Riesen, Schafherden zu Ritterheeren, Schankwirte zu Burgherren und so weiter. Don Quijotes beständiges Scheitern macht nicht ihm, wohl aber dem Leser bewußt, daß die Welt nicht so geordnet und berechenbar ist, wie der Ritter denkt.

Als Epochenbegriff steht ‹Realismus› in Opposition zur Romantik; beides sind gesamteuropäische Phänomene. Neben und nach der romantischen Subjektivität und Innerlichkeit erhebt vor allem die Gattung Roman etwa seit 1830 den Anspruch, ein Bild der gesellschaftlichen Wirklichkeit zu vermitteln; dabei kann es sich freilich nicht um ein Foto-Dokument, sondern nur um ein suggestives und subjektives Gemälde handeln. Die prägnante Formel dafür stammt von Emile Zola (1840–1902), der freilich andererseits ein höchst problematisches Objektivitätsideal vertrat: «Ein Kunstwerk ist ein Stück Natur gesehen durch ein Temperament.» Im Zeitalter des bürgerlichen Individualismus vermag Literatur Wirklichkeit nur im Spiegel des Bewußtseins eines einzelnen wahrzunehmen.

Der französische realistische Roman von Honoré de Balzac (1799–1850) oder Gustave Flaubert bildet auch die Folie für Marcel Prousts Romanzyklus *A la recherche du temps perdu* (Auf der Suche nach der verlorenen Zeit, 1913–1927). Allerdings – und das macht das Besondere dieses Werkes aus – scheinen der Protagonist der Geschichte, der Erzähler und der Autor Marcel Proust auf den ersten Blick identisch: Der Erzähler, der anfangs namenlos bleibt, erhält später den Vornamen ‹Marcel› (in der Proust-Literatur wird der Name der Romanfigur meist in Anführungszeichen gesetzt, um ihn vom Autor zu unterscheiden). Er ist genauso alt wie Marcel Proust und gehört der gleichen Gesellschaftsschicht an; die biographische Forschung hat zeigen können, daß der Autor viele eigene Erlebnisse verarbeitet hat. Im übrigen hat er selbst der unvermeidlichen Verwechslung des Schriftstellers mit seiner Figur Vorschub geleistet; brieflich bat er etwa seinen Verleger, eine bestimmte Textstelle so zu ändern, daß «das Guckloch, zu dem ich auf der Leiter hochsteige, um Jupien und Charlus beieinander zu sehen – nicht zugestopft wäre, es ist unbedingt notwendig, daß man etwas sehen kann –, aber versperrt»[2] – natürlich ist es ‹Marcel›, der hier auf die Leiter steigt.

Eine referentielle Lesart, die den Roman als Autobiographie oder soziologische Studie zur Lebensform der Oberschicht um 1900 (miß-)versteht, ist bei der *Recherche* eher möglich als bei den meisten anderen Romanen. Für einen nicht unbeträchtlichen Teil der Leserschaft dürfte der Reiz des Werkes gerade in dem ausgeprägten Realitätsbezug liegen: Combray, das Dorf, in dem ‹Marcel› die Sommer seiner Kindheit verbracht hat, gibt es ‹wirklich›, es liegt bei Chartres und heißt heute nicht mehr Illiers wie zur Zeit Prousts, sondern Illiers-Combray; man kann hinfahren und mit dem Buch in der Hand auf die Suche nach ‹Marcels› Welt gehen.

Dabei wird man allerdings schnell feststellen (und die Lektüre einer Proust-Biographie wird es bestätigen), daß vieles nicht ‹stimmt›. Nicht nur Edmond de Mog, der Proust-Verehrer in Hermann Burgers Roman *Brenner* (1989), dürfte von der Enge der Räume im Haus der Tante Léonie, wo die Familie Proust zu wohnen pflegte, überrascht gewesen sein – «und die Treppe, auf der die sehnlichst erwartete Mutter zu Marcel hinaufrauschte, um ihm den Gutenachtkuß zu geben, *isch e hüenerleitere*»[3]. Die Vertreter der mondänen Pariser Gesellschaft, mit denen der erwachsene ‹Marcel› Umgang pflegt, haben Vorbilder in der Lebenswelt des Autors, aber es gibt im allgemeinen mehr als ein Vorbild für eine Figur: Der Baron de Charlus, ein homophiler Dandy und Exzentriker, trägt zweifellos viele Züge des Comte Robert de Montesquiou; dieser Ästhet, dessen erlesener Geschmack allgemein bewundert wurde, dilettierender Schriftsteller und Nonkonformist, der seine homosexuellen Neigungen kaum verbarg, war dem jungen Marcel Proust in einer durch manche Rivalitäten gefährdeten Freundschaft verbunden. Manche Eigenheiten Charlus' sind jedoch von anderen Modellen inspiriert, vielleicht sogar von dem Journalisten Jean Lorrain, mit dem sich Proust 1897 eines diffamierenden Artikels wegen duellierte.

Hätte Proust keinen Roman, sondern z. B. eine Autobiographie geschrieben, dann müßte er sich wohl den Vorwurf gefallen lassen, er habe die Realität ‹verfälscht› oder ‹geschönt›. Da die *Recherche* aber ein fiktionales Werk ist, wird solche Kritik gegenstandslos. Fiktionale und nichtfiktionale (pragmatische) Texte unterscheiden sich nicht durch ihren Realitätsgehalt (in einem Roman können historische Figuren und Ereignisse vorkommen, Städte oder Landschaften können wirklichkeitsgetreu beschrieben werden etc.), sondern – in semiotischer [zeichentheoretischer] Perspektive – durch die jeweilige Kommunikationssituation (vgl. Gumbrecht 1977). Ziel eines pragmatischen Textes ist, den Leser zu einer bestimmten Handlung oder zu einem bestimmten Verhalten zu veranlassen: Die Gebrauchsanweisung fordert zu sachgerechter Bedienung der neuen Kaffeemaschine auf, der Hochglanzprospekt möchte zum Kauf eines neuen Autos animieren, der Steuerbescheid verpflichtet den Empfänger zur Zahlung einer bestimmten Summe an das Finanzamt. Dagegen mag die Proust-Lektüre zwar das Leben des Lesers verändern[4], indem sie ihn mit einer neuen Sicht der Zeit, des Alltäglichen usw. konfrontiert, kaum aber seine Frühstücksgewohnheiten: Die Reaktion von Burgers Edmond de Mog, der im Gedenken an eine Schlüsselszene des Werkes (s. u.) «naturgemäß» nur noch Lindenblütentee trinkt[5], wirkt inadäquat und daher komisch.

> Im zweiten Akt der Oper *Mignon* von Ambroise Thomas (Text von M. Carré und J.P. Barbier, 1866) tritt Lothario auf und ruft: «Es brennt!» Würde das Publikum dies als pragmatische Äußerung des Darstellers auffassen, bräche Panik aus, alle würden versuchen, aus dem Theatersaal zu fliehen; weil die Zuschauer aber begreifen, daß die Figur Lothario spricht, bleiben sie ruhig sitzen. Unmittelbar vorher hat Mignon, die sich von ihrem Geliebten Wilhelm verschmäht sieht, den Wunsch geäußert, das Schloß möge in Flammen aufgehen, Lothario hat es gehört und das Feuer gelegt. Das fiktionale Feuer ist einerseits Handlungselement (es bereitet das glückliche Ende vor, denn Wilhelm rettet Mignon aus den Flammen und erkennt endlich, daß er sie liebt), andererseits Zeichen: Es steht für die zerstörerische Macht der Eifersucht (in psychoanalytischer Perspektive wäre es als Todeswunsch Mignons zu deuten).

Der fiktionale Text besteht nicht nur aus (sprachlichen) Zeichen, er *ist* auch Zeichen für einen Sinn, der in der Textstruktur, das heißt in Kontrast- oder Äquivalenzbeziehungen zwischen Lauten (z. B. in der Lyrik), Wörtern, Sätzen, Figuren bzw. ihren Handlungen, Requisiten, Situationen, Gliederungselementen wie Kapiteln, Akten im Drama etc. faßbar wird. Insofern verweist die Fiktion nicht über sich hinaus, sondern auf sich selbst zurück, sie konstituiert (im Rückgriff auf Fragmente außersprachlicher Realität, die weitgehend aus ihrem Realitätsbezug gelöst erscheinen) ihre eigene Wirklichkeit.

Als komplexes Geflecht sinntragender Beziehungen läßt ein ästhetisch hochrangiger Text viele unterschiedliche Lesarten zu; es bleibt weitgehend dem Leser überlassen, welchen Kreuz- und Querverbindungen er folgt.

Zu Beginn des ersten Bandes der *Recherche* (*Du côté de chez Swann*, Unterwegs zu Swann) ist von der Laterna magica die Rede, mit der man den kleinen ‹Marcel› in Combray von seinen abendlichen Ängsten abzulenken suchte; die Bilder erzählten die Geschichte von der Fürstin Genovefa (Geneviève) von Brabant, die von einem Schurken verleumdet und von ihrem Ehemann verstoßen, zuletzt aber mit Gottes Hilfe rehabilitiert wurde. Diese mittelalterliche Legende verweist auf jene Epoche, die auch die bunten Fenster und Kultgegenstände in der Kirche von Combray evozieren; seit der Erfindung des Buchdrucks und bis ins 19. Jahrhundert wird die Erinnerung an Genovefas rührendes Schicksal von den Volksbüchlein lebendig gehalten, einfach geschriebenen Heftchen, die vor allem für die Landbevölkerung bestimmt sind. Über die Verbindung Genovefalegende – Combray wird das Milieu, in dem ‹Marcel› einen Teil seiner Kindheit verbringt, als rückwärtsgewandt, ein bißchen naiv, als genaues Gegenteil der Pariser Avantgarde charakterisiert.

Ein anderer Aspekt scheint freilich noch wichtiger: Die Laterna magica löst die Geschichte in eine Folge von Bildern auf, die selbst unbewegt sind, wie in einer Filmsequenz aus lauter Standfotos. Ganz analog funktioniert auf den ersten Seiten des Romans die Erinnerung des eben aus dem Schlaf erwachten Erzählers (vgl. Jauß 1986, S. 105), die übergangslos vom Schlafzimmer seiner Kinderzeit in Combray zu einem Raum wechselt, der mit einer wesentlich späteren Lebensphase verbunden ist. Im Bild der Laterna magica wird dieses psychologische Faktum wiederholt und verdeutlicht.

In den Entwürfen zur *Recherche* findet sich eine Passage, die Prousts Vorstellung von Literatur in Abgrenzung gegen den Realismus des 19. Jahrhunderts entwickelt:

> […] les choses […] sitôt qu'elles sont perçues par nous deviennent en nous quelque chose d'immatériel, de même nature que toutes nos préoc-

cupations ou nos sensations de ce temps-là et se mêlent indissolublement à elles. Tel nom lu dans un livre autrefois contient entre ses syllabes le vent rapide et le soleil brillant qu'il faisait quand nous le lisions. Dans la moindre sensation apportée par le plus humble aliment, dans l'odeur du café au lait nous retrouvons cette vague espérance d'un beau temps qui si souvent nous sourit, quand la journée était encore intacte et pleine, dans l'incertitude du ciel matinal; une lueur est un vase rempli de parfums, de sons, de moments, d'humeurs variées, de climats. De sorte que la littérature qui se contente de «décrire» les choses, d'en donner seulement un misérable relevé de lignes et de surfaces, est celle qui tout en s'appellant réaliste est la plus éloignée de la réalité, celle qui nous appauvrit et nous attriste le plus, car elle coupe brusquement toute communication de notre moi présent avec le passé dont les choses gardaient l'essence et l'avenir où elles nous incitent à la goûter de nouveau. C'est elle que l'art digne de ce nom doit exprimer et s'il y échoue, on peut encore tirer de son impuissance un enseignement (tandis qu'on ne tire aucun des réussites du réalisme), à savoir que cette essence est en partie subjective et incommunicable (zitiert nach Roloff 1984, S. 238 f).

(Sobald die Dinge von uns wahrgenommen werden, werden sie in uns zu etwas Immateriellem, von der gleichen Art wie alle unsere Beschäftigungen oder unsere Empfindungen aus jener Zeit, und vermischen sich unauflöslich mit ihnen. Ein Name, den wir einst in einem Buch gelesen haben, enthält zwischen seinen Silben den heftigen Wind und die strahlende Sonne von damals. In der flüchtigen Empfindung, die ganz einfache Nahrung hervorruft, im Duft des Milchkaffees finden wir jene vage Hoffnung auf schönes Wetter wieder, die uns so oft zulächelte, wenn der Tag noch unberührt und voll war, in der Ungewißheit des Morgenhimmels; ein Lichtschein ist ein Gefäß voll Düften, Tönen, Augenblicken, unterschiedlichen Stimmungen, Atmosphären. Deshalb ist jene Literatur, die sich darauf beschränkt, die Dinge zu «beschreiben», nur einen erbärmlichen Abriß von Linien und Flächen zu geben, obwohl sie sich realistisch nennt, doch am weitesten von der Realität entfernt; sie vor allem macht uns arm und traurig, denn sie schneidet rücksichtslos jede Verbindung unseres gegenwärtigen Ich mit der Vergangenheit ab, deren Essenz die Dinge bewahren, und mit der Zukunft, wo wir sie durch die Dinge angeregt erneut kosten können. Die Essenz ist es, welche Kunst, die diesen Namen verdient, ausdrücken muß, und wenn sie scheitert, kann man aus ihrem Unvermögen noch eine Lehre ziehen [während man aus den Erfolgen des Realismus nichts lernt], nämlich daß diese Essenz zum Teil subjektiv und nicht mitteilbar ist.)

Gegenstand der Literatur, wie Proust sie versteht, ist nicht (oder nicht nur) die Erinnerung an Erlebtes, sondern sind auch und vor allem «die Gesetzmäßigkeiten des Sich-Erinnerns» (Corbineau-Hoffmann 1993, S. 140). Obwohl die *Recherche* in der Person ‹Marcels› ihr Zentrum hat, geht es «weniger [um] das Psychogramm eines Individuums als [um] die Suche nach jenen Gesetzmäßigkeiten der Seele, unter denen sich die Transformation von Fakten in innere Wirklichkeiten vollzieht» (ebd., S. 81). Dies wird durch die Verschränkung der Ebenen der Erinnerung und des Sich-Erinnerns erreicht: Die Perspektive des erlebenden Ich (z. B. des Kindes ‹Marcel›, das seine Sommer in Combray verbringt) wird durch die Perspektive des erzählenden Ich überlagert, das sich im Abstand von 20 oder 30 Jahren Vergangenes vergegenwärtigt (vgl. Jauß 1986, S. 102 ff).

Die mentalen Strukturen der Erinnerung prägen auch die Struktur des Textes: Das Gedächtnis bewahrt nicht den linearen Verlauf, sondern die Zuständlichkeit der Zeit (ebd., 115). ‹Marcels› Existenz löst sich auf in eine «heterogene Folge von Zeitatomen» (ebd., 132), eine Reihe von *états successifs* [«aufeinanderfolgenden Zuständen»], zwischen denen es keine Verbindungen gibt. Während der Pubertät verliebt er sich in Gilberte, deren Vater Charles Swann ein alter Freund seiner Familie ist; er sieht sie nur unregelmäßig, beim Spielen auf den Champs-Élysées, und leidet darunter. Während einer schweren Krankheit erhält er endlich eine Einladung zum Nachmittagstee bei Gilberte, was den Beginn einer engen Freundschaft bedeutet. ‹Marcels› erster Besuch wird nun aber nicht geschildert; vom Zustand der Noch-nicht-Vertrautheit mit Gilberte geht die Erzählung unvermittelt zum Zustand der Vertrautheit über: ‹Marcel› erscheint als regelmäßiger Gast der Swanns, der vom Concierge mit routinierter Höflichkeit begrüßt wird (Jauß 1986, S. 143 f). Nicht als fließende, nur als verflossene ist die Zeit wahrnehmbar.

Den durch zeitliche Aussparungen voneinander getrennten *états successifs* des erinnerten Ich (‹Marcel›) entsprechen in der Perspektive des Erzählers Erinnerungsbilder, die – wie die Szenen der Laterna magica – Entwicklung nur in der Statik aufeinanderfolgender Zustände vergegenwärtigen können; dabei ist die zeitlich-lineare Verknüpfung allerdings die Ausnahme, denn im Bewußtsein des sich erinnernden Ich ist die Chronologie aufgehoben, assoziative Verbindungen zwischen verschiedenen Lebensphasen sind jederzeit möglich.

Wie aus dem zeitlichen Nacheinander ein Nebeneinander wird, hat Hans Robert Jauß (1986, S. 153–157) an einer kurzen Passage aus dem ersten Band der *Recherche* verdeutlicht. Ein Spaziergang führt ‹Marcels› Familie zu Swanns Anwesen:

> Nous nous arrêtâmes un moment devant la barrière./Le temps de lilas approchait de sa fin; quelques-uns effusaient encore en hauts lustres mauves les bulles délicates de leurs fleurs, mais dans bien des parties du feuillage où déferlait, il y avait seulement une semaine, leur mousse embaumée, se flétrissait diminuée et noircie, une écume creuse, sèche et sans parfum./Mon grand-père montrait à mon père en quoi l'aspect des lieux était resté le même, et en quoi il avait changé […]
>
> (Einen Augenblick blieben wir vor dem Gatter stehen./Die Fliederzeit ging ihrem Ende zu, einzelne Zweige ließen noch auf hohen malvenfarbenen Leuchtern die zarten Bläschen ihrer Blüten leuchten, doch in vielen Partien des Laubwerks, wo sie vor einer Woche ungefähr noch duftend aufgeschäumt waren, welkten sie jetzt als schrumpfendes, nachgedunkeltes, hohles, trockenes, duftlos gewordenes Gekräusel dahin./Mein Großvater setzte meinem Vater auseinander, inwieweit der Ort sein Aussehen beibehalten und worin er sich verändert hätte […])[6]

Der dritte Satz des Abschnitts setzt die Beschreibung des Spaziergangs fort und schließt damit nahtlos an den ersten an. Als «eine autonome Zeitparzelle» ist das Bild der blühenden Fliederbüsche dazwischengeschoben, die nicht aus der Perspektive ‹Marcels›, sondern aus der des sich erinnernden Erzählers betrachtet werden. Gegenstand des Satzes über den Flieder sind zwei *états successifs*: Blüte («le temps de lilas») und Verblühtsein («sa fin») sowie der Übergang zwischen beidem, «die schmale Grenze zwischen dem ‹Noch nicht› und dem ‹Nicht mehr›» («approchait de»); diese drei deutlich unterscheidbaren Phasen sind, wie der zweite Teil des Satzes verdeutlicht, gleichzeitig an ein und demselben Busch zu beobachten. Im größeren Kontext verweist der verblühende Flieder auf das Ende der Kindheit und das Erwachen des sinnlichen Verlangens; am Ende der Erzählsequenz steht die erste, flüchtige Begegnung mit Gilberte.

So wie das Ich in der Zeit nur als Abfolge unterschiedlicher, ja zueinander in Widerspruch stehender *états successifs* faßbar wird, setzt sich auch die soziale Existenz aus durchaus heterogenen Facetten zusammen: Swann, der in mancher Hinsicht als Vorläufer oder

Geistesverwandter ‹Marcels› erscheint, gehört als wohlhabender Sohn eines Finanzmaklers dem gleichen bürgerlichen Milieu an wie die Familie ‹Marcels›; die Leute, mit denen er in Combray verkehrt, ahnen nicht, daß er mit der Hocharistokratie auf vertrautem Fuß steht und Mitglied im exklusiven Jockey-Club ist. Es gibt also nicht nur einen Swann, sondern zwei; ein dritter kommt hinzu, als er die Halbweltdame Odette de Crécy heiratet: Da sie weder von seinen vornehmen Freunden noch von angesehenen bürgerlichen Familien akzeptiert wird, knüpft er ihr zuliebe Verbindungen zu den Parvenus der Ministerialbürokratie.

Ähnliches gilt für viele andere Figuren: Zum Bekanntenkreis von ‹Marcels› Familie in Combray gehört der Ingenieur Legrandin, ein tüchtiger und sehr sympathischer Mann, der seine Abneigung gegen jede Form von Snobismus ostentativ zur Schau stellt; wenn er allerdings in vornehmer Gesellschaft ist (über seine Schwester ist er mit der Aristokratie verwandt), kennt er seine bürgerlichen Freunde nicht mehr. Der Snob in ihm ist «ein anderer Legrandin» als derjenige, der völlig aufrichtig über die Snobs herzieht; und der Legrandin, der Gedichte schreibt und im literarischen Milieu ein gewisses Ansehen genießt (wovon man in Combray nichts ahnt), ist wieder ein anderer. Noch bevor Frankreich die Psychoanalyse Sigmund Freuds zur Kenntnis nimmt, löst Proust das Subjekt in ein Konglomerat widersprüchlicher Identitäten auf.

Nicht die intellektuelle (willentliche), sondern nur die affektive (unwillentliche) Erinnerung ist in der Lage, die ‹verlorene Zeit› wiederzufinden. Aus den Jahren in Combray blieb für den Erzähler nur eine Episode stets lebendig, das ‹Drama des Zubettgehens›: Wenn seine Mutter nicht hinaufkam, um ihm den gewohnten Gutenachtkuß zu geben (etwa weil man Gäste zum Essen hatte), konnte der kleine ‹Marcel› nicht einschlafen. Der erste Band der *Recherche* erzählt zunächst von den Ängsten des Kindes; alles, was über dieses ‹Drama› hinausging, das Haus, das Dorf, seine Bewohner, war nur der intellektuellen Erinnerung zugänglich und also tot.

Wie Combray für die affektive Erinnerung des Erzählers zurückgewonnen wird, schildert die wohl berühmteste Passage des Romans: Als der Erzähler an einem Winterabend durchgefroren und mißmutig nach Hause kommt, läßt ihm seine Mutter Tee und eine «Petite Madeleine» – ein Sandtörtchen – bringen. Der Geschmack des in den Tee getauchten Gebäcks ruft ein unerhörtes Glücksgefühl in ihm hervor, dessen Ursache er zunächst nicht erkennt; er ahnt nur, daß es mit einem Bild aus seiner Vergangenheit zusammenhängt. Nach vielen vergeblichen Versuchen, das Vergessene ins Bewußtsein zurückzuholen, kehrt die Erinnerung plötzlich zurück: Sonntags morgens in Combray bekam ‹Marcel› von Tante Léonie immer ein in Tee (oder Lindenblütentee) getunktes Stückchen Madeleine; aus dieser Geschmackserfahrung entfaltet sich im Gedächtnis des Erzählers das vollständige Bild Combrays.

Im folgenden schildert der Erzähler einen langen Tag in Combray, von ‹Marcels› morgendlichem Besuch bei Tante Léonie bis zu den Spaziergängen vor dem Abendessen (vgl. Jauß 1986, S. 113–124). Innerhalb dieses Rahmens treten nun aber auch größere Zeiträume ins Blickfeld: Der Wochenrhythmus wird durch die Wiederkehr des Samstags akzentuiert, an dem das Mittagessen eine Stunde früher als sonst serviert wird; Monatsangaben verweisen auf den Wechsel der Jahreszeiten. Ohne Rücksicht auf die Chronologie erscheint ‹Marcel› bald als Gymnasiast oder junger Mann, dann wieder als Kind, das vor dem Ende des Abendessens zu Bett geschickt wird. Die «Erzählung beschreibt nicht ein lineares Nacheinander von Tagen, sie schreitet ihren Zeitraum aus wie einen Garten, überläßt sich allen Wegen und Pfaden, kehrt an den Anfang zurück, wenn es ihr gutdünkt, und kann überall nach Belieben verweilen» (Jauß 1986, S. 122).

In der Erinnerung scheint die Zeit aufgehoben: Alle Ereignisse sind dem erinnernden Ich in einer Art räumlichem Nebeneinander gleichermaßen gegenwärtig. Die Welt von Combray entfaltet sich wie japanische Papierkugeln im Wasser[7]: Von einer Keimzelle – dem Schlafzimmer der Tante Léonie – breitet sie sich in alle Richtungen gleichmäßig aus. Der Faden der Chronologie verliert sich in einem Geflecht assoziativer Verbindungen.

Traditionell realistisches Erzählen gibt notwendigerweise ein unvollständiges Bild der Wirklichkeit: Den Schwerpunkt auf die Schilderung äußerer Ereignisse zu legen bedeutet eine simplifizierende Abstraktion; einer psychologischen Analyse der Figuren haftet fast immer etwas Subjektiv-Arbiträres an. Proust entgeht beiden Gefahren, weil er das Leben ‹Marcels› im Bewußtsein des erinnernden Ich spiegelt: Indem er den Mechanismen der Erinnerung nachspürt, leistet er einen Beitrag zu einer objektiven Psychologie. *A la recherche du temps perdu* hat dem 20. Jahrhundert neue Wahrnehmungs- und Darstellungsweisen erschlossen; wie nachhaltig Proust die literarische Entwicklung bis zur Gegenwart beeinflußt hat, zeigen zahllose Zitate, Anspielungen, die produktive Auseinandersetzung mit seinem Werk und theoretisch-kritische Stellungnahmen von Schriftstellern aus allen Teilen der Welt.

Anmerkungen

1 Die Titelformulierung nach H. Helbling: Erinnertes Leben. Marcel Prousts «Suche nach der verlorenen Zeit». Frankfurt/M. 1988.
2 M. Proust: Correspondance. Texte établi par Ph. Kolb. Bd. 21 (1921). Paris 1992, S. 164–167: Brief an Gaston Gallimard vom 8. April 1921.
3 Zitiert nach Hölter 1998, S. 271.
4 Vgl. A. de Botton: Wie Proust Ihr Leben verändern kann. Eine Anleitung. Frankfurt/M. 1998.
5 Wie oben Anm. 3.
6 A la recherche du temps perdu I. Du côté de chez Swann. Paris 1972, S. 165; Übersetzung nach Auf der Suche nach der verlorenen Zeit 1. Unterwegs zu Swann (Frankfurter Ausgabe). Frankfurt/M. 1994, S. 199f.
7 Vgl. Du côté de chez Swann, S. 61.

Literatur

A. Corbineau-Hoffmann: Marcel Proust: *A la recherche du temps perdu*. Einführung und Kommentar. Tübingen/Basel 1993.
H.U. Gumbrecht: Fiktion und Nichtfiktion. In: H. Brackert und E. Lämmert (Hg.): Funk-Kolleg Literatur, Bd. 1. Frankfurt/M. 1977, S. 188–209.
A. Hölter (Hg.): Marcel Proust. Leseerfahrungen deutschsprachiger Schriftsteller von Theodor W. Adorno bis Stefan Zweig. Frankfurt/M. 1998.
H.R. Jauß: Zeit und Erinnerung in Marcel Prousts *A la recherche du temps perdu*. Ein Beitrag zur Theorie des Romans. Frankfurt/M. 1986.
L. Keller: Proust lesen. Frankfurt/M. 1991.
G. Painter: Marcel Proust. 2 Bde. Frankfurt/M. 1962/68 [Biographie].
V. Roloff: Werk und Lektüre. Zur Literarästhetik von Marcel Proust. Frankfurt/M. 1984.
J.-Y. Tadié: Marcel Proust. Aus dem Französischen von H. Beese. Frankfurt/M. 1987 [Werkeinführung].
Ders.: Marcel Proust. Biographie. Paris 1996.

7 Identitätskrisen: Kultur und Literatur des Maghreb *

Die romanistische Sprach- und Literaturwissenschaft hat sich in der letzten Zeit verstärkt mit der ‹Neuen Romania› beschäftigt. Zu den romanischen Kreolsprachen liegen zahlreiche linguistische Arbeiten vor; mehrere Geschichten der lateinamerikanischen Literaturen sind im Buchhandel erhältlich, die Zahl der Einzelstudien zu prominenten Autoren wie Jorge Luis Borges oder Gabriel García Márquez geht in die Hunderte. Allerdings läßt sich in diesem Bereich oft nur schwer zwischen spezifisch sprach- oder literaturwissenschaftlichen und landeskundlichen Fragestellungen trennen.

Ein deutschsprachiger Romanist wird bestimmte Facetten der französischen, italienischen oder spanischen Kultur als fremd, anderes, vielleicht das meiste dagegen als durchaus vertraut erfahren: Die west- und mitteleuropäischen Länder haben eine gemeinsame Geschichte, die politischen und sozialen Verhältnisse sind ähnlich, im übrigen wirkt die fortschreitende Amerikanisierung vor allem der Jugendkultur nivellierend. Wenn man Gegenwartsliteratur aus Frankreich, Italien oder Spanien liest, fällt es daher verhältnismäßig leicht, vom ‹Inhalt› (der Referenz auf außersprachliche Wirklichkeit) zu abstrahieren und statt dessen auf Erzähltechnik, Sprachstil oder die Bezüge zur literarischen Tradition zu achten. Dagegen sind die wesentlichen Komponenten der Lebenswirklichkeit, auf die sich Autoren aus Südamerika, der Karibik oder Schwarzafrika beziehen: politisches System, Verhältnis zur eigenen Geschichte, soziale Hierarchien, Familienstruktur, Religion, wirtschaftliche Aktivität ..., dem europäischen Leser großenteils unvertraut. Manches wird er aus sich selbst heraus gar nicht verstehen können, es bedarf des Kommentars. Außerdem ist bei breiteren Schichten ein spontanes Interesse an außereuropäischer Literatur nicht vorauszusetzen: Ein Literaturwissenschaftler, der auf diesem Gebiet arbeitet, wird sich als Mittler verstehen und dem Lesepublikum erst einmal den Zugang zu ‹seinen› Autoren erschließen müssen. Insofern ist es erklärlich, daß bei außereuropäischer Literatur ein inhaltsorientierter Zugang überwiegt.

Viele Leser greifen im übrigen nur deshalb zu einem Roman aus Martinique oder Kamerun, weil sie etwas über das Alltagsleben in diesem Land erfahren wollen, und das gilt nicht nur für das breite Publikum: Auch die akademische Kritik sah in Texten aus der ‹Dritten Welt› lange Zeit weniger ästhetische Phänomene als Dokumente, die mit literatursoziologischen oder kulturanthropologischen Methoden zu analysieren wären (vgl. Keil 1989/90, S. 320 f); und wer in seinem Romanistikstudium einen Lateinamerika- oder Afrika-Schwerpunkt setzt, strebt meist eine berufliche Tätigkeit an, bei der sich landeskundliches Wissen unmittelbarer verwerten läßt als literarisches oder linguistisches. Es ist freilich höchst problematisch, fiktionale Literatur auf die Funktion des Spiegels einer Gesellschaft und ihrer historischen Entwicklung zu reduzieren: Ein Roman, auch ein scheinbar ‹realistischer›, ist keine Reportage; Wirklichkeit wird nicht einfach abgebildet, sondern z. B. durch grotesken Humor verfremdet, banal Alltägliches gewinnt symbolische Bedeutung, Albträume materialisieren sich und anderes mehr. Wer neuere argentinische Literatur mit dem Anspruch liest, die Umgangsformen, die Essensgewohnheiten oder das Freizeitverhalten der Argentinier kennenzulernen, muß bei seinem ersten Besuch in diesem Land auf die eine oder andere Überraschung gefaßt sein. Auf einer abstrakteren Ebene vermittelt das literarische Werk von Ernesto Sábato oder Jorge Luis Borges allerdings durchaus Einblick in die argentinische Mentalität; deshalb ist eingehende Beschäftigung mit diesen Autoren sicher nicht die schlechteste Vorbereitung auf eine berufliche Tätigkeit in Südamerika.

Innerhalb der ‹Neuen Romania› bilden die nordafrikanischen Staaten des Maghreb[1], Marokko, Algerien und Tunesien, einen Sonderfall: Seit der Antike bestanden kontinuierlich enge politische, wirtschaftliche und kulturelle Beziehungen zu den nördlichen Mittelmeerstaaten; französische Historiker gehen so weit, den Maghreb nicht der afrikanischen, sondern der europäischen Kultur zuzurechnen (vgl. Servier 1990, S. 67). Mehr als hundert Jahre (264–146 v. Chr.) währte die Auseinandersetzung zwischen Karthago und Rom um die Vorherrschaft im Mittelmeerraum; die Römer blieben siegreich und eroberten nach und nach die ganze nordafrikanische Küstenregion von Gibraltar bis Ägypten. Der Maghreb wurde romanisiert, dann christianisiert: Aurelius Augustinus (354–430) aus Hippo Regius (im heutigen Algerien) war der bedeutendste Theologe der frühen Kirche.

429 führte Geiserich, König der Wandalen, sein Volk über die Meerenge von Gibraltar nach Nordafrika und gründete das erste Germanenreich auf römischem Boden; es bestand rund hundert Jahre, 534/35 wurde es von den Truppen des (in Byzanz residierenden) Kaisers Justinian (527–565) zerschlagen. Die Herrschaft der Römer endete erst, als nach dem Tod des Propheten Mohammed (632) die Araber nach Westen vorstießen: Um das Jahr 700 kontrollierten sie die gesamte nordafrikanische Küste.

Die Berberstämme, die im schwer zugänglichen Bergland beheimatet waren und schon Römern und Wandalen erbitterten Widerstand geleistet hatten, vermochten freilich auch die Araber nicht vollständig zu unterwerfen. Zwar nahmen die Berber die islamische Religion an, und im Lauf der Zeit kam es zu einer gewissen Arabisierung; dennoch sind die Wohngebiete von Berbern (im marokkanischen und algerischen Bergland) und Arabischsprachigen (in der Ebene und in den Städten) bis heute deutlich getrennt, und die Berber hielten bis in die jüngste Zeit an ihrer Sprache fest, die zwar der gleichen Sprachfamilie angehört wie das Arabische, aber eine kaum zu überwindende Kommunikationsbarriere bildet (deshalb gab man ihnen in der Antike den Namen *Berber*, von griechisch *bárbaros*, ursprünglich «der Fremde, der eine unverständliche Sprache spricht»).

Im Sommer 711 stießen muslimische Truppen (ihr Führer Tariq war Berber) erstmals auf die Pyrenäenhalbinsel vor. In kurzer Zeit wurde hier ein unabhängiger islamischer Staat errichtet: Unter der Dynastie der Omaijaden (755–1031) umfaßte das Emirat von Córdoba fast ganz Spanien und Portugal. Nur im gebirgigen Norden bewahrten christliche Fürsten ihre Unabhängigkeit. Von dort nahm im 11. Jahrhundert die Rückeroberung («Reconquista») der Halbinsel ihren Ausgang; nachdem der Papst zum Kreuzzug gegen die Mauren aufgerufen hatte, kämpften Ritter aus ganz Europa an der Seite ihrer Glaubensbrüder.

Bis zur Mitte des 13. Jahrhunderts war die Reconquista fast vollendet; nur das Emirat Granada im äußersten Süden blieb eine Art

Brückenkopf des Islam in Europa. Rund 250 Jahre währte die alles in allem friedliche Koexistenz des Maurenstaats mit seinen Nachbarn; im christlichen Kastilien gab es zahlenmäßig bedeutende muslimische und auch jüdische Minderheiten, die als Mittler zwischen der europäischen und der überlegenen arabischen Kultur wirkten. Erst gegen Ende des 15. Jahrhunderts kam es in einem Klima des christlichen Fanatismus zur Unterdrückung und Vertreibung der Andersgläubigen: Seit der Heirat der ‹Katholischen Könige› Ferdinand II. von Aragon und Isabella von Kastilien (1469) waren die beiden größten Staaten der Halbinsel vereinigt; 1478 wurde eine nationale Inquisitionsbehörde, zur Überwachung der Mauren und Juden, geschaffen. Am 2. Januar 1492 zogen die Christen in Granada ein, nachdem sie mehr als zehn Jahre Krieg gegen den letzten Emir geführt hatten. Ein Edikt vom 31. März desselben Jahres verwies alle Juden des Landes, die nicht bereit waren, sich taufen zu lassen; die Muslime in Kastilien und Aragón wurden 1502 vor die gleiche Alternative gestellt.

Konvertierte Juden und Muslime waren in der Folgezeit vielfältiger Diskriminierung ausgesetzt; die vollen Bürgerrechte genoß nur, wer seine Abstammung aus einer alten christlichen Familie nachweisen konnte. Obwohl vor allem jüdische *Conversos* die spanische Kultur und Literatur des 16. Jahrhunderts nachhaltig geprägt haben, endet um 1500 der Austausch zwischen den Religionen. Nach den Muslimen waren auch die spanischen Juden im 10. Jahrhundert aus Nordafrika auf die Pyrenäenhalbinsel gekommen; so lag es nahe, daß die Vertriebenen im Maghreb Zuflucht suchten. Das Erbe der hochentwickelten Zivilisation des spanischen Südens wirkt in der muslimischen und jüdischen Kultur des südlichen Mittelmeerraums weiter.

In der frühen Neuzeit wurden Algerien, Tunesien und Libyen Provinzen des Osmanischen Reiches, nur Marokko bewahrte seine Unabhängigkeit. Mit dem Ägypten-Feldzug Napoleon Bonapartes (1798) begann das Expansionsstreben der europäischen Mächte, das im 19. Jahrhundert zur Errichtung von Kolonien vor allem in Afrika und Asien führen sollte. 1830 landen französische Truppen an der algerischen Küste, nach wenigen Jahren kontrolliert die Armee das ganze Land.

Spätestens mit dem Kolonialismus öffnet sich die europäische zur

Weltpolitik. Wer sich mit der Geschichte Frankreichs im 19. und 20. Jahrhundert befaßt, kann von Algerien (und dem französischen Kolonialreich insgesamt) nicht abstrahieren. Es dauerte nur wenige Jahre, bis sich die Phantasie der Franzosen intensiv mit ihrem Stück ‹Orient› beschäftigte: Maler wie Eugène Delacroix entdeckten den dekorativen Reiz exotischer Sujets; das Theater, speziell die Oper, ließ Nordafrika in prunkvollen Bühnenbildern lebendig werden. Bürgerliche Interieurs unternahmen leicht lächerliche Versuche, mit der Opulenz des Serails zu konkurrieren.

All das spiegelt weit eher europäische Phantasien und Vorurteile als eine wie auch immer zu definierende Wirklichkeit der islamischen Länder. «Der Orient war fast eine europäische Erfindung» (Said 1981, S. 8): Das Fremde erscheint als leere Fläche, auf die sich (ziemlich spießbürgerliche) Träume von Luxus, Sinnenlust und Grausamkeit, und auch das den Kolonialismus rechtfertigende Ideologem von der Überlegenheit der weißen Rasse projizieren lassen. Den Orient-Reisenden des 19. Jahrhunderts verstellte ihre Voreingenommenheit oft derart den Blick, daß sie nur das sahen (oder zu sehen glaubten), was sie vorher erträumt oder gelesen hatten.

Algerien wurde kolonisiert, weil die Regierung in der fruchtbaren Küstenregion landlose französische Bauern ansiedeln wollte (vgl. Lacoste 1991, S. 57). Die große Mehrheit – 80 Prozent oder mehr – der Europäer (nicht nur Franzosen, sondern auch viele Spanier und Italiener) ließ sich allerdings in den Städten nieder; 1940 machten die ‹Kolonen› nur fünf Prozent der Landbevölkerung aus, ihnen gehörten jedoch 38 Prozent des Ackerlandes, und zwar gerade die fruchtbarsten Flächen. Daß die Muslime den Fremden, die sie von ihrem Grund und Boden vertrieben hatten, distanziert bis feindlich gegenüberstanden, liegt auf der Hand.

Trotz des hohen Anteils nichtfranzösischer Einwanderer setzt sich als Verkehrssprache in Algerien schnell eine regionale Variante des Französischen durch, die vom sprachlichen Standard des Mutterlands nicht stärker abweicht als z. B. das Französische in Kanada (vgl. Gleßgen 1996). Unter den Einheimischen eignete sich nur eine Minderheit dieses ‹Kolonialfranzösisch› an; die meisten Muslime lehnten es ab, ihre Kinder in französische (d. h. christliche) Schulen zu schicken. Der Integrations- und Assimilationspolitik, die alle französischen Regierungen seit dem Zweiten Kaiserreich Napoleons

III (1852–1870) betrieben, konnte unter diesen Umständen kein Erfolg beschieden sein. Nach internationalem Recht war die Kolonie ein Teil Frankreichs (die drei algerischen Departements entsandten seit 1849 Abgeordnete in die Pariser Nationalversammlung), aber den Einheimischen wurde die französische Staatsbürgerschaft bis 1930 vorenthalten. Auch in den Stadträten stellte die muslimische Bevölkerungsmehrheit nur wenige Mitglieder.

Als französische Protektorate bewahrten Tunesien und Marokko rein formal ihre Souveränität. Tunesien war seit 1881 besetzt; Marokko wurde 1912 in eine spanische (ein Küstenstreifen mit Tanger als der wichtigsten Stadt) und eine größere französische Einflußzone geteilt. In der Literatur des Maghreb hat das spanische Protektorat freilich weniger Spuren hinterlassen als die islamische Herrschaft im mittelalterlichen Andalusien (vgl. Rothe 1993).

Die Literaturgeschichte des französischsprachigen Maghreb beginnt um 1900; zunächst sind es die Kolonisatoren, die sogenannten «Pieds-noirs»[2], die vor allem in Romanen den Mythos eines französischen Algerien zu verbreiten suchen. Überregionale Bedeutung erlangt die nordafrikanische Literaturprovinz in der Zeit zwischen den Weltkriegen mit der sogenannten ‹Schule von Algier›, der Autoren wie Emmanuel Roblès, Gabriel Audisio und auch Albert Camus (1913–1960) angehören.

Die kleine Minderheit der in französischen Schulen ausgebildeten Nordafrikaner hat seit den zwanziger Jahren eine Reihe von Schriftstellern hervorgebracht; Jean Amrouche (1906–1962), der bedeutendste algerische Autor der Zwischenkriegszeit, war ein Außenseiter in (mindestens) dreifacher Hinsicht: Seine Muttersprache war nicht Arabisch, sondern Berberisch; er war nicht Moslem, sondern Katholik; und sein Ausdrucksmedium war die Lyrik, nicht die ungleich welthaltigere Gattung des Romans, die späteren Autoren die Auseinandersetzung mit der gesellschaftlichen Wirklichkeit ihrer Heimat erlaubte. Amrouche verkörpert exemplarisch den Zwiespalt zwischen nordafrikanischer und europäischer Kultur, der die Physiognomie der französischsprachigen Literatur des Maghreb bis heute bestimmt: Er dichtet nicht nur in der Sprache der Kolonisatoren, sondern – da 1962 noch ca. 85 Prozent der muslimischen Bevölkerung Algeriens Analphabeten waren (Arnaud 1986, S. 37) – auch für ein im wesentlichen französisches Publikum.

In der Geschichte und Literaturgeschichte Nordafrikas, aber auch Frankreichs bedeutete der algerische Unabhängigkeitskrieg (1954–1962) den wichtigsten Einschnitt der Nachkriegszeit. Dieser Krieg hat die Staatsform Frankreichs verändert (da die rasch wechselnden Regierungen der Vierten Republik den Konflikt nicht in den Griff bekommen, wird nach einem Militärputsch in Algier [Mai 1958] Charles de Gaulle [1890–1970] als Retter berufen, der daraufhin die Präsidialverfassung der Fünften Republik ausarbeiten läßt). Als 1957 bekannt wurde, daß die französische Armee auf die terroristischen Anschläge der algerischen Befreiungsfront (FLN = *Front de Libération Nationale*) mit brutaler Folter reagierte, war das für große Teile der Öffentlichkeit ein Schock, der das aufgeklärt-demokratische Selbstverständnis des Landes nachhaltig in Frage stellte und dazu zwang, das Verhältnis zur ‹Dritten Welt›[3] insgesamt neu zu bedenken.

In der Tradition von Voltaires (1694–1778) Kampf gegen parteiische Richter und Émile Zolas (1840–1902) Eintreten für Hauptmann Dreyfus, der das Opfer eines Justizirrtums geworden war, sahen sich vor allem Schriftsteller und Intellektuelle zu einer Stellungnahme herausgefordert; während Albert Camus sich mehr und mehr kolonialistischen Positionen annäherte, ergriff Jean-Paul Sartre seit 1956 dezidiert Partei gegen den Krieg und für das Selbstbestimmungsrecht des algerischen Volkes, verurteilte die Folter und unterzeichnete 1960 das *Manifest der 121*, das französische Soldaten zur Kriegsdienstverweigerung aufrief (vgl. Cohen-Solal 1988, S. 632–665). Er machte sich damit zur Zielscheibe der OAS *(Organisation de l'armée secrète)*, die das ‹französische Algerien› mittels terroristischer Anschläge (auch auf den Staatspräsidenten) zu verteidigen suchte: 1961 und 1962 wurden Sprengstoffattentate auf Sartres Wohnung verübt.

Eine Unabhängigkeitsbewegung gab es in Algerien seit den dreißiger Jahren. Nach dem Zweiten Weltkrieg wurde deutlich, daß die Epoche des Kolonialismus ihrem Ende entgegenging; nach Indien (1947) erlangten bis 1960 zahlreiche schwarzafrikanische Staaten ihre Unabhängigkeit. Neben solchen Vorbildern waren es vor allem wirtschaftliche Schwierigkeiten, die in Algerien den Wunsch nach Selbstbestimmung stärker werden ließen. Der bewaffnete Kampf begann im November 1954 mit einer Serie von Mordanschlägen; auch in der Folgezeit verfolgte der FLN eine Strategie des Terrorismus, da die militärischen Einheiten der Befreiungsbewegung den mehr als zehnmal so starken französischen Truppen natürlich hoffnungslos unterlegen waren. Auf der militärischen Ebene wäre der Krieg für die Kolonialmacht durchaus zu gewinnen gewesen: Anfang 1959 kontrollierten die französischen Truppen fast das ganze algerische Territorium; sie schützten die Mehrheit der muslimischen Bevölkerung, die der Unabhängigkeitsbewegung fernstand, vor Übergriffen des FLN und übernahmen mehr und mehr die Aufgaben der zivilen Verwaltung. Überfällige politische Reformen wurden freilich durch den Einspruch der Pieds-noirs blockiert.

Die Mehrheit der Algerienfranzosen und die militärische Führung, die die Kolonie auf keinen Fall in die Unabhängigkeit entlassen wollten, gerieten zunehmend in Widerspruch zur öffentlichen Meinung im Mutterland; auch der Druck der Weltöffentlichkeit (Billigung der Ziele des FLN durch internationale Resolutionen) nahm zu. Präsident de Gaulle ließ sich durch den Terror der OAS nicht daran hindern, eine Verhandlungslösung zu suchen: Im März 1962 kam es zu einer Übereinkunft zwischen der französischen Regierung und dem FLN. Bei einer Volksabstimmung am 1. Juli desselben Jahres entschieden sich die Algerier mit überwältigender Mehrheit für die nationale Unabhängigkeit.

Als Einheitspartei beanspruchte der FLN ein Machtmonopol, das sich freilich nur mit Billigung der Armee aufrechterhalten ließ, und proklamierte die sozialistische Volksrepublik Algerien. Die Rechte, die die Verträge mit der ehemaligen Kolonialmacht den Algerienfranzosen zugestanden hatten, wurden großenteils nicht respektiert: Im Zuge einer Bodenreform wurde z. B. am 1. Oktober 1963 alles Land verstaatlicht, das noch in französischem Besitz war. Infolgedessen kehrten die Pieds-noirs in kürzester Zeit fast geschlossen nach Frankreich zurück: etwa eine Million Menschen, die Arbeitsplätze und Wohnungen brauchten und, obwohl sie sich als Franzosen verstanden, über Generationen eine eigene kulturelle Identität entwickelt hatten. Die Integration der Rückkehrer war eine beachtliche Leistung der französischen Bevölkerung und ihrer Regierung; zugleich bereicherte der von den afrikanischen Erfahrungen geprägte Lebensstil der Pieds-noirs den französischen Alltag (vom Küchenzettel angefangen).

Wie schon in den Nachbarstaaten Marokko und Tunesien, die seit 1956 unabhängig waren, stand auch in Algerien die Rearabisierung, die das Französische, die Sprache der Kolonisatoren, zurückdrängen und die nationale Identität stärken sollte, ganz oben auf der Traktandenliste der neuen Regierung. Freilich haben in den autonomen Maghreb-Staaten bis in die achtziger Jahre ungleich mehr Schulkinder Französisch gelernt als zur Zeit der Kolonialherrschaft – paradoxe Folge von Alphabetisierungskampagnen, die nahezu alle Heranwachsenden in Bildungssysteme einbeziehen, welche sich zwar als arabisch begreifen, aber auf das Französische dennoch nicht verzichten können.

Das hängt mit der sprachlichen Situation in den Maghreb-Ländern zusammen. Die Bevölkerungsmehrheit spricht Arabisch, vor allem in Marokko und Algerien gibt es starke berberophone Minderheiten. Das Berberische hat bis heute keine Schrifttradition ausgebildet und zerfällt in eine Reihe sehr unterschiedlicher Dialekte; da in den Schulen nur Arabisch gelehrt wird, sind die jüngeren Berber[4] im allgemeinen zweisprachig. Durch die Verbreitung der Massenmedien, Verstädterung usw. verliert das Berberische rasch an Bedeutung.

Die Muttersprache der meisten Maghrebiner ist das Dialektarabische, das sich von der hocharabischen Schriftsprache so grundlegend unterscheidet, daß die Mehrheit der Bevölkerung auf Hocharabisch gehaltene Reden ihrer Politiker nicht versteht. «Über Jahrzehnte hinweg blieb das Hocharabische eine Sprache, die allerhöchstens 4–5 % der Bevölkerung lesen und verstehen oder gar sprechen und einigermaßen flüssig schreiben konnten» (Gleßgen 1996, S. 42). In den Schulen wurde und wird freilich ausschließlich das Hocharabische gelehrt; zum einen, weil es auf der klassischen Sprache des Koran basiert, zum anderen, weil es das allen Arabern gemeinsame Idiom ist. Für die Schulkinder im Maghreb ist es eine schwer zu erlernende Fremdsprache; die Probleme, die sich daraus ergeben, sind auch mit der Schaffung einer «Ausgleichssprache» (ebd., S. 43) zwischen Hoch- und Dialektarabisch nicht gelöst, denn diese Variante setzt sich im öffentlichen Leben zwar allmählich durch, wird aber bisher erst von einer Minderheit beherrscht.

In dieser prekären Situation bietet der Gebrauch des Französischen eine Reihe von Vorteilen: Zum einen ist die Kenntnis dieser

Sprache viel weiter verbreitet als die des Hocharabischen. Zum anderen lassen sich im Französischen mühelos Bezeichnungen für wissenschaftlich-technische Innovationen bilden, für alle akademischen Disziplinen gibt es französischsprachige Lehrbücher, und die Kenntnis dieser Sprache eröffnet den vor allem in wirtschaftlicher Hinsicht so wichtigen Zugang zur westlichen Welt. Deshalb war das Bildungswesen in allen Ländern des Maghreb zunächst zweisprachig.

Die Tendenz, das Französische aus den Schulen (und aus dem öffentlichen Leben) zu verdrängen, macht sich erst seit den achtziger Jahren verstärkt bemerkbar und führt nicht überall zum Erfolg: Im technischen Bereich bedient man sich Anfang der neunziger Jahre noch durchgehend des Französischen. Andererseits findet der islamische Fundamentalismus immer mehr Anhänger, vor allem unter den Jugendlichen, denen die Regierungen angesichts von Bevölkerungsexplosion und Wirtschaftskrise keine Zukunftsperspektive bieten können. Die Maghreb-Staaten reagieren unterschiedlich: Tunesien sucht extremistischen Forderungen durch eine behutsame Reislamisierung zuvorzukommen. In Algerien gewann die Islamische Heilsfront (FIS = *Front Islamique du Salut*) die Kommunalwahlen im Juni 1990 (die ersten freien Wahlen seit der Unabhängigkeit); als sie auch bei den Parlamentswahlen im Dezember 1991 die Mehrheit erzielte, zeigte das Militär, daß die demokratischen Institutionen nach wie vor nur Fassade sind: Die Wahlen wurden annulliert, der FIS verboten. Es begann ein Bürgerkrieg, der bis heute andauert: Nachrichten über Massenmorde an der Zivilbevölkerung finden sich fast jede Woche in den Zeitungen.

Der Ausbau des (zweisprachigen) Schulsystems in den unabhängigen Maghreb-Staaten läßt die Zahl potentieller Leser französischsprachiger Literatur beträchtlich anwachsen; immer mehr Autoren suchen die Bedürfnisse dieses Publikums zu befriedigen, allerdings erscheinen viele ihrer Bücher im Ausland, vor allem in Frankreich, und sind im Maghreb selbst nur schwer erhältlich. Das hängt nicht nur damit zusammen, daß nordafrikanische Verlage insgesamt nur wenige Titel produzieren und den Vertrieb ihrer Bücher kaum gewährleisten können; seit etwa 1968 ist die maghrebinische Literatur zunehmend kritischer geworden, in allen Ländern bringen Autoren ihre Enttäuschung über die politische Entwicklung seit der Unabhängigkeit und ihre Unzufriedenheit mit dem Zustand der Gesellschaft zum Ausdruck. Konflikte mit den Machthabern, die offene oder versteckte Zensur ausüben, sind unvermeidlich: In Marokko sammelt sich 1966 eine Gruppe von Schriftstellern, der auch Tahar Ben Jelloun (s. u.) angehört, um die Zeitschrift *Souffles*, die literarische Experimente mit Kritik an König Hassan II. (gest. 1999) und der Regierung verbindet. 1972 wird sie verboten, der Herausgeber Abdellatif Laâbi verbringt acht Jahre im Gefängnis. Unter diesen Umständen bleibt einem Autor nur das Exil bzw. (als Vorstufe dazu) die Veröffentlichung in einem ausländischen Verlag.

Für Schriftsteller, die in der Kolonialzeit oder kurz danach eine rein französische Schulbildung genossen haben, stellte sich die Frage, in welcher Sprache sie schreiben sollten, eigentlich nicht: Nicht nur, daß sie des Hocharabischen nicht oder kaum mächtig waren, sie waren auch für immer geprägt durch die Tradition der französischen und europäischen Literatur. In der Sprache der Kolonisatoren zu schreiben erzeugt dennoch ein schmerzliches Gefühl der Entfremdung; um so mehr, wenn das Buch in einem europäischen Verlag erscheint und unter den eigenen Landsleuten weniger Leser findet als in intellektuellen und akademischen Zirkeln der westlichen Welt. Zentrale Themen der nordafrikanischen Autoren sind daher die eigene Identität, die Gespaltenheit des zweisprachigen Individuums, das an der arabischen (maghrebinischen) und der europäischen Kultur Anteil hat, und der Versuch, auf irgendeine Weise die Einheit wiederzufinden

Streiten läßt sich schon über den Namen, den man jener Literatur geben soll: Ist sie «französischsprachig» oder gar «französisch», «algerisch (bzw. marokkanisch oder tunesisch)» oder am Ende «arabische Literatur in französischer Sprache» (vgl. Déjeux 1992, S. 5)? Das sind durchaus verschiedene Dinge, und ob sich ein Autor als dem französischen oder dem arabischen Kulturkreis zugehörig begreift, hat weitreichende Konsequenzen.

In der Regel ist die Entscheidung für die eine oder andere Sprache endgültig; nur wenige Schriftsteller veröffentlichen sowohl französische wie arabische Werke. Zwischen Inhalt und Sprachwahl besteht eine enge Verbindung: Wenn man französisch schreibt, fällt es leichter, Tabus zu brechen. «Neben den politischen heißen Eisen lassen sich auch die religiösen und die sexuellen Tabuthemen besser in der

Fremdsprache handhaben, einem sozusagen neutralen Medium, durch das man eine gewisse Distanz zu Themen gewinnt, die in der Muttersprache zu behandeln man große Hemmungen hätte» (Keil 1989, S. XXIII). Viele Nordafrikaner können gewisse Dinge auf französisch leichter sagen oder schreiben – nicht nur, weil es sich um eine Fremdsprache handelt, sondern auch, weil das Französische ein Normensystem transportiert, das z. B. hinsichtlich der Sexualität liberaler ist als das islamische. «Die zweisprachigen Maghrebiner leben (...) in zwei Welten mit eigenen Wertsystemen und Verhaltensmustern» (Gleßgen 1996, S. 44); die Identitätsproblematik bricht auf, wenn man erkennt, daß man nicht französisch sprechen kann, ohne zumindest in gewissem Umfang französisch zu denken. Bis in die sechziger Jahre empfanden die meisten maghrebinischen Schriftsteller die fremde Sprache als ein Exil (vgl. Arnaud 1986, S. 82 f); mit der Zeit wird jedoch deutlich, daß das Paradoxon einer «arabischen Literatur in französischer Sprache» möglich ist, daß sich die europäische Form maghrebinischen Inhalten anpassen läßt. Das beginnt bei Äußerlichkeiten: So gibt es in französischen Romanen aus Nordafrika kaum Dialoge, weil Maghrebiner untereinander grundsätzlich (Dialekt-)Arabisch sprechen; Autor und Leser würden es als unnatürlich empfinden, wenn sich Romanfiguren auf französisch unterhielten (vgl. Déjeux 1992, S. 109 f).

Komplexer ist das Problem der (fiktiven) Autobiographie (vgl. ebd., S. 110 f): Daß ein Ich seine eigene Geschichte erzählt, ist in der arabischen Literatur bis ins 20. Jahrhundert eher unüblich; der einzelne definiert sich nicht über seine Individualität, sondern über die Zugehörigkeit zur Gemeinschaft. Seit den fünfziger Jahren lassen die politisch-sozialen Veränderungen in den Maghreb-Ländern das Bedürfnis entstehen, sich der eigenen Geschichte zu vergewissern; es ist bezeichnend, daß in vielen derartigen Büchern nicht ein Ich, sondern die Familie (die Gemeinschaft) im Mittelpunkt steht. Zur Befreiung des Ich haben selbstverständlich auch Anregungen beigetragen, die von der jahrhundertelangen Tradition autobiographischen Schreibens im Abendland ausgehen.

Die maghrebinische Literatur entwickelt sich in ständigem Bezug auf europäische, vor allem natürlich französische Texte aus Vergangenheit und Gegenwart; wie in anderen Teilen der Dritten Welt geht die Entwicklung vom Export westlicher Modelle zu einem ausgeglicheneren Verhältnis des Gebens und Nehmens. Souverän respektloser Umgang mit der Tradition läßt Neues und Eigenes entstehen; besondere Bedeutung kommt dabei der Zeitschrift *Souffles* zu, die von 1966 bis 1972 in Marokko erschien. «Während sich in Algerien in den Sechzigern und Siebzigern eine ganze literarische Richtung in Panegyrik, Befreiungskriegsreminiszenzen und Hymnen auf die Revolution erging, wurde in Marokko bereits die literarische Avantgarde ausgerufen, die dann ihrerseits wieder nach Algerien ausstrahlte» (Keil 1989/90, S. 323).

Marokko ist einerseits – als Monarchie mit einem König, der die Macht in seiner Hand konzentriert – der konservativste der Maghreb-Staaten und hat sich andererseits seit der Unabhängigkeit kapitalistisch und prowestlich orientiert; außerdem hat das Land den bei weitem stärksten berberischen Bevölkerungsanteil. Die Autoren, die an *Souffles* mitarbeiten, sind geprägt vom Einfluß der europäischen Moderne, von Dichtern wie Rimbaud (1854–1891), Mallarmé (1842–1898) und den Surrealisten. Politisch vertrat die Zeitschrift, die zwei Jahre vor der Studentenrevolte des Mai 1968 gegründet wurde, linke und marxistische Positionen, was 1972 zum Verbot führte. Die Literatur der Gruppe sucht dem chaotischen Zustand ihrer Umwelt gerecht zu werden, indem sie «auf allen Ebenen des Systems die Spielregeln der französischen Sprache verletzt mit Neologismen, Arabismen, lexikalischen, grammatischen und syntaktischen Deformationen, daneben Wortakrobatik, reiches Klangrepertoire und eine oftmals dunkle Symbolsprache aufweist» (Keil 1989/90, S. 330).

Am Projekt *Souffles* war auch Tahar Ben Jelloun (*1944), heute wohl der bekannteste marokkanische Schriftsteller, beteiligt; er übersiedelte 1971 (also noch bevor die Zeitschrift verboten wurde) nach Paris, wo er mit einer Arbeit zur Sozialpsychiatrie promovierte. Der Immigrant wurde zum Mittler zwischen den Kulturen, der die französischen Leser von *Le Monde* regelmäßig über arabische Literatur und auch Politik unterrichtet und in seinen Romanen (die entweder in Marokko oder unter Maghrebinern in Frankreich spielen) immer wieder Bezüge zur literarischen Tradition der westlichen Welt herstellt.

In allen seinen Romanen bedient sich Ben Jelloun autobiographischer Schreibformen (Bericht eines Ich-Erzählers über sein Leben,

Tagebücher, Briefe ...; vgl. Spiller 1995), die in unterschiedlichem Maße fiktionalisiert erscheinen: Der Protagonist hat mit dem empirischen Autor Tahar Ben Jelloun bald mehr, bald weniger gemeinsam. Sein Weg führt von experimenteller Prosa zu traditioneller erzählten Büchern, die ein immer breiteres Publikum erreichen; 1987 erhielt Ben Jelloun als erster Autor aus dem Maghreb den Prix Goncourt, den bedeutendsten der vielen französischen Literaturpreise, für *La nuit sacrée* (deutsch als *Die Nacht der Unschuld*).

In *L'Écrivain public* (1983; deutsch *Der öffentliche Schreiber*) ist die Hauptfigur, so scheint es, mit dem Autor Tahar Ben Jelloun weitgehend identisch, jedenfalls durchläuft sie die gleichen Lebensstationen wie er: Kindheit in Fes, Jugend in Tanger, Lehrtätigkeit in Tetuan ... Das namenlos bleibende Erzähler-Ich spricht freilich nicht unmittelbar zum Leser; in einer kurzen Einleitung meldet sich der Chronist zu Wort, ein «öffentlicher Schreiber», dessen Beruf es ist, Briefe und Schriftstücke für Leute abzufassen, die selbst des Schreibens nicht kundig sind. Er werde, so erklärt er, aus dem Gedächtnis aufzeichnen, was der Protagonist ihm erzählt habe, und dabei manches verändern oder hinzuerfinden. Der Leser wird das folgende also nicht ohne weiteres als ‹wahr› betrachten dürfen.

Nach wenigen Seiten verschwindet der Schreiber aus dem Blickfeld des Lesers: Er ist fortgezogen, ohne eine Adresse zu hinterlassen. Was bleibt, sind seine Aufzeichnungen, und die erzählen von «jemand, der die ganze Zeit anderswo ist» (S. 7).[5] Der Protagonist, dessen Handlungen wesentlich von den Bedürfnissen seines Körpers bestimmt werden, erscheint so auf eine körperlose Stimme reduziert.

Diese Stimme erzählt geradlinig, in einfachen Hauptsätzen; es gibt keine Dialoge, andere Figuren (vor allem Frauen) kommen nur in wenigen wörtlich zitierten Briefen und Fragmenten von Aufzeichnungen zu Wort. Das Ich läßt seine Lebensstationen in chronologischer Folge Revue passieren; nur in den Passagen, die den Städten Fes, Tanger und Tetuan gewidmet sind, wird das zeitliche Nacheinander durch das assoziative Nebeneinander der Beschreibung verdrängt.

Der erste Satz der Erzählung gibt das Thema an: «Ich habe mich nie gebalgt» (S. 11). Der Protagonist ist einer, der sich nicht einmischt. Ersatz für die Erfahrungen, die er nicht macht, bietet die Tätigkeit des Schriftstellers: «Also schreibe ich, statt zu leben» (S. 147). Das Ziel, so scheint es, ist die Abstraktion vom eigenen Körper:

Du, du schreibst, um kein Gesicht mehr zu haben. Nicht mehr erscheinen. Deinen Körper auflösen, um deine Worte nicht mehr zu verhüllen. Zu jenen Worten werden, die sich zueinandergesellen, sich widersprechen und sich aufteilen in eine Unendlichkeit kleiner Bilder oder in Aschehäufchen, verstreut oben auf einer Klippe (S. 95).

Das Gesicht steht hier für die Identität, die problematisch geworden oder eigentlich immer schon gewesen ist. Als er (im Kindesalter) zum ersten Mal fotografiert wurde, konnte sich der Erzähler nicht entscheiden, welcher Gesichtsausdruck diesem Anlaß angemessen wäre, und lachte schließlich ohne Grund in die Kamera: «Ich gab mir schon die Miene eines Doubles, das ich mir fabriziert hatte» (S. 45). Später erfährt er sich selbst als gespalten: Neben seinem eigentlichen Ich, dem Schriftsteller, gebe es einen Doppelgänger, der für ihn lebe, auf dessen Erinnerungen er aber keinen Zugriff habe (S. 118 f). Hinter dem Gegensatz von Leben und Schreiben scheint der Konflikt zwischen den beiden Kulturen auf, den den Autor wie sein fiktiver Protagonist auszutragen haben.

1989 konnte man noch feststellen, daß der Maghreb «französierter denn je» sei (Keil 1989/90, S. 319); inzwischen zeigen die Arabisierungskampagnen des letzten Jahrzehnts Wirkung, und die Prognose, daß das Französische im Maghreb «irgendwann wie Tausende anderer sprachlicher Varietäten in der Moderne aussterben wird, wenn sich nicht eine unvorhergesehene oder zumindest bisher kaum absehbare neue Entwicklung ergibt» (Gleßgen 1996, S. 38), scheint nicht übertrieben pessimistisch. Auf absehbare Zeit allerdings wird neben der arabischen eine französische Sprache, Literatur und Kultur des Maghreb bestehen, und im Zuge einer nicht nur wirtschaftlichen Globalisierung wird sie uns immer näher rücken.

Anmerkungen
* Für Arnold Rothe zum 8. 9. 2000
1 Arabisch *Maghreb* «Westen», im Gegensatz zum *Maschrek*, dem «Osten» von Ägypten bis zur arabischen Halbinsel. In einem weiteren Sinn gehören auch Mauretanien und Libyen zum Maghreb; 1989 haben sich die fünf Maghreb-Staaten in einer Wirtschaftsgemeinschaft (UMA = Union du Maghreb arabe) zusammengeschlossen (vgl. Lacoste 1991, S. 19 ff).

2 *Pied-noir* ist ursprünglich eine Anfang des 20. Jahrhunderts in Algerien eingeführte Rebenart (seit der Kolonisierung wurde vor allem Wein angebaut) und wird später als (zunächst abschätzige, dann neutrale) Bezeichnung für die Algerienfranzosen gebraucht; vgl. Lacoste 1991, S. 536.
3 Dieser Terminus setzte sich Anfang der sechziger Jahre durch, vgl. Cohen-Solal 1988, S. 657.
4 1990 waren 65 bis 70 Prozent der Maghreb-Bevölkerung unter 30 Jahre alt, vgl. M. Arkoun in Lacoste 1991, S. 371; heute sind es mit Sicherheit mehr.
5 Alle Zitate nach der deutschen Übersetzung von H. Teweleit (Tahar Ben Jelloun: Der öffentliche Schreiber. Zürich 1995).

Literatur

Ch.-R. Ageron: Histoire de l'Algérie contemporaine (1830–1994) (que sais-je?). Paris 1994.

J. Arnaud: La littérature maghrébine de langue française. T. I: Origines et perspectives. Condé-sur-Noireau 1986.

A. Cohen-Solal: Sartre. 1905–1980. Aus dem Französischen von E. Groepler. Reinbek 1988.

J. Déjeux: La littérature maghrébine d'expression française (que sais-je?). Paris 1992.

M.-D. Gleßgen: Das Französische im Maghreb: Bilanz und Perspektiven der Forschung. In: Romanistisches Jahrbuch 47 (1996), S. 28–63.

S. Heller: Der marokkanische Roman französischer Sprache. Zu den Autoren um die Zeitschrift *Souffles* (1966–1972). Berlin 1990.

R. Keil (Hg.): Hanîn. Prosa aus dem Maghreb. Heidelberg 1989.

Dies.: Notizen zur marokkanischen Literatur französischer Sprache und ihrer Rezeption. In: Wuqûf 4/5 (1989/90), S. 315–342.

V. Klemm: Algerien zwischen Militär und Islamismus. In: D. Kinzelbach (Hg.): Tatort Algerien. Mainz 1998, S. 153–177.

C. und Y. Lacoste (Hg.): L'État du Maghreb. Paris 1991.

A. Rothe: L'Espagne dans la littérature maghrébine. In: Romanische Forschungen 105 (1993), S. 67–93.

E.W. Said: Orientalismus. Frankfurt/M. 1981.

J. Servier: Les Berbères (que sais-je?). Paris 1990.

E. Spiller: Wie erzähle ich meine Lebensgeschichte? Autobiographisches Schreiben bei Tahar Ben Jelloun. In: Europas islamische Nachbarn. Studien zur Literatur und Geschichte des Maghreb. Bd. 2. Hg. von E. Ruhe. Würzburg 1995, S. 245–267.

8 Über-setzen: die Literatur und die anderen Medien

Eines Tages fand ein Schaf auf seiner Weide eine verlorengegangene Filmrolle und begann, den Film genüßlich zu verspeisen. Ein anderes Schaf kam hinzu und fragte, ob es schmecke. «Ach, weißt du», antwortete das erste Schaf, «das Buch fand ich viel besser.»

Was das Schaf hier ins Kulinarische wendet, ist offenbar die seit den Anfängen des Mediums Film und bis heute weitverbreitete «Verkennung der jeweiligen Medienspezifizität» (Albersmeier 1995, S. 237): Wenn im Kino *Madame Bovary* (z. B. von Claude Chabrol, 1991) oder *Les Misérables* (z. B. von Bille August, 1998) läuft, erwarten vor allem Zuschauer, die die Romanvorlage gelesen haben, daß die Filme den Büchern von Flaubert oder Victor Hugo bis in die Einzelheiten folgen; speziell die akademische Literaturkritik hat, wenn sie Verfilmungen überhaupt in die Betrachtung einbezog, lange Zeit jede Abweichung als Trivialisierung verdammt (vgl. Seifert 1998, S. 7–11). Erst in den letzten Jahrzehnten hat sich die Einsicht durchgesetzt, daß mit Bildern anders – und anderes – erzählt wird wie mit Worten.

Die ‹hohe› Literatur ist das große Stoffreservoir, aus dem sich die anderen Künste zu allen Zeiten nach Belieben bedient haben. Übrigens folgen sie damit nur dem Beispiel der Zweit-, Dritt- und Vielfachverwerter unter den Dichtern und Schriftstellern: Ein Bestseller wie der spanische Roman vom Ritter Amadís und seiner Liebe zur schönen Oriana regt zur Fortsetzung an. Zu den fünf Büchern des ersten Autors Garci Rodríguez de Montalvo (1508/10) dichten andere, die auf den kommerziellen Erfolg spekulieren, sieben weitere hinzu; außerdem erscheinen Dutzende von Romanen über Ritter mit Namen wie Palmerín, Belianís oder Claribalte, die mehr oder weniger nach dem Muster des Amadís gestrickt sind. Die Wiederholung des Immergleichen fordert den Spott anspruchsvollerer Leser heraus: Der *Don Quijote* des Cervantes parodiert mit der Ritterroman-Mode auch den *Amadís*. Dem Erfolg des Romans konnte das wenig anhaben; bis ins 18. Jahrhundert wurden billige, stark gekürzte Ausgaben im Heftformat für ein Massenpublikum gedruckt (zum Lesen oder zum Vorlesen). Wegen der vielen erotischen Szenen eignet sich der *Amadís* nicht unbedingt als Jugendlektüre, andernfalls wäre er im 20. Jahrhundert wohl noch auf Kinderbuchformat zurechtgestutzt worden wie der *Don Quijote* selbst.

Der Begriff der *Intertextualität* spiegelt die Einsicht, daß Texte aus anderen Texten gemacht werden; der spanische *Amadís* etwa wäre nicht denkbar ohne vielfältige Beziehungen zu französischen Vers- und Prosaromanen von König Artus und Lancelot. Wenn ein Text auf einen anderen antwortet, ihn fortsetzt, kritisiert, korrigiert, parodiert oder ähnlich, liegt ein besonderer Fall von Intertextualität vor (Genette 1993 spricht von Hypertextualität). Das Publikum, das so viel über Amadís gelesen hat, wird ihn vermutlich irgendwann auf der Bühne sehen wollen; wenn ein Dichter ein Amadís-Drama schreibt und ein Theater es spielt, vollzieht sich ein *Medienwechsel*: Während sich der literarische Text ausschließlich sprachlicher Ausdrucksmittel bedient, kommen bei einer Theateraufführung weitere, optische (Bühnenbild, Kostüm, Statur, Gestik und Mimik der Darsteller...) und akustische (Geräusche, Musik...) Mittel zum Einsatz (vgl. Pfister 1994, S. 24–29). Während zwischen dem *Drama* (dem Text des Dichters) und einem (erzählenden) literarischen Werk eine intertextuelle Beziehung bestehen kann, ist das Verhältnis zwischen *Theater* (als szenischer Realisation des Textes) und einer narrativen Vorlage als *intermedial* zu klassifizieren. Die *Intermedialität*, die Vernetzung der Künste untereinander, manifestiert sich in den unterschiedlichsten Formen.

Maler porträtieren Figuren aus Drama oder Roman (Edouard Manet malt Émile Zolas Kurtisane Nana) oder stellen markante Szenen dar (zahllose Gemälde des 17. und 18. Jahrhunderts sind von Episoden aus Tassos Epos *Gerusalemme liberata* [Das befreite Jerusalem, 1581] inspiriert); die antike Mythologie ist Gemeingut von Literatur und bildender Kunst, d. h., Caravaggios (1573–1610) Darstellung des Narziß antwortet möglicherweise auf eine Dichtung, aber es ist schwer zu sagen (und vielleicht auch nicht besonders wichtig) auf welche. Vor allem im 19. Jahrhundert liebte man illustrierte Ausgaben, die den Inhalt der Erzählung oft durch Hunderte von Zeichnungen oder Radierungen veranschaulichen: Das Bild des spindeldürren Don Quijote, das wir bis heute vor Augen haben, scheint wesentlich von Künstlern wie Grandville (1803–1847) oder Gustave Doré (1833–1883) geprägt. In unserer Zeit hat man gelegentlich versucht, klassische Werke der Literatur im Medium des Comic zu popularisieren: Der französische Zeichner Stéphane Heuet hat sich vorgenommen, Marcel Prousts *Suche nach der verlorenen Zeit* in zwölf Comic-Alben nachzuerzählen, das erste erschien im Herbst 1998.

Ein Komponist kann versuchen, das, was er (durchaus subjektiv) als den Gehalt eines literarischen Werkes erkennt, in die (nicht begriffliche) Sprache der Instrumentalmusik zu übersetzen – Beispiele bietet vor allem die ‹Programmusik› der Romantik (zahlreiche Werke von Franz Liszt, z. B. seine *Faust-Symphonie*). Daneben steht die Textmusik als Verbindung von Wort und Ton: Vertonungen von Gedichten, für Solostimme oder Chor, mit Klavier- oder Orchesterbegleitung; und vor allem die verschiedenen Gattungen des Musiktheaters, Oper, Operette und Musical sowie in unserer Gegenwart experimentelle Formen am Rande des Dramatischen. Wie das Drama auf Ergänzung durch die szenische Realisierung angelegt ist, so muß der Librettist Freiräume schaffen für Musik *und* Inszenierung; dennoch ist ein Libretto wie ein Schauspiel bei der Lektüre aus sich selbst heraus verständlich und darf mit gleichem Recht als literarischer Text bezeichnet werden (vgl. Gier 1998).

Vor allem seit Anfang des 19. Jahrhunderts wurde immer wieder versucht, die Grenzen zwischen den Künsten aufzuheben (vgl. Zima 1995). Dieses Ziel schien einerseits über die Verschmelzung von Wort, Ton und Bild in einem theatralen ‹Gesamtkunstwerk› erreichbar, wie es z. B. Richard Wagner (und viele andere, sowohl vor wie nach ihm) erstrebte; andererseits suchen sich Schriftsteller, Maler und Komponisten des 20. Jahrhunderts der Ausdrucksmittel der Nachbarkünste zu bemächtigen: Guillaume Apollinaire (*Calligrammes*, 1918) und die italienischen Futuristen knüpfen an die mittelalterliche Tradition des Figurengedichts an und bilden durch die Typographie die benannten Dinge ab (ein Haus, einen Baum, eine Krawatte, eine Uhr ...); die Surrealisten ersetzen die traditionellen Beschreibungen durch Fotografien der Objekte (z. B. André Breton, *Nadja*, 1928; *L'Amour fou*, 1937). Schriftsteller strukturieren lyrische wie narrative Texte nach musikalischen Prinzipien, z. B. als

La cravate et la montre

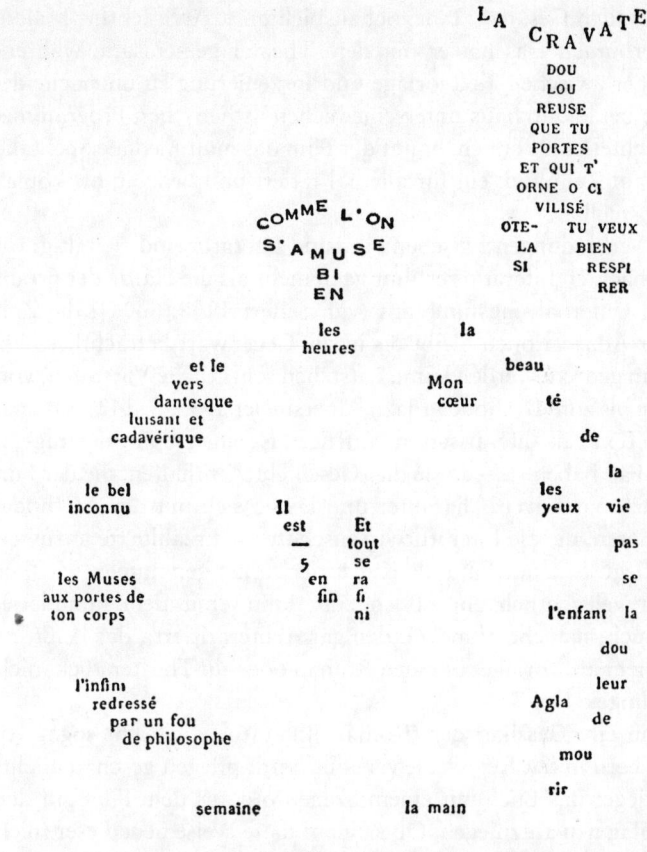

Aus: G. Apollinaire: Calligrammes. Préface de M. Butor. Paris 1971, S. 53.

literarisches Äquivalent zur Sonatenform; leichter nachzuahmen ist die Leitmotiv-Technik Richard Wagners, die von Marcel Proust bis Thomas Mann die meisten großen Romanciers der klassischen Moderne, wenn auch in unterschiedlichem Ausmaß, beeinflußt hat.

Mit den elektronischen Medien Film und Fernsehen scheint die

Symbiose der Künste einer Verwirklichung näherzurücken. Der (Spiel-)Film ist die intermediale Gattung par excellence, da er Wort, Musik (auch Gesang), Tanz, Schauspielkunst, Architektur, Malerei etc. verbindet. Das hat er mit dem Theater gemeinsam; während dort aber zwischen Textvorlage und Inszenierung zu unterscheiden ist, die beide durchaus unterschiedlichen ästhetischen Programmen verpflichtet sein können, bannt der Film das multimediale Spektakel selbst auf Zelluloid, ein für allemal fixiert und beliebig oft kopier- und abspielbar.

Die Verbindungen zwischen Film und Literatur sind vielfältig: Um 1900 machten Literaturverfilmungen mehr als die Hälfte der produzierten Unterhaltungsfilme aus (vgl. Seifert 1998, S. 11); die Zahl solcher Adaptationen bleibt bis in die Gegenwart beträchtlich. Ehe ein Film gedreht werden kann, entstehen schriftliche Vorstufen, vom Exposé bis zum Drehbuch (dazu Albersmeier 1995, S. 242). Ob man solche Texte als ‹literarisch› qualifiziert, ist eine Definitionsfrage, in jedem Fall haben sie – da sie die ‹Geschichte› enthalten, die der Film erzählt – narrativen Charakter und lassen sich mit den Methoden analysieren, die die Literaturwissenschaft auf Erzähltexte anzuwenden pflegt. Seit der Film als Kunstform ernst genommen wird, erscheint gelegentlich ein «Buch zum Film» mit dem kompletten Drehbuch; manche Filme werden gar ‹reliterarisiert›, das heißt, ein Film dient als Vorlage für einen Roman oder ein Theaterstück, nicht etwa umgekehrt.

Wenn ein Klassiker der (Roman-)Literatur, vielleicht sogar von einem berühmten Regisseur, verfilmt wird, pflegen geschäftstüchtige Verleger das Buch mit einem Szenenfoto aus dem Film auf dem Umschlag neu aufzulegen. Ob sich auf diese Weise neue Leser (nicht nur Käufer) für ein möglicherweise schwieriges Werk gewinnen lassen, darf freilich bezweifelt werden; man wird davon auszugehen haben, daß ein Großteil des Publikums Proust nur über Volker Schlöndorff (*Eine Liebe von Swann*, 1984) und selbst Umberto Eco nur über Jean-Jacques Annaud (*Der Name der Rose*, 1986) zur Kenntnis nimmt. Daraus folgt, daß die Kulturwissenschaften dem Film (noch) mehr Aufmerksamkeit widmen müssen als bisher; ob dies unter dem Dach der traditionellen (nationalen) Philologien oder im Rahmen einer (an den meisten Universitäten neu zu institutionalisierenden) Medienwissenschaft erfolgt, ist vielleicht weniger wichtig, als es auf den ersten Blick scheint. Jedenfalls ist eine «Filmphilologie», deren Ziel die wissenschaftliche Beschreibung von Filmen sowie von mit der Filmentstehung und -verbreitung in Zusammenhang stehenden Texten wäre (vgl. Kanzog 1991, S. 11 f), kaum anders denn als Weiterentwicklung einer semiotisch [zeichentheoretisch] orientierten Literatur- und Sprachwissenschaft vorstellbar.

Die wachsende Bereitschaft der Philologien, sich auf das Medium Film einzulassen, dürfte übrigens zu einem nicht unbeträchtlichen Teil mit der Erfindung und Verbreitung des Videorecorders zusammenhängen (vgl. auch Seifert 1998, S. 13). Erst wenn die Aufzeichnung bequem verfügbar ist, wird eine der wiederholten Lektüre eines Buchs vergleichbare intensive Auseinandersetzung mit einem Film möglich; und vielleicht ist die technische Entwicklung letztlich auch der Grund dafür, daß die Bedeutung des Films als einer eigenständigen Kunstform heute nicht mehr ernsthaft bestritten wird: Als ‹Werk›, so scheint es, wird in der neuzeitlichen Kultur der westlichen Welt nur anerkannt, was sich problemlos reproduzieren läßt. Im 17. und 18. Jahrhundert galt nicht die Musik, sondern der Text als der künstlerisch wertvolle Teil einer Oper; wenn man das Wiener Erfolgsstück *La clemenza di Tito* [Die Milde des Titus] (1734) in London oder Venedig spielen wollte, ließ man sich nicht eine Abschrift der Partitur von Antonio Caldara, sondern nur das gedruckte Textbuch von Pietro Metastasio kommen, das vor Ort jeweils neu vertont wurde.

Wer den Vorrang des Wortes vor allen anderen Ausdrucksmitteln des Theaters postuliert, kann sich natürlich auf die Autorität des Aristoteles berufen, dessen *Poetik* im 18. Jahrhundert als normsetzend anerkannt wird (vgl. Gier 1998, S. 75); daß die Musik einer Oper gleichsam als austauschbar betrachtet wurde, dürfte allerdings auch damit zusammenhängen, daß vor 1800 nur ein kleiner Teil der aufgeführten Werke vollständig gedruckt wurde (als Partitur oder Klavierauszug). Analog dazu beschränkt sich Opern- wie Schauspielregie bis zur Mitte des 20. Jahrhunderts großenteils darauf, die stereotype Gestik der Darsteller recht und schlecht zu koordinieren; der Anspruch des Regietheaters, eine in sich stimmige Interpretation historischer Stücke mit Bezug auf die eigene Gegenwart zu bieten, wird erst formuliert, und die Einsicht, daß eine Inszenierung ein Kunstwerk ist (oder sein kann), über dessen ästhetische Prämissen zu diskutieren lohnt, setzt sich erst durch, nachdem Theaterproduktionen durch Fernseh- und Videoaufzeichnungen konservierbar (und damit auch vergleichbar) geworden sind.

Einige Aspekte der Intermedialität und einige der Schwierigkeiten, die sich beim Übergang von einem Medium in ein anderes ergeben können, sollen am Beispiel des *Don Quijote* verdeutlicht werden. Seit der ersten Veröffentlichung (Teil I: 1605, Teil II: 1615) ist der Roman des Cervantes ein Bestseller; er wurde unzählige Male gedruckt, übersetzt[1], bearbeitet, zahllose Literaturkritiker haben Don Quijote und Sancho Pansa zur gesellschaftlich-politischen Situation ihrer jeweiligen Epoche in Beziehung gesetzt und die unterschiedlichsten philosophischen Lehrsätze an ihnen exemplifiziert. Nachdem man im 17. und 18. Jahrhundert vor allem die komische Seite von Don Quijotes eingebildetem Rittertum wahrgenommen hatte, wird um 1800 die philosophische oder mythische Dimension des Stoffs entdeckt (vgl. Gier 1993): Hinter Don Quijotes selbstlosen, wenn auch fehlgeleiteten Versuchen, für mehr Gerechtigkeit in der Welt zu sorgen, scheint das Dilemma des Idealismus auf, der letztlich immer an der menschlichen Unvollkommenheit scheitern muß. Der Ritter aus der Mancha verkörpert beispielhaft die *condition humaine*, oder er steht – so in der Deutung Miguel de Unamunos (1864–1936) – als «Paradigma des kämpfenden Ich, das sich willensstark gegenüber widrigen Umständen behauptet» (Strosetzki 1991, S. 187) für den spanischen Nationalcharakter.

Im zweiten Teil des Romans begegnen Don Quijote und Sancho wiederholt Leuten, die den ersten Teil bereits gelesen haben, also von der Narrheit des Ritters wissen und für ihn die Abenteuer inszenieren, die er sucht (vgl. Scheerer 1990, S. 76 ff). Damit wird der Widerspruch zwischen literarischer Fiktion und Wirklichkeit aufgehoben: Aus der «gedruckten Welt» des ersten Teils treten die Protagonisten in eine Sphäre, die zum einen «eine höhere Stufe der Realität» darstellt[2], zum anderen nach Prinzipien organisiert ist, die aus der «gedruckten Welt» früherer Romane stammen. Durch die Lektüre seiner Ritterbücher hat Don Quijote verhältnismäßig einfache Erklärungsmuster gewonnen, die vor der komplexen Wirklichkeit des ersten Teils versagen; für die ‹fiktionalere› Realität des zweiten Teils dagegen erweisen sie sich als passend! Als Roman über den Roman, über die Konstruktion (nicht nur) fiktiver Welten verweist der *Don Quijote* voraus auf die autoreflexive Kunst und Literatur der Moderne.

Die Frage ist, was davon sich in andere Medien transportieren läßt. Der bildenden Kunst dürfte es schwerfallen, den gedanklichen Gehalt des Werkes zu vermitteln; Buchillustratoren halten sich eher an die grotesken Details der Abenteuer des Helden – daß eine der bekanntesten Bildfolgen von dem Karikaturisten Grandville stammt, ist kein Zufall. Eine Sonderstellung nimmt unter den Bildsujets der Kampf gegen die Windmühlen ein: Der Bekanntheitsgrad dieser sprichwörtlich gewordenen Episode übertrifft bei weitem den des Romans insgesamt. In Literatur wie bildender Kunst (z. B. in Cartoons) sind Anspielungen und Variationen möglich, die die Geschichte ironisch weiterspinnen: Unter dem Titel «Verlorene Illusionen» läßt Tomi Ungerers Don Quijote seine Rosinante vor einem Windrad halten, das sich unerreichbar hoch auf einem Stahlmast dreht; Matthias Sodtke zeigt, wie «Rodriguez, ein Nachfahre Don Quichottes in 17ter Generation», in der Zwangsjacke weggeschleppt wird, nachdem er mit dem Beil ein Massaker in einem Ventilatorenwerk angerichtet hat.

Die Instrumentalmusik hat zu unserem Thema erwartungsgemäß wenig beizutragen; am bekanntesten dürften die «Phantastischen Variationen über ein Thema ritterlichen Charakters» op. 35 *Don Quixote* sein, in denen Richard Strauss einige der bekanntesten Episoden des Romans mit den illustrativen Mitteln der Programmusik evoziert. Weit größeren Erfolg hatte der Ritter aus der Mancha auf der Opernbühne.

Bei jeder Adaptation des *Don Quijote* für Theater (Schauspiel, Oper, Musical ...), Film oder Fernsehen stellen sich zwei Probleme: Zum einen sprengt der Umfang des episodenreichen Romans den Rahmen eines üblichen Theater- oder Kinoabends; man wird sich also auf eine Auswahl von Abenteuern des Ritters beschränken müssen, was natürlich einen Verlust an Komplexität bedeutet. Einigermaßen vollständig läßt sich die Geschichte höchstens in Form einer Fernsehserie (s. u.) erzählen.

Italienische, französische und auch deutsche Opernlibretti des 18. Jahrhunderts adaptieren oft Einzelepisoden aus dem Roman; am besten sind dazu Geschichten geeignet, die eine gewisse Geschlossenheit aufweisen wie Sanchos Statthalterschaft auf der Insel Barataria oder die Hochzeit des Camacho, bei der der Ritter von der traurigen Gestalt freilich nur eine Nebenrolle spielt. Einen Sonderfall bildet Manuel de Fallas Einakter *El retablo de Maese Pedro* [Meister Pedros Puppenspiel, 1923; vgl. *Don Quijote*, Teil II, Kap. 25/26]: Don Quijote schaut bei einem Puppenspiel über die Befreiung einer christlichen Prinzessin aus maurischer Gefangenschaft zu; als das Protagonistenpaar in Gefahr gerät, eilt ihnen der Ritter zu Hilfe und zerschlägt Marionetten und Kulissen. Thema des kleinen Werks (Spieldauer ca. 30 Minuten) ist also das Verhältnis von Fiktion und Wirklichkeit.

Zum anderen gibt es im Roman einen («allwissenden») Erzähler, der dem Leser notwendige Informationen gibt, seinen Blick auf scheinbar unwichtige Details lenkt, das Verhalten der Figuren kommentiert und anderes mehr; im Theater fehlt eine solche Instanz meist. Im Schauspiel des 20. Jahrhunderts, das sich durch eine Tendenz zur Episierung (vgl. Pfister 1994, S. 103–122) auszeichnet, wäre eine Erzählerfigur zwar nicht ungewöhnlich; und Oper (Orchester-Kommentar zum Geschehen; Tempowechsel, die zum Auseinandertreten von Erzählzeit und erzählter Zeit führen) wie Film (bewegliche Kamera, vgl. Pfister 1994, S. 47f) verfügen ohnehin über der Erzählerrede analoge Darstellungsmittel. Ermöglicht wird dadurch freilich nur der Wechsel, nicht die *Überlagerung* unterschiedlicher Perspektiven, die im *Don Quijote* eine wichtige Rolle spielt: Wenn Don Quijote gegen die ‹Riesen› anrennt, sieht Sancho Pansa Windmühlen, der Erzähler sieht Windmühlen, und der Leser hat keinen Grund, daran zu zweifeln, daß er, wäre dies in der Alltagswelt passiert und wäre er dabeigewesen, ebenfalls Windmühlen gesehen hätte. Ebenso unbestreitbar ist jedoch, daß Don-Quijote in seinem Ritterwahn Riesen sieht. Wenn ein Film-Don Quijote mit eingelegter Lanze auf Windmühlen zureitet, geht diese Ambivalenz verloren.

Als vollends unlösbar erweist sich das Problem von Don Quijotes geliebter Dulcinea: Sie ist eine Bauerndirne (für die anderen) und zugleich (für ihn) eine wunderschöne Prinzessin. Läßt man sie als Bauerndirne auftreten, geht Don Quijotes lächerlich-ideale Liebe ihrer Poesie verlustig; macht man sie zu einer vornehmen, umworbenen Frau oder gar zu einer Kurtisane, wird die Geschichte banal (s. u.). Das beste dürfte sein, Dulcinea überhaupt nicht auftreten zu lassen; dann hat das Bühnenstück oder der Film allerdings keine tragende Frauenrolle.

Neuere theatrale Annäherungen an den Roman versuchen gerade, das komplexe Verhältnis von Sein und Schein darzustellen, das sich aus den konkurrierenden Perspektiven der Figuren (und des Erzählers) ergibt; so spielte das Wu-Wei-Ensemble *Gesucht wird: Don Quijote*[3] als Monodrama: Der Darsteller des Don Quijote spricht auch die Kommentare des Erzählers, verwandelt sich mittels einer Perücke in Sancho Pansa und begnügt sich mit einem Haarschopf als Repräsentation Dulcineas.

Vor allem das Opernlibretto nimmt häufig neben den Abenteuern des Don Quijote deren erzählerische Vermittlung im Roman des Cervantes und seine fast 400jährige Wirkungsgeschichte ins Blickfeld: Im Musiktheater des 20. Jahrhunderts erscheint der Ritter aus der Mancha im allgemeinen als *literarische* Figur (vgl. Gier 1998, S. 228f).

> Besonders deutlich wird dies in *Don Quijote de la Mancha* (1989/91), «31 theatralische Abenteuer» von Hans Zender (* 1936; Text vom Komponisten): Die Erzählerrolle wird von drei «Lektoren» übernommen, die teils abwechselnd, teils gleichzeitig (aber nicht synchron) sprechen; Tonhöhen-Deklamation, Dehnung einzelner Laute u. ä. nähern die Vortragsart dem Gesang an. – Im zweiten Teil des Romans (vgl. Kap. 59, 72) setzt sich Cervantes mit der unautorisierten Fortsetzung seiner Geschichte auseinander, die 1614 erschienen war; Zender dramatisiert diese literaturkritischen Exkurse und läßt das ‹echte› Protagonistenpaar Don Quijote und Sancho gegen ihre Doppelgänger kämpfen und siegen. In Quijotes Sterbeszene zitiert der Lektor I fast wörtlich die Abschiedsrede, die im Roman Sidi Hamét, der fiktive Verfasser des arabischen ‹Originals›, das der Erzähler zu übersetzen vorgibt, an seine Schreibfeder richtet.

In größtmöglichem Kontrast zu solchen, gleichsam als Kommentar zum Roman angelegten Versionen stehen jene Bearbeitungen, die den *Don Quijote* auf die ewig aktuelle Konstellation «Boy meets girl» reduzieren. Statt gegen das Unrecht in der Welt kämpft der Ritter hier für und um Dulcinea; weil das Publikum ihn aber nun einmal als idealistischen Träumer kennt, wird seine Dame wie von selbst zur Prostituierten, die der ‹Rettung› bedarf. Nach diesem Schema funktionieren Jules Massenets Oper *Don Quichotte* (Text von H. Cain, 1910) und das Musical *Man of La Mancha* (1965; Musik Mitch Leigh, Buch D. Wasserman, Gesangstexte J. Darion).

Der Don Quijote des Cervantes muß seinem Wesen nach lieben, Gegenliebe aber kann ihm nicht zuteil werden (und er strebt auch gar nicht danach). Dulcinea ist ein Traumbild, die Projektion seines (sublimierten) Begehrens; sie trägt zwar die Züge eines Bauernmädchens, das der Ritter vormals aus der Ferne geliebt hatte (vgl. Teil I, Kap. 1), aber sie ist weder mit dieser noch mit irgendeiner anderen Frau gleichzusetzen. Thema des Romans ist nicht «die Macht der Liebe», sondern das Verhältnis von Traum (Fiktion) und Wirklichkeit.

In D. Wassermans Musical-Text geht es zwar vorrangig um die Beziehung D. Quijote – Aldonza (Dulcinea), aber der Librettist führt eine Rahmenhandlung um den Dichter Cervantes ein und reflektiert so den Status Don Quijotes als einer literarischen Figur: Cervantes wird wegen Schwierigkeiten mit der Inquisition ins Gefängnis eingeliefert. Seine Mithäftlinge wollen das Manuskript des Romans verbrennen; um sich und sein Werk zu verteidigen, improvisiert der Dichter ein Spiel, in dem er selbst die Rolle Don Quijotes übernimmt. Gerade weil Ort und Umstände der Vorführung die perfekte Illusion ausschließen, wird z. B. der Windmühlenkampf darstellbar, der eine leistungsfähige Bühnentechnik überfordern würde.

Aldonza erscheint als Hure, die insgeheim unter ihrem eigenen Zynismus leidet und – auch wenn sie es zunächst nicht zugibt – bereit ist, Don Quijotes Botschaft von einer besseren Welt zu hören. Natürlich ist die ‹Bekehrung› einer Prostituierten eine in der Literatur und den Massenmedien unzählige Male wiederholte Männerphantasie; Originalität beweist das Musical höchstens darin, daß es sowohl ein banales Happy-End wie den stereotypen Sühne- und Opfertod der Frau (nach dem Vorbild von Verdis Traviata) vermeidet.

Wesentlich interessanter ist die Charakterzeichnung des als ‹Bruder› des Autors bezeichneten Don Quijote: Seine Überzeugungen konzentrieren sich mediengerecht in der Gesangsnummer «The Impossible Dream». Hier nun artikuliert sich eine sehr moderne, beinahe existentialistische Haltung des «Trotzdem»: Der Don Quijote des Cervantes ist davon überzeugt, daß *ein* Mensch das Unrecht in der Welt besiegen kann. Deshalb kann er am Ende von seinem Ritterwahn geheilt werden und als Alonso Quijano sterben. Der Musical-Protagonist weiß, daß der Stern, zu dem er aufschaut, unerreichbar ist, aber er macht sich dennoch auf den Weg dorthin. Es ist die unermüdliche Anstrengung, die ihm noch im Scheitern Würde verleiht.

Deshalb überzeugt der Schluß nicht, der zwei Episoden des Romans kombiniert[4]: In den Schilden des ‹Spiegelritters› und seiner Gefährten sieht Don Quijote sich selbst, erkennt, daß er nur ein närrisch kostümierter alter Mann ist, und bricht zusammen. Daß sein Rittertum nur ein Traum ist, weiß er freilich längst; man versteht nicht recht, inwiefern das Bild im Spiegel das Ideal entwertet. Das ‹Publikum› im Gefängnis akzeptiert den Schluß denn auch nicht, und Cervantes improvisiert einen anderen: Ein Besuch Aldonzas bewirkt, daß Quijano (der hier Quijana heißt) in seiner Todesstunde wieder zu Don Quijote wird; er stirbt mit dem Gedanken an neue Abenteuer, der Chor wiederholt «The Impossible Dream»: Der Träumer behält recht.

Das Musical war in New York und im Ausland außerordentlich erfolgreich und wurde 1972 verfilmt (Regie: Arthur Hiller). Dale Wasserman, der selbst das Drehbuch schrieb, ließ die Handlung des Bühnenstücks unverändert und übernahm auch große Teile des Dialogs, allerdings wurden die Möglichkeiten des anderen Mediums genutzt: Es hätte den Erwartungen des Kino-Publikums widersprochen, das Gefängnis als einzigen Schauplatz beizubehalten; deshalb wurden die Szenen des Spiels im Spiel nach außen verlegt: Don Quijote und Sancho beginnen ihre erste Gesangsnummer vor den Gefangenen im unterirdischen, von Fackeln erleuchteten Kerker, ihre ‹Pferde› sind je zwei Mitspieler, die sich eine Decke übergeworfen haben; in der nächsten Einstellung schiebt sich der Kopf von Don Quijotes Schimmel vor den blauen Himmel der Mancha, die Gefangenen sind verschwunden. Die frische Luft hat ihren Preis: Wenig später muß der Ritter mit einer echten, weißgekalkten spanischen Windmühle kämpfen, und das gerät (erwartungsgemäß) nicht sonderlich überzeugend.

In der spanischen Fernsehfassung (1991; umfaßt nur das erste Buch des Romans; 5 Teile, Regie M. Gutiérrez Aragón[5]) steigt Don Quijote vom Pferd, als er die Windmühlen sieht, nähert sich ihnen zu Fuß und mustert sie eingehend; erst danach reitet er seine Attacke und wird von einem der Mühlenflügel aus dem Sattel geworfen. Cervantes läßt den Ritter mit eingelegter Lanze losgaloppieren, sobald er der ‹Riesen› ansichtig wird; daß der Held des Fernsehfilms sich die Ungeheuer in aller Ruhe anschaut und seinen Irrtum trotzdem nicht erkennt, verwundert: Wenn er zum zweiten Mal Muße hat, sie zu betrachten (da liegt er auf der harten Erde), sieht er sofort, worum es sich handelt, nur nimmt er an, die Zauberer, die ihm seinen Sieg nicht gönnten, hätten die Riesen flugs in Windmühlen verwandelt. Um den Preis einer kleineren Unstimmigkeit gewinnt der Fernsehfilm jedoch ein eindrucksvolles Bild: Vor den mächtigen, hohen Türmen, zwischen den Flügeln, die sich gleichmäßig drehen, so als ob nichts sie anhalten könnte, wirkt Don Quijote klein und einsam; der Kampf, das springt ins Auge, ist ungleich, aber der Ritter zögert keinen Augenblick, ihn aufzunehmen. Don Quijote ist närrisch, aber er hat Mut.

Seit der ersten spanischen Stummfilm-Version von 1908 (vgl. Albersmeier 1995, S. 251) ist der *Don Quijote* unzählige Male für Kino und Fernsehen adaptiert worden. Angesichts der Beliebtheit des Buches, das «nie ernstzunehmende Gegner gehabt» hat (Scheerer 1990, S. 69), und der sprichwörtlichen Popularität seines Helden ist das nicht erstaunlich; wegen der bereits erwähnten Schwierigkeiten freilich – der Umfang und die einander überlagernden Perspektiven – haben es die Drehbuchautoren schwer mit dem Ritter von der traurigen Gestalt.

Noch problematischer als der Umfang von rund 1000 Seiten ist das Fehlen einer überschaubaren Haupthandlung: *Les Misérables* [Die Elenden, 1862] von Victor Hugo umfaßt sogar 1500 Seiten, aber die Geschichte läßt sich in zehn Sätzen, und erst recht in zwei Film-(oder Musical-)Stunden, nacherzählen. Eine deutsche Fernsehbearbeitung des *Don Quijote* in zwei Teilen (Spieldauer: drei Stunden) dagegen war «gezwungen, die Zahl der Abenteuer und Episoden der literarischen Vorlage gravierend zu kappen»[6]. Als roter Faden böte sich allenfalls das Verhältnis des Ritters zu Dulcinea an, was in einer Filmversion die gleichen mißlichen Konsequenzen hätte wie bei den Bearbeitungen für das Musiktheater.

Die spanische Fernsehfassung von 1991 erhebt in mehrfacher Hinsicht den Anspruch, so etwas wie eine ‹offizielle›, verbindliche Lesart der Geschichte Don Quijotes zu bieten. Zum einen erlaubt der zeitliche Rahmen eine Ausführlichkeit, die weder im Kino noch im Theater erreichbar sein dürfte: In fast fünf Stunden werden die Abenteuer des ersten Buches (etwa die Hälfte des Romans) nahezu lückenlos dargestellt (nur die eingeschobenen Erzählungen sind ausgelassen). Zum anderen stammt das Drehbuch von Camilo José

Cela, einem der bedeutendsten spanischen Romanciers dieses Jahrhunderts (*1916; Nobelpreis für Literatur 1989); das heißt, ein berühmter Schriftsteller unserer Zeit ‹erzählt› im Medium des Films das bedeutendste Werk der spanischen Literatur neu.

Dabei hat sich Cela sehr eng an die Vorlage gehalten; die Fernsehfassung wäre eher als *Illustration* («bebilderte Literatur») denn als interpretierende *Transformation* des Romans in ein anderes Medium zu bezeichnen (vgl. die Kategorien von Kreuzer 1993). Vielleicht schwebte den Urhebern so etwas wie der *Don Quijote* für das audiovisuelle Zeitalter vor, ein Film, der die Lektüre des Buchs ersetzen könnte – obwohl eigentlich klar sein müßte, daß eine solche Äquivalenz wegen der gravierenden Unterschiede zwischen den beiden Medien unerreichbar ist.

Die Schwierigkeiten beginnen schon mit der äußeren Erscheinung der beiden Hauptfiguren. In der Phantasie des Lesers schrumpft der dünne Don Quijote zum Strich, während der rundliche Sancho Pansa als Kugel erscheint. Diese Polarität läßt sich mit Schauspielern allenfalls andeuten; in der spanischen Adaptation ist Sancho (Alfredo Landa) kaum dicker, sondern nur deutlich kleiner als Don Quijote (Fernando Rey). Außerdem wirkt der weißhaarige Herr mit seinem leicht geröteten Gesicht keineswegs melancholisch wie der Held des Cervantes, sondern eher sanguinisch.

Die erste Einstellung der ersten Folge zeigt Don Quijotes Heimatdorf in der Totalen, es ist Nacht, eine männliche Stimme (im Off) spricht den ersten Satz des Romans. Dieser Erzähler hat offenbar die Aufgabe, die Zuschauer in die Welt des Romans einzuführen, denn schon nach wenigen Minuten verstummt er und meldet sich später kaum noch zu Wort. Nach dem Kampf mit den Windmühlen allerdings wird eine Passage, in der Cervantes die bei den Romanautoren seiner Zeit beliebten Herausgeber-Fiktionen parodiert (Kap. 8/9), textgetreu ins Bild gesetzt: Die Chronik der Abenteuer Don Quijotes, so der Erzähler, breche mitten in der Schilderung des Kampfes mit dem Biskayer ab; durch Zufall habe er aber ein arabisches Manuskript gefunden, das die Fortsetzung enthalte, und könne daher weiterberichten. Der Film zeigt zunächst, wie Don Quijote und der Biskayer mit den Schwertern aufeinander losgehen; die folgende Sequenz führt dann ins Arbeitszimmer einer Autor-Figur, auf deren Erscheinen der Zuschauer in keiner Weise vorbereitet ist und die auch keine Ähnlichkeit mit den bekannten Portraits des Cervantes hat. Dieser Autor zeigt zwei Besuchern das (zerrissene) Blatt, mit dem die Chronik abbricht; in einem weiteren Einschub (Dauer: 5,5 Minuten) sieht man die (zeitlich frühere) Auffindung des arabischen Manuskripts, ein Kommentar im Off stellt die Verbindung zur Romanhandlung her. Dann rennen die Kämpfer ein zweites Mal gegeneinander an, und Don Quijote darf seinen Gegner endlich besiegen. Der Wechsel von der Figuren- auf die Erzählerebene wirkt im Film viel spektakulärer als im Roman, wo der Erzähler vom ersten bis zum neunten Kapitel (und darüber hinaus) ständig mit Erläuterungen und wertenden Kommentaren gegenwärtig ist. Der Filmzuschauer dagegen hat nach über einer Stunde längst vergessen, daß in den ersten Minuten die Stimme eines Erzählers zu hören war; die Abenteuer Don Quijotes geschehen scheinbar vor seinen Augen, in seiner Gegenwart. Der Auftritt der Autor-Figur stellt klar, daß wir uns in der Verfilmung eines literarischen Werkes befinden. Ziel dieses Films ist nicht, «aus einem anderen Zeichenmaterial ein neues, aber möglichst analoges Werk» zu schaffen [7], sondern den Text des Cervantes zu bebildern.

Dabei wird nicht nur die Geschichte, auch Reden, Gespräche, parodistische Zitate, moralisierende Kommentare und dergleichen werden (oft wörtlich) wiedergegeben. Dem ersten, verhältnismäßig kurzen Kapitel entsprechen fünfzehn Filmminuten (auf den Umfang des ersten Buches hochgerechnet, ergäbe das eine Spieldauer von ca. 25 Stunden), in denen Quijote unter anderem lange Passagen aus seinen geliebten Ritterbüchern vorliest.

Etwas später macht er sich gar auf den Weg nach Toboso, um seine Aldonza-Dulcinea zu sehen; im Roman erinnert er sich nur daran, dieses Mädchen früher einmal verehrt zu haben, was dem imaginären Charakter seiner Liebe natürlich besser entspricht, aber da der Film die Figuren durchgehend von außen betrachtet, kann er nicht zeigen, was Don Quijote denkt. Der Protagonist (und die Zuschauer mit ihm) beobachten die Magd bei ihrer Arbeit in Küche und Stall; dabei sehen wir nur die Hand, die mit einem Schinken beschäftigt ist, und eine Silhouette im Gegenlicht. Wie schön oder häßlich Dulcinea ist, bleibt also unserer Phantasie überlassen.

Im allgemeinen hält sich der Film an die Perspektive des Erzählers (oder Sanchos): Wir sehen Windmühlen, keine Riesen. Eine Ausnahme bildet nur das Abenteuer mit zwei Schafherden, die Don Quijote für kämpfende Heere von Rittern hält: Wie im Roman (Kapitel 18) schildert er Sancho in allen Einzelheiten Rüstung und Wappen der berühmtesten Kämpfer. Der Film zeigt dazu zwei Schlachtreihen, die gegeneinander vorrücken; Don Quijote reitet los und schließt sich der christlichen Streitmacht an, erst als er von Rosinante stürzt, werden die Krieger wieder zu Schafen.

Die Fernsehverfilmung des *Don Quijote* vermag filmästhetisch kaum zu überzeugen, da sie sich über weite Strecken darauf beschränkt, das Romangeschehen nachzustellen, ohne auf Möglichkeiten und Grenzen ihres Mediums Rücksicht zu nehmen; dennoch gibt es gelegentlich, z. B. beim Kampf mit den Windmühlen, durchaus geglückte Bilder. Vor allem aber wird die Literaturwissenschaft die Tatsache nicht ignorieren können, daß Gutiérrez Aragóns Film in unserer Zeit ungleich mehr Zuschauer erreicht, als der Roman des Cervantes Leser findet. Im 21. Jahrhundert, das ist offensichtlich, wird mehr mit Bildern als mit Worten erzählt werden; das bedeutet nicht notwendigerweise den Untergang der traditionellen Buchkultur und erst recht nicht das Ende der Literatur. Die philologischen Disziplinen allerdings werden wohl nicht umhinkommen, ihr Methodeninventar um eine Stilistik und Rhetorik des Films zu ergänzen.

Anmerkungen
1 Vgl. Scheerer 1990, S. 69, der mit «bis heute wohl 2300 Auflagen und um die 70 Übersetzungen» [lies wohl: Übersetzungen in 70 Sprachen] rechnet.
2 Vgl. Thomas Mann: Meerfahrt mit *Don Quijote*. In: Ders.: Leiden und Größe der Meister. Frankfurt/M. 1982, S. 1035.
3 Aufführung in Frankfurt/M., September 1998, Regie: A. Sieburg, Don Quijote: Andreas Wellano; vgl. die Kritik von J. Baier in: Frankfurter Rundschau, 20. 9. 1998.
4 Bei Cervantes kämpft der Baccalaureus Sansón Carrasco zweimal gegen Don Quijote, um ihn von seinem Ritterwahn abzubringen: Er unterliegt als Spiegelritter (Teil II, Kap. 14) und siegt später als Ritter vom weißen Mond (Kap. 64); die Spiegel, in denen Don Quijote sich selbst erkennt, kommen im Roman nicht vor.
5 Die folgenden Bemerkungen beziehen sich auf die deutsch (bzw. französisch) synchronisierte Fassung, die der Sender ARTE ausstrahlte.
6 H. Schanze (Hg.): Fernsehgeschichte der Literatur. Voraussetzungen –

Fallstudien – Kanon. München 1996, S. 447. Der Fernsehfilm *Der Ritter von der traurigen Gestalt* (Regie: I. Moszkowicz; 1972) basiert auf der Bühnenbearbeitung von Y. Jamiaque, vgl. ebd.

7 So die Definition der «interpretierenden Transformation» einer literarischen Vorlage nach Kreuzer 1993, S. 28.

Literatur

F.-J. Albersmeier: Theater, Film und Literatur in Frankreich. Medienwechsel und Intermedialität. Darmstadt 1992.

Ders.: Literatur und Film. Entwurf einer praxisorientierten Textsystematik. In: Zima 1995, S. 235–268.

Ders./V. Roloff (Hg.): Literaturverfilmungen. Frankfurt/M. 1989.

W. Faulstich: Einführung in die Filmanalyse (Literaturwissenschaft im Grundstudium, 1). 3. Aufl. Tübingen 1980.

G. Genette: Palimpseste. Die Literatur auf der zweiten Stufe. Übers. von W. Bayer und D. Hornig. Frankfurt/M. 1993.

A. Gier: Die Tausendundvierte. Don Quijote im Spannungsfeld zwischen Faust und Don Juan. In: P. Csobádi u. a. (Hg.): Europäische Mythen der Neuzeit: Faust und Don Juan. Gesammelte Vorträge des Salzburger Symposions 1992. 2 Bde. Anif/Salzburg 1993, S. 679–688.

Ders.: Das Libretto. Theorie und Geschichte einer musikoliterarischen Gattung. Darmstadt 1998.

J. Helbig (Hg.): Intermedialität. Theorie und Praxis eines interdisziplinären Forschungsgebietes. Berlin 1998.

H. Hickethier: Film- und Fernsehanalyse (Sammlung Metzler, 277). 2. Aufl. Stuttgart/Weimar 1996.

K. Kanzog: Einführung in die Filmphilologie. Mit Beiträgen von K. Burghardt, L. Bauer und M. Schaudig. München 1991.

H. Kreuzer: Arten der Literaturadaption. In: W. Gast (Hg.): Literaturverfilmung. Themen – Texte – Interpretationen. Bamberg 1993, S. 27–31.

J. Paech: Literatur und Film (Sammlung Metzler, 235). 2. Aufl. Stuttgart/Weimar 1997.

M. Pfister: Das Drama. Theorie und Analyse (UTB, 580). 8. Aufl. München 1994.

Th.M. Scheerer: Miguel de Cervantes. *Don Quijote*. In: H.V. Geppert (Hg.): Große Werke der Literatur. Eine Ringvorlesung an der Universität Augsburg 1988/89. Augsburg 1990, S. 69–85.

S. Seifert: Metamorphosen der Siebten Kunst. Französische Romane des 19. Jahrhunderts in ihrer filmischen Umsetzung. Flaubert: *Madame Bovary* (Claude Chabrol 1991). Zola: *Germinal* (Claude Berri 1993). Bonn 1998.

Chr. Strosetzki: Miguel de Cervantes. Epoche – Werk – Wirkung. München 1991.

P.V. Zima (Hg.): Literatur intermedial. Musik – Malerei – Photographie – Film. Darmstadt 1995.

9 Von der Universität zum Beruf: Chancen für Individualisten

Ehe Claude Martin im Frühjahr 1999 das Amt des französischen Botschafters in Deutschland übernahm, gab er der Frankfurter Rundschau ein Interview.[1] Darin lobte er die guten Beziehungen zwischen den Regierungen der beiden Länder, stellte aber gleichzeitig fest: «Der Austausch zwischen den Menschen ist völlig unzureichend (...) Unsere gemeinsame kulturelle Basis hat viele ungenutzte Ressourcen.» Vor allem die bei Deutschen wie Franzosen schwindende Bereitschaft, die Sprache des anderen zu lernen, fand er besorgniserregend.

Es ist schon paradox: Die politischen und wirtschaftlichen Verflechtungen zwischen den europäischen Ländern werden immer enger; zugleich nimmt in dem Maß, wie sich das Englische als Universalsprache durchsetzt, das Interesse z. B. am Französischen, Italienischen, Spanischen ... ab – und da Kenntnisse über die Kultur, Geschichte und das Alltagsleben eines fremden Landes meist über den Sprachunterricht vermittelt werden, wissen die Partner immer weniger voneinander.

Dem widerspricht nur scheinbar, daß die Zahl der Experten für französische Finanzmärkte oder italienisches Handelsrecht proportional zum Bedarf wächst. In unserem Zusammenhang kommt es vielmehr darauf an, wie viele deutsche Unternehmer (bzw. deren Assistenten oder Sekretärinnen) bei der Planung einer Geschäftsreise berücksichtigen, daß in Frankreich nicht nur der 14. Juli, sondern auch der 11. November nationaler Feiertag ist (Waffenstillstand 1918).

Nun gibt es weder in der privaten Wirtschaft noch im Öffentlichen Dienst Planstellen für Frankreich-(Italien-, Spanien-)Experten. Ein geisteswissenschaftliches Studium vermittelt eher (allgemeine) Bildung, als daß es für einen spezifischen Beruf ausbildet; die Studenten erwerben Kenntnisse und Fähigkeiten, die nicht unmittelbar berufsqualifizierend, allerdings durchaus berufsrelevant sind: Am Ende des Studiums sollte man gelernt haben, «schwierige Probleme selbständig zu überblicken und anzugehen, Texte zu verfassen, mit einem Computer umzugehen und seine Meinung adäquat darzulegen und zu verteidigen»[2].

Entgegen weitverbreiteten Vorurteilen sind denn auch die Chancen auf dem Arbeitsmarkt gar nicht so schlecht: Die durchschnittliche Arbeitslosenquote aller Hochschulabsolventen liegt bei 4,3 Prozent, die der Geisteswissenschaftler bei 4,5 Prozent, also nur unwesentlich höher.[3] Wichtiger als Fachwissen sind häufig Schlüsselqualifikationen wie kommunikative und soziale Kompetenz und die Fähigkeit, sich rasch in neue Aufgabenstellungen einarbeiten zu können; hinzu kommen die Sprachkenntnisse und das landes- bzw. kulturkundliche Wissen der Romanisten, was sich in den unterschiedlichsten Bereichen fruchtbar machen läßt.

Zum beruflichen Erfolg freilich führt in der Regel erst die Verbindung solcher eher unspezifischer Qualifikationen mit Fachkompetenz auf einem bestimmten Gebiet: Wer Gebrauchsanweisungen für Elektrogeräte ins Portugiesische übersetzen will, wird zumindest Basiswissen über die Technik solcher Geräte benötigen; um eine französische Patentschrift zu verdeutschen, sind Grundkenntnisse des Patentrechts (in Frankreich und in Deutschland) erforderlich und so weiter. Daß viele examinierte Geisteswissenschaftler nicht sofort eine Dauerstelle finden (knapp 50 Prozent müssen ein Jahr oder länger suchen[4]), liegt in vielen Fällen sicher an der fehlenden Praxiserfahrung; wer dieses Defizit, z.B. durch befristete Aushilfstätigkeiten, ausgleicht, verbessert folglich seine Einstellungschancen.

Mit der Notwendigkeit, die während des Studiums erworbene Qualifikation durch eine wie auch immer geartete berufsspezifische Ausbildung zu ergänzen, sind freilich nicht nur jene etwa 25 Prozent[5] der Geisteswissenschaftler konfrontiert, die eine Beschäftigung in der privaten Wirtschaft finden. Die Ausbildung der Sekundarschullehrer vollzieht sich von jeher in zwei Phasen: Auf das wissenschaftliche Studium (das auch eine, allerdings eher unbedeutende, fachdidaktische Komponente enthält) folgt das Referendariat als konkrete Vorbereitung auf die künftige Lehrtätigkeit. Wer andererseits eine Beschäftigung in einem der klassischen Arbeitsbereiche für Geisteswissenschaftler – Bildung, Wissenschaft, Medien, Kultur – findet, wird wahrscheinlich noch einiges zu lernen haben: Im Literaturstudium hat ein angehender Verlagslektor nicht erfahren, wie man den Umfang eines Manuskripts berechnet; eine Magisterarbeit über Marcel Proust mag ihrem Verfasser einen Werkvertrag als Organisator der französischen Kulturwoche in einer Kleinstadt einbringen, ohne daß er je eine Autorenlesung organisiert oder eine Pressemitteilung verfaßt hätte; und anderes mehr.

Freilich dürfte es heute die Ausnahme sein, daß z. B. ein Literaturverlag, in dessen Programm Übersetzungen aus dem Spanischen einen wichtigen Platz einnehmen, einen Romanisten nur deshalb einstellt, weil er eine hervorragende Dissertation über Camilo José Cela geschrieben hat. Erstens ist Spezialisierung ein Luxus, den sich auch große Verlage kaum noch leisten können: Der zuständige Lektor wird nicht nur die spanische, sondern auch die niederländische und die skandinavischen Literaturen zu betreuen haben (im günstigsten Fall; im ungünstigsten ist er für spanische Literatur und Gesundheitsratgeber oder Bastelbücher zuständig). Zweitens gibt es vermutlich einen anderen Bewerber, der Spanisch nur im Nebenfach studiert, aber vor zwei Jahren ein Praktikum im Verlag absolviert und seitdem regelmäßig in der vorlesungsfreien Zeit dort gearbeitet hat; da er mit der Organisation des Unternehmens vertraut ist und bereits bewiesen hat, daß er sich schnell in neue Gebiete einlesen kann, wird er die freie Stelle bekommen.

Der von Politikern in zahllosen Sonntagsreden geforderte Praxisbezug der geisteswissenschaftlichen Ausbildung ist im universitären Alltag längst verwirklicht, allerdings so, daß die Lehrveranstaltungen überwiegend theoretisches Wissen vermitteln, während die Erwerbstätigkeit den Studenten Gelegenheit bietet, praktische Erfahrungen zu sammeln. Die Arbeit in der Redaktion der Lokalzeitung oder bei einem örtlichen Radiosender vermittelt zweifellos authentischere Eindrücke, als man sie bei einem zu Lernzwecken betriebenen Uni-Radio oder der AStA-Postille gewinnen kann. Natürlich findet nicht jeder einen Job bei einer Zeitung, einem Verlag oder einem Sender; aber zumindest in den Bereichen, die den Umgang mit dem Computer fordern, wird man aus einer nebenberuflichen Tätigkeit vermutlich immer irgendeinen Nutzen ziehen.

Erwerbsarbeit neben oder auch vor dem Studium ist nicht nur ein notwendiges Übel (da sie die Studienzeit verlängert), sondern kann entscheidende Bedeutung für die berufliche Orientierung gewinnen.

Unter Umständen kann es auch sinnvoll sein, vor dem Studium eine Lehre zu machen: Wer einen Beruf sucht, der in irgendeiner Weise mit Büchern zu tun hat, wird vielleicht zunächst eine kaufmännische Ausbildung im Buchhandel absolvieren und dann eine Philologie (z. B. Romanistik) im Hauptfach und Betriebswirtschaft im Nebenfach studieren. Ein Vorteil dabei ist, daß der Betreffende die thematischen Schwerpunkte in seinem Studium sehr bewußt setzen (und sich im Idealfall für bestimmte Themen stark engagieren) wird, weil er schon weiß, was ihm beruflich von Nutzen ist.

Auf eine Tätigkeit in den Bereichen Bildung, Medien oder Kultur bereitet am besten der Magisterstudiengang vor: Für einen Kulturredakteur bei Presse oder Rundfunk z. B. sind die Inhalte des literaturwissenschaftlichen Studiums durchaus praxisrelevant. Natürlich vermag die Universität keine konkrete Vorstellung von den Arbeitsabläufen in einer Redaktion oder in einem Verlag zu vermitteln, das wird von den Unternehmen aber auch nicht erwartet[6]: Praktische Erfahrung kann man während eines Volontariats (nach dem Examen) sammeln. Freilich ist es mit Sicherheit von Vorteil, schon während des Studiums entsprechende Verbindungen zu knüpfen: Die Beschäftigungsmöglichkeiten für freie, auch studentische Mitarbeiter sind gerade im Medienbereich recht günstig. Auch hier gibt es interessante (Reporter beim Lokalradio) und eher langweilige Tätigkeiten (z. B. ein Buchmanuskript für den Druck einzurichten), aber bei späteren Bewerbungen sind die erworbenen Kenntnisse und Fertigkeiten jedenfalls von Vorteil – wenn sich nicht sogar in dem Unternehmen, für das man arbeitet, eine berufliche Perspektive eröffnet.

In diesem Zusammenhang ist auch etwas zu dem relativ hohen Anteil von Studienabbrechern in den geisteswissenschaftlichen Fächern – knapp 40 Prozent[7] – zu sagen. Für den einen oder anderen mag von Anfang an klar sein, daß er sein Examen nicht ablegen wird, denn Romanistik ist «eine klassische Studienfachwahl für Unentschlossene, die noch nicht wissen, was sie beruflich interessieren könnte und die sich bis zur Klärung ihrer weiteren Lebensplanung lieber mit Kultur, Literatur, Sprachen und Landeskunde attraktiver Urlaubsländer befassen wollen als mit allgemeinem Verwaltungsrecht, der Heisenbergschen Unschärferelation oder den Grundlagen der industriellen Werkstoffprüfung»[8]. Daneben gibt es zweifellos etliche, die aus dem einen oder anderen Grund den Anforderungen, die das Romanistik-Studium stellt, nicht gewachsen sind; andere geben angesichts schlechter Berufsaussichten auf – speziell den Lehramtskandidaten kann man es kaum verdenken, wenn sie resignieren: Seit langem wird nur ein kleiner Teil der Bewerber, die das zweite Staatsexamen abgelegt haben, in den Schuldienst übernommen; die Zahlen variieren in den einzelnen Bundesländern von Jahr zu Jahr, aber im Fach Französisch dürften sie im Durchschnitt wohl näher bei zehn als bei zwanzig Prozent liegen. Auswahlkriterium ist in der Regel die Examensnote; wer durchschnittliche Studienleistungen erbringt, das heißt Klausuren und Hausarbeiten abgibt, die mit 2,7 oder schlechter bewertet werden, kann sich also eigentlich keine Hoffnungen auf eine Einstellung machen.

Andere Studenten freilich – und ihre Zahl dürfte nicht ganz unbedeutend sein – verzichten auf das Examen, weil ihnen noch während des Studiums eine attraktive Stellung angeboten wird. Vielen Arbeitgebern, zumal in der privaten Wirtschaft, scheint ein Abschlußzeugnis nicht mehr so wichtig zu sein; für Bereiche, in denen es auf Schlüsselqualifikationen ankommt, die zwar während des Studiums erworben werden, aber nicht Gegenstand akademischer Prüfungen sind, ist das nur folgerichtig. Ein Romanist, der mit den Repräsentanten einer deutschen Firma regelmäßig zu Messen und Ausstellungen in Spanien reist, hat hinreichend Gelegenheit, seine Sprachkenntnisse, kommunikative und soziale Kompetenz, Belastbarkeit, Improvisationstalent und ähnliche Fähigkeiten unter Beweis zu stellen. Daß ihm gegebenenfalls eine freie Stelle bei der Vertretung des Unternehmens in Madrid angeboten wird, liegt nahe; und es ist verständlich, wenn er lieber diese Chance ergreift, statt mehrere Monate auf die Ausarbeitung einer Magisterarbeit zu verwenden, die ihn für die Firma nicht interessanter macht. Es spricht nicht gegen die Universität, daß man innerhalb und außerhalb der Lehrveranstaltungen mehr und anderes lernen kann als das, was in der Studienordnung steht.

Das fehlende Examen könnte sich freilich als nachteilig erweisen, wenn unser Romanist nach einer gewissen Zeit seine Stelle in Madrid aufgibt (aus welchen Gründen auch immer) und eine neue Beschäftigung sucht; man darf allerdings vermuten, daß für einen potentiellen Arbeitgeber mehrjährige Berufserfahrung (und sogar

Auslandserfahrung) mehr zählt als ein abgeschlossenes Studium. Jedenfalls scheint es übereilt, alle, die die Universität ohne Examen verlassen, als gescheitert zu betrachten.

Weil der Verdacht, ein Studienabbrecher hätte seine Zeit (und einiges an Steuergeldern) verschwendet, trotz allem schwer auszuräumen ist und weil alle Dinge ihre Ordnung haben müssen, wird zur Zeit die Einführung von Kurzstudiengängen vorbereitet. Sie sollen unter anderem denjenigen, die schon einen Teil des Magister- oder Lehramtsstudiums absolviert haben und nicht weitermachen wollen, die Möglichkeit bieten, ohne allzu großen Aufwand einen akademischen Grad zu erwerben (den des Baccalaureus Artium[9], B. A., oder Bachelor). Daß jemand, der immerhin mehrere Jahre studiert und eine Reihe von Leistungsnachweisen erworben hat, am Ende mit leeren Händen dasteht, ist zweifellos widersinnig, und hier Abhilfe zu schaffen scheint vernünftig; andererseits scheint es in der Vergangenheit etliche Studienabbrecher nicht sonderlich gestört zu haben, daß sie keinerlei Zeugnis erhielten. Wie die Betroffenen und die Öffentlichkeit auf die neue Option reagieren, wird sich zeigen; im übrigen stieß auch der Magister Artium, der um 1970 als Alternative zum Staatsexamen für das höhere Lehramt propagiert wurde, zunächst auf einige Skepsis, ehe er zum Standard-Abschluß eines philologischen Studiums wurde.

Neben Erfahrungen im Arbeitsalltag benötigt ein Romanist für eine erfolgreiche Tätigkeit in der privaten Wirtschaft bestimmte Qualifikationen, die in den Magister- oder Lehramtsstudiengängen nicht vermittelt werden: Seine Sprachkenntnisse sollten z. B. Wirtschaftsfranzösisch, -italienisch und/oder -spanisch einschließen, auch betriebswirtschaftliches Grundlagenwissen wäre sicherlich von Vorteil. In den letzten Jahren haben zahlreiche Universitäten Mischstudiengänge entwickelt, die romanistische Lehrinhalte aus Sprach- und Literaturwissenschaft sowie Landeskunde mit wirtschaftsrelevantem Wissen kombinieren; Ziele und Aufbau des Studiums, das in der Regel mit der Diplomprüfung abgeschlossen wird, unterscheiden sich dabei beträchtlich (vgl. die Übersicht über die romanistischen Studiengänge im Anhang).

Allgemein gilt – oder sollte zumindest gelten –, daß «philologische Methodenkenntnis Grundlage für die professionelle Identität der Absolventen ist»[10]: Der Diplomromanist ist kein Schmalspur-Betriebswirtschaftler; außer kultur- und landeskundlichem Wissen vermag er eine spezifische Kompetenz im Umgang mit (geschriebener und gesprochener) Sprache und von geisteswissenschaftlichen Denkmodellen geprägte Strategien der Problemlösung einzubringen, als Alternative zu einem natur- oder wirtschaftswissenschaftlichen Zugriff. Daraus folgt allerdings auch, daß eine gewisse Affinität zu literarischen und kulturellen Phänomenen und zu philologischen Fragestellungen erforderlich ist, um im Diplomstudiengang (wie in jedem anderen romanistischen Studium) erfolgreich zu sein.

Oft schreiben die Studienordnungen vor, daß Diplomromanisten ein mehrwöchiges Praktikum zu leisten haben; manchmal werden ein Inlands- und ein Auslandspraktikum (in dem Land, dessen Sprache im Hauptfach studiert wird) verlangt.[11] Solche Praktika sind natürlich eine sehr günstige Gelegenheit, Kontakte zu Unternehmen zu knüpfen; viele Firmen sind durchaus interessiert, Praktikanten, die sich gut eingearbeitet haben, weiterzubeschäftigen. Was viele Magister-Kandidaten in Eigeninitiative unternehmen, ist also für die Diplomanden Teil des Studiums; hier dürfte ein Grund für die relativ guten Berufsaussichten der Diplom-Romanisten liegen.

Trotz des Anteils wirtschaftsrelevanter Lehrinhalte verstehen sich auch die Diplomstudiengänge nicht als Berufsausbildung. Wer je nach Studienordnung und Schwerpunktsetzung z. B. Kurse in Wirtschaftsspanisch besucht, zusätzlich Italienisch gelernt, Kenntnisse in Datenverarbeitung erworben und das Wahlpflichtfach Betriebswirtschaftslehre studiert hat, bringt gute Voraussetzungen mit, um sich in der Auslandsabteilung eines Lebensmittelherstellers oder eines Transportunternehmens schnell einzuarbeiten, nicht mehr und nicht weniger. Gründe, die einen Bewerber für eine bestimmte Position besonders qualifiziert erscheinen lassen, sind eher in seinem Lebenslauf zu finden: Wer ein mehrmonatiges Praktikum in Buenos Aires absolviert hat, ist als Sachbearbeiter für den Handel mit Argentinien vermutlich konkurrenzlos; mit der Suche nach einem Mitarbeiter, der einem sehr speziellen Anforderungsprofil genau entspricht, mag ein Unternehmen freilich genauso viel Mühe haben wie der Experte für ein exotisches Land bei seinen Bemühungen, eine geeignete Stelle zu finden.

Auf dem Arbeitsmarkt kann Spezialisierung eine Chance, aber auch ein Risiko sein – das gilt für Diplomromanisten ebenso wie für

Absolventen des Magisterstudiengangs (und für Lehramtskandidaten, die eine berufliche Perspektive außerhalb der Schule suchen wollen oder müssen). Das für eine Tätigkeit in der privaten Wirtschaft erforderliche Basiswissen können Geisteswissenschaftler auch in studienbegleitenden Kursen erwerben, die inzwischen immer häufiger angeboten werden: In Bamberg z. B. führt die Industrie- und Handelskammer für Oberfranken seit Herbst 1999 ein Praxisprogramm Wirtschaft in Zusammenarbeit mit der Universität und dem Arbeitsamt durch. Über drei Semester werden in insgesamt 396 Unterrichtsstunden Kenntnisse über allgemeine betriebswirtschaftliche Grundlagen, Projektmanagement und EDV-Einsatz in der betrieblichen Praxis vermittelt, ein speziellerer «Vertiefungsteil» befaßt sich mit Personalmanagement und -entwicklung, Marketing und Vertrieb. Am Ende steht ein zweimonatiges Praktikum, ein Zertifikat bestätigt die erfolgreiche Teilnahme.

Nach dem Abschlußexamen kann man entweder auf Jobsuche gehen oder eines der zahlreichen Angebote zur Weiterqualifikation nutzen. Wer eine hervorragende Magisterarbeit geschrieben hat, erhält vielleicht das Angebot, sie zur Dissertation auszubauen; in diesem Fall sollte man das Für und Wider genau abwägen. Zunächst einmal ist es beglückend, über längere Zeit selbständig über ein Thema forschen zu können, das einen interessiert; der persönliche Gewinn, den man aus der Bewältigung einer derart anspruchsvollen Aufgabe zieht, ist gar nicht hoch genug zu veranschlagen. Mit einem wirklich überzeugenden Dissertationsprojekt dürfte es nicht allzu schwer sein, ein Doktorandenstipendium zu erhalten, damit ist man für zwei oder drei Jahre finanziell abgesichert. Nach dieser Zeit sollte die Arbeit fertig sein – erstens, weil es in der Regel keine weiteren Förderungsmöglichkeiten gibt, zweitens, weil es nicht ratsam ist, sich allzu lange auf ein relativ spezielles Thema zu konzentrieren.

Die Promotion ist notwendige Voraussetzung für eine wissenschaftliche Laufbahn (an der Universität oder einer Forschungseinrichtung); wer eine Dissertation in Angriff nimmt, kann allerdings nicht (oder nur in Ausnahmefällen) sicher sein, eine Beschäftigung an der Universität zu finden. Bei Bewerbungen in den Bereichen Medien und Kultur mag der Doktortitel hilfreich sein; das Thema der Dissertation freilich ist im allgemeinen zu speziell, um den Verfasser für eine bestimmte Position zu qualifizieren. Bei vielen promovierten

Berufsanfängern stellt das Alter ein Problem dar: Wer nicht sehr zielgerichtet studiert und sich dann für die Dissertation vier, fünf Jahre Zeit gelassen hat, kann leicht über dreißig sein – zu alt für viele Unternehmen, besonders in der privaten Wirtschaft, wo eine sprach- oder literaturwissenschaftliche Dissertation ohnehin vor allem als Beweis für Zielstrebigkeit, Organisationstalent, Belastbarkeit und ähnliche Tugenden interessiert.

Vor diesem Hintergrund kann man jedem Doktoranden nur empfehlen, die Kontakte zu Firmen, die er (hoffentlich) während des Studiums geknüpft hat, weiter zu pflegen und auszubauen. Vor allem im Medienbereich sollte das nicht allzu schwer sein: Vielleicht ergeben Teilergebnisse der Dissertation sogar einen kleinen Artikel fürs Feuilleton. Ganz unabhängig von solchen Synergie-Effekten sollte man über der Konzentration auf sein Thema freilich nicht vergessen, daß nach Abschluß des Promotionsverfahrens eher Überblickswissen und Schlüsselqualifikationen als Spezialkenntnisse gefragt sind.

Neben der Promotion gibt es eine Reihe anderer Weiterbildungsmöglichkeiten für examinierte Romanisten bzw. Geisteswissenschaftler, die mehr oder weniger gezielt auf berufliche Tätigkeiten vorbereiten. In den letzten Jahren sind an verschiedenen Universitäten Aufbaustudiengänge entwickelt worden; so bietet das Frankreich-Zentrum der Universität Freiburg/Br. einen viersemestrigen Studiengang «Interdisziplinäre Frankreich-Studien» an, der «vertiefte Kenntnisse über die Kultur, die Wirtschaft, das Rechtssystem und die politischen Strukturen Frankreichs» vermittelt (Programmbroschüre). Zulassungsvoraussetzungen sind ein überdurchschnittlicher Studienabschluß und gute Französischkenntnisse. An der Lehre wirken regelmäßig französische Gastprofessoren mit, das zweite Semester ist als mindestens sechsmonatiges Praktikum in französischen Unternehmen, Banken, kulturellen Organisationen o. ä. zu absolvieren (als Alternative ist die Teilnahme am Graduiertenprogramm einer französischen Universität möglich). Im dritten Semester entscheidet man sich für einen der beiden Studienschwerpunkte Recht und Wirtschaft bzw. Philosophie, Kunst und Gesellschaft. Die Berufseinstiegschancen der Absolventen sind hervorragend (ca. 80 %, davon 36 % bei Industrie, Banken, Dienstleistungen und Verwaltung, 28 % in den Bereichen Kultur, Medien und Politik, 14 % im Bildungswesen). Man wird damit rechnen dürfen, daß in Zukunft weitere, mehr oder weniger spezialisierte Aufbaustudiengänge entstehen.

Wer später im Medienbereich tätig sein will, wird nach dem Magisterexamen (oder der Promotion) möglicherweise eine der zahlreichen Journalistenschulen besuchen; vor allem für Literaturwissenschaftler ist z. B. auch der Aufbaustudiengang Theater-, Film- und Fernsehkritik interessant, der an der Bayerischen Theaterakademie (Hochschule für Fernsehen und Film München) angeboten wird (Studiendauer zwei Jahre, Abschluß: Diplom).

Natürlich ist Aus- und Weiterbildung auch in Unternehmen und Institutionen möglich; der Vorteil dabei ist, daß man von Anfang an Geld verdient (und seine Anstellung sicher hat). Ob es sinnvoll ist, sich für die Trainee-Programme großer Firmen oder z. B. für den Diplomatischen Dienst zu bewerben, hängt von der Biographie und Qualifikation des einzelnen ab: Wer sich ausschließlich auf sein Romanistikstudium konzentriert hat, wird angesichts der starken Konkurrenz von Betriebswirten und Juristen vermutlich chancenlos sein; Berufserfahrung, speziell im Ausland, aber auch eine Magister- oder Diplomarbeit zum ‹richtigen› (interdisziplinären) Thema oder politisches bzw. soziales Engagement (z. B. in der Studentenvertretung) können die Aussichten wesentlich verbessern.

Die Chancen examinierter Romanisten am Arbeitsmarkt sind besser, als oft behauptet wird: Das Studium bereitet zwar nicht gezielt auf einen bestimmten Beruf vor, vermittelt aber Fähigkeiten, die sich in vielen Bereichen sinnvoll und erfolgreich einsetzen lassen. Vielleicht benötigen Romanisten (wie die meisten Geisteswissenschaftler) etwas mehr Phantasie als andere, um das für sie passende Tätigkeitsfeld zu finden; aber warum sollte das ein Nachteil sein?

Anmerkungen
1 Vgl. H.-H. Bremer: Das Portrait: Monsieur Martin hörte sich um. Frankreich schickt einen neuen Botschafter nach Bonn. Frankfurter Rundschau, 31. 3. 1999, S. 2.
2 H.-I. Raddatz: Ist die «Krise der Romanistik» vielleicht nur eine «Krise einiger Romanisten»? In: Mitteilungen des Deutschen Katalanistenverbandes 35 (Juni 1998), S. 81–90, Zitat S. 87.

3 Vgl. Chr. Konegen-Grenier: Engagierte Generalisten. In: Deutsche Universitäts-Zeitung Nr. 23/1997, S. 22 f.
4 Vgl. ebd.
5 Vgl. ebd.
6 Vgl. die Ausführungen von B. Lutz (dem Geschäftsführer des Metzler Verlags, Stuttgart und Weimar) in der Podiumsdiskussion des Hochschulpolitischen Tages (30. 9. 1997) beim XXV. Deutschen Romanistentag, Jena; Protokoll abgedruckt in: Deutscher Romanistenverband. Mitteilungen 1998/1, S. 43.
7 Vgl. Konegen-Grenier (wie Anm. 3).
8 Raddatz (wie Anm. 2), S. 84.
9 Darüber, ob man gut lateinisch Baccalaureus oder Bakkalaureus schreiben soll, konnte bisher keine Einigkeit erzielt werden. In der Übersicht über die romanistischen Studiengänge (unten S. 163 ff) wird jeweils die Schreibung der betreffenden Universität übernommen.
10 Vgl. die Thesen des Arbeitskreises «Neue Studiengänge in der Romanistik: Auswege aus der Krise?», in: Deutscher Romanistenverband. Mitteilungen 1998/1 (wie Anm. 6), S. 42.
11 Tips für die (mitunter schwierige) Suche nach einem Praktikumsplatz bei Behrend/Biel u. a. 1998, S. 106–111.

Literatur
D. Behrend/G. Biel/W. Bönisch/H. Honolka/H. Reimann: Wohin nach dem Studium? Chancen für Geistes- und Sozialwissenschaftler in der Wirtschaft. München – Landsberg am Lech 1998.

D. Dohmen/V. de Hesselle: Handbuch für den Berufseinstieg nach der Uni. Tips, Trends, Analysen. 3. Aufl. Marburg 1995.

C. Gallio (Hg.): Freie Laufbahn. Berufe für Geisteswissenschaftler. 2. Aufl. Mannheim 1996.

J. Mönch/J. Schneider: Studienabbruch – und jetzt? Absprung zum richtigen Zeitpunkt, Handlungsstrategien, Förderungsmöglichkeiten, Perspektiven. München – Landsberg am Lech 1994.

Anhang

Übersicht über die romanistischen Studiengänge an Universitäten in Deutschland

In den letzten Jahren wurde vielerorts versucht, Alternativen zu den traditionellen Magister- und Lehramtsstudiengängen zu entwickeln; die neu eingeführten (Diplom-)Studiengänge unterscheiden sich hinsichtlich der anvisierten Berufsfelder, der Lehrinhalte, vorgeschriebenen Fächerkombinationen etc. erheblich voneinander. Die folgende Zusammenstellung informiert darüber, was man wo studieren kann; sie ist das Ergebnis einer schriftlichen Umfrage bei allen romanistischen Lehreinheiten Ende 1998/Anfang 1999. Den Kolleginnen und Kollegen sei für ihre Bereitschaft, den Fragebogen auszufüllen, herzlich gedankt.

Auch bei den Lehramts- und Magisterstudiengängen gibt es durchaus Unterschiede von Universität zu Universität: Welche Fächerkombinationen im Lehramt zulässig sind, regeln die Kultusministerien der einzelnen Bundesländer; im Magisterstudiengang sind entweder die Teilfächer Französisch, Italienisch, Spanisch ... (jeweils Sprach- und Literaturwissenschaft) oder Romanische Sprachwissenschaft und Romanische Literaturwissenschaft (wobei im allgemeinen Kenntnisse in mindestens zwei Sprachen und Literaturen vorausgesetzt werden) wählbar. Die Magisterprüfung wird entweder in zwei Hauptfächern (Romanistik und ein anderes Fach) oder in einem Hauptfach und zwei Nebenfächern abgelegt; im zweiten Fall können gewöhnlich das Hauptfach und ein Nebenfach (oder beide Nebenfächer) Teilbereiche der Romanistik sein. Welche anderen (Haupt- oder Neben-)Fächer mit Romanistik kombiniert werden können, richtet sich nach dem Lehrangebot der jeweiligen Universität. Diese Unterschiede zu erfassen schien schon aus Gründen der Übersichtlichkeit nicht ratsam; im allgemeinen wird nur angegeben, welche Sprachen (und Literaturen) im Lehramts- bzw. Magisterstudiengang studiert werden können.

Oft kann eine romanische Sprache (gegebenenfalls mit Schwerpunkt Wirtschaftsfranzösisch, -italienisch etc.) als Nebenfach in einem Diplomstudiengang Betriebswirtschaft, Wirtschaftswissenschaften oder auch (Wirtschafts-)Pädagogik gewählt werden; solche Optionen sind hier nicht verzeichnet, Auskunft geben die einschlägigen Studienordnungen.

An sich wäre es sinnvoll gewesen, die Universitäten Österreichs und der Schweiz einzubeziehen; bei der Organisation des Studiums gibt es jedoch so deutliche Unterschiede zwischen den einzelnen Ländern, daß Vergleichbarkeit nur bedingt gewährleistet ist. Die Dokumentation beschränkt sich daher auf Deutschland.

Für detaillierte, allerdings nicht immer aktuelle (Erscheinungsjahr!) Informationen zum Thema vgl. G. Blamberger/H. Glaser/U. Glaser (Hg.): Berufsbezogen studieren. Neue Studiengänge in der Literatur-, Kultur- und Medienwissenschaft. München 1993.

Abkürzung: SWS = Semesterwochenstunden

Rheinisch-Westfälische Technische Hochschule Aachen
Institut für Romanische Philologie
Kármánstr. 17–19
52056 Aachen
Tel.: 0241/80–6119
noch keine Homepage für Romanistik
LEHRAMTSSTUDIENGÄNGE: Französisch (X) Italienisch [nur Erweiterungsprüfung] (X) Spanisch (X)
MAGISTERSTUDIENGÄNGE: Französisch (X) Italienisch (X) Spanisch (X) Portugiesisch (X)
Besonderheiten: Schwerpunkt Belgienkunde

Universität Augsburg
Romanistik
Universitätsstr. 10
86159 Augsburg
Tel.: 0821/598–2761
http://www.phil.uni-augsburg.de/phil2/faecher/romanist/roman.htm
LEHRAMTSSTUDIENGÄNGE: Französisch (X) Italienisch (X) Spanisch (X)
MAGISTERSTUDIENGÄNGE*: Französisch (X) Italienisch (X) Spanisch (X)
*zusätzlich Angewandte Sprachwissenschaft Romanistik (Schwerpunkt Französisch, Italienisch oder Spanisch); Fachdidaktik Französisch

Universität Bamberg
Romanistik

96045 Bamberg
Tel.: 0951/863-2143
http://www.uni-bamberg.de/split/romanistik/home.html
LEHRAMTSSTUDIENGÄNGE: Französisch (X) Italienisch (X) Spanisch (X)
MAGISTERSTUDIENGÄNGE: Französisch (X) Italienisch (X) Spanisch (X)
ANDERE STUDIENGÄNGE: Diplomstudiengang Romanistik (Schwerpunkte: Französisch, Italienisch, Spanisch)
9 Semester (80 SWS); romanistisches Hauptfach in Kombination mit einem Wahlpflichtfach (Erwachsenenbildung, Deutsch als Fremdsprache, Germanistik/Literaturvermittlung, Politikwissenschaft, Soziologie oder Wirtschaftswissenschaften); BERUFSFELDER: Medien, Verlagswesen, Erwachsenenbildung, Hochschule, interkulturelle und zwischenstaatliche Beziehungen (Wirtschaft, Politik); LEHRINHALTE: Sprach- und Literaturwissenschaft unter besonderer Berücksichtigung der Moderne (19./20. Jh.); eine zweite romanische Sprache; Datenverarbeitung; BESONDERHEITEN: zwei Praktika (Dauer jeweils mindestens ein Monat, eines davon im Ausland) sind obligatorisch.

Universität Bayreuth
Institut für Romanistik
95440 Bayreuth
Tel.: 0921/55-3567
http://www.uni-bayreuth.de/departments/linglit
MAGISTERSTUDIENGÄNGE: Französisch (X) Italienisch (X) Spanisch (X)
ANDERE STUDIENGÄNGE: Bachelor, Master (in Vorbereitung: Einführung zum WS 1999/2000 geplant); 9 Semester (80 SWS); im Hauptstudium kann Romanistik getrennt nach Sprach- und Literaturwissenschaft studiert werden, beide sind als Haupt- oder Nebenfach wählbar; BERUFSFELDER: Medienbereich, Verlagswesen, Öffentlichkeitsarbeit, Mittler-Tätigkeit im Ausland; LEHRINHALTE: Möglichkeit der Zusatzqualifikation «Literaturwissenschaft berufsbezogen» (studienbegleitend, erforderlich sind 5 Scheine [davon einer in Betriebswirtschaftslehre] und ein sechswöchiges Praktikum); BESONDERHEITEN: Möglichkeit der Schwerpunktbildung im Bereich Frankophonie (in Verbindung mit dem Afrika-Schwerpunkt der Universität): französische Sprache und Literatur außerhalb Europas, besonders Afrika südlich der Sahara und Karibik.

Freie Universität Berlin
Fachbereich Philosophie und Geisteswissenschaften
Institut für Romanische Philologie
Habelschwerdter Allee 45

14195 Berlin
Tel.: 030/838–5689
noch keine Homepage für Romanistik
LEHRAMT: Französisch (X) Italienisch [im Aufbau] (X) Spanisch (X)
MAGISTER: Französisch* (X) Italienisch (X) Spanisch (X)
nur als Nebenfächer: Portugiesisch (X) Rumänisch (X)
*Kann in Kombination mit Nordamerikastudien (2 Hauptfächer) mit einem Schwerpunkt «Kanada-Studien» studiert und abgeschlossen werden, was durch ein ergänzendes Zertifikat bescheinigt wird.
Am Lateinamerika-Institut der FU kann (nicht im Rahmen der Romanistik) der überwiegend literatur- und sozialwissenschaftlich ausgerichtete Teilstudiengang Lateinamerikanistik studiert werden.
ANDERE STUDIENGÄNGE: Diplomstudiengang Frankreichstudien
9 Semester (142 SWS); Kernbereich Romanische Philologie, in Kombination mit drei Ergänzungsfächern (Bausteine; Lehrinhalte mit Frankreichbezug) aus den Bereichen *Geschichte und Gesellschaft* (Politikwissenschaft, Geschichtswissenschaft, Philosophie, Geographie, Soziologie), *Wirtschaft und Recht* (Rechtswissenschaft, Wirtschaftswissenschaft), *Kunst und Medien* (Theaterwissenschaft, Kunstgeschichte); BERUFSFELDER: Medienbereich, Industrie und Handel, Verlagswesen, internationale Organisationen und Behörden u. a.; LEHRINHALTE: Sprach- und Literaturwissenschaft mit besonderer Berücksichtigung der Moderne (19./20. Jh.); kommunikationsorientierte Sprachausbildung; ein Auslandssemester (5. Sem.) in Frankreich; ein Praktikum in Frankreich (mindestens sechs Wochen) obligatorisch; BESONDERHEITEN: Voraussetzung sind sehr gute Französischkenntnisse (Spracheignungstest) und Englischgrundkenntnisse. – Zulassungsbeschränkter Modellstudiengang (gefördert durch den Stifterverband für die Deutsche Wissenschaft; Probephase bis zum Jahr 2000, danach ggfs. Einrichtung als Regelstudiengang).

Humboldt-Universität zu Berlin
Philosophische Fakultät II
Institut für Romanistik
Unter den Linden 6
10099 Berlin
Tel.: 030/2093–5119
http.//www2.rz.hu-berlin.de/romanistik/index.html
LEHRAMTSSTUDIENGÄNGE: Französisch (X) Spanisch (X)
MAGISTERSTUDIENGÄNGE: Französisch (X) Italienisch (X) Spanisch (X) Portugiesisch (X) Rumänisch (X)

ANDERE STUDIENGÄNGE: Diplom-Übersetzer, Diplom-Dolmetscher
9 Semester (160 SWS, davon erste Fremdsprache: 91 SWS; zweite Fremdsprache: 55 SWS; nichtsprachliches Ergänzungsfach [aus den Bereichen Recht, Wirtschaft, Informatik]: 14 SWS); als Sprachen können gewählt werden: Französisch, Englisch, Spanisch, Italienisch (nur zweite Sprache), Portugiesisch (nur zweite Sprache), Rumänisch (nur zweite Sprache), Russisch, Polnisch, Tschechisch, Slowakisch, Bulgarisch, Serbisch/Kroatisch, Ungarisch; BERUFSFELDER: Dolmetschen (allgemein), Fachdolmetschen (Konferenz- und Simultandolmetschen), Übersetzen (allgemein, Literatur- und fachspezifisches Übersetzen) u.a.; LEHRINHALTE: Die Sprachausbildung wird durch Kurse zu den kulturwissenschaftlichen Grundlagen, Translations- und Terminologiewissenschaft ergänzt.

Technische Universität Berlin
FB 1, Institut für Romanische Literaturwissenschaft
Ernst-Reuter-Platz 7
10587 Berlin
Tel.: 030/314-23108
http://www.tu-berlin.de/uv/institute.html
LEHRAMTSSTUDIENGÄNGE: Französisch (X)
MAGISTERSTUDIENGÄNGE: Französisch (X)

Universität Bielefeld
Fakultät für Linguistik und Literaturwissenschaft
Universitätsstr. 25
33165 Bielefeld
Tel.: 0521/106-6032
http://www.lili.uni-bielefeld.de/~romalw
LEHRAMTSSTUDIENGÄNGE: Französisch (X)
MAGISTERSTUDIENGÄNGE: Französisch (X)
ANDERE STUDIENGÄNGE: Magisterstudiengang Spanien- und Lateinamerikastudien 8 Semester (70 SWS im Hauptfach), erstes Nebenfach aus dem Angebot der Fakultät (Anglistik, Deutsch als Fremdsprache, Französisch, Germanistik, Latein, Linguistik, Literaturwissenschaft oder Slawistik: Russisch), obligatorisch ist ein zweites Nebenfach außerhalb der Fakultät (Informatik, Mathematik, Osteuropastudien, Philosophie, Physik, Psychologie, Rechtswissenschaft, Soziologie, Sportwissenschaft oder Wirtschaftswissenschaften); BERUFSFELDER: die traditionellen Fremdsprachenberufe wie auch (in Kombination mit den entsprechenden Nebenfächern) Sachbearbeiterfunktionen in den spanisch-lateinamerikanisch orientierten Ressorts von natio-

nalen und internationalen Organisationen, in Wirtschaft, Handel, Erwachsenenbildung, Verlagen, Medien, Touristik und mit Freizeitplanung befaßten Institutionen; BESONDERHEITEN: Eine landeskundliche Studieneinheit von je 10 SWS im Grund- und Hauptstudium wird an den Fakultäten für Geschichtswissenschaften bzw. Soziologie studiert («Regionalstudiengang»).

Ruhr-Universität Bochum
Romanisches Seminar
GB 7–136
Universitätsstr. 150
44780 Bochum
Tel.: 0234/700–2629/2639/2637
http://www.ruhr-uni-bochum.de/romsem
LEHRAMTSSTUDIENGÄNGE: Französisch (X) Italienisch (X) Spanisch (X)
MAGISTERSTUDIENGÄNGE: Französisch (X) Italienisch (X) Spanisch (X)
Katalanisch (X) Portugiesisch (X) Rumänisch (X)
Magisterreformmodell: B. A. (= Baccalaureus Artium) nach 6 Semestern, M. A. (= Magister Artium) nach 8 Semestern.

Rheinische Friedrich-Wilhelms-Universität Bonn
Romanisches Seminar
Am Hof 1
53113 Bonn
Tel.: 0228/737363
über: http://www.uni-bonn.de
LEHRAMTSSTUDIENGÄNGE: Französisch (X) Italienisch (X) Spanisch (X)
MAGISTERSTUDIENGÄNGE: Französisch (X) Italienisch (X) Spanisch (X)
ANDERE STUDIENGÄNGE: Internationaler Studiengang Deutsch-Italienische Studien/Corso di studi italo-tedeschi (in Kooperation mit der Universität Florenz)
9 Semester (160 SWS); zwei Hauptfächer: Italianistik und Germanistik (je 64 SWS), ein Wahlpflichtfach (Geschichte, Kunstgeschichte, Philosophie, Vergleichende Literaturwissenschaft, Deutsch als Fremdsprache, Politikwissenschaft, Soziologie, Musikwissenschaft, Katholische Theologie, Evangelische Theologie, Geographie, Volkswirtschaft, Jura, Landwirtschaft, Geschichte der Medizin; im Grundstudium 16 SWS, aus mehreren dieser Fächer wählbar; im Hauptstudium Entscheidung für ein Wahlpflichtfach, 16 SWS); BERUFSFELDER: Kultur, Politik, Wirtschaft, Medien, Verwaltung; LEHRINHALTE: Sprach- und Literaturwissenschaft, Landeswissenschaften, interkulturelle Kommunikation, Datenverarbeitung; BESONDERHEITEN:

Das fünfte und sechste Semester sind an der Universität Florenz zu absolvieren (DAAD-Programm), in Verbindung mit einem dreimonatigen Berufspraktikum.

Technische Universität Braunschweig
Romanisches Seminar
Wendenring 1, 5. OG
38114 Braunschweig
Tel.: 0531/391-3140
Romanisches Seminar nicht im Netz
Aufnahme eines Romanistik-Studiums in Braunschweig ist nicht mehr möglich, da der Lehrbetrieb des Seminars nach dem WS 2000/2001 eingestellt wird.

Universität Bremen
Fachbereich 10: Sprach- und Literaturwissenschaften
Romanistik
Postfach 330440
28334 Bremen
Tel.: 0421/218-3022
http://www.fb10.uni-bremen.de/romanistik
LEHRAMTSSTUDIENGÄNGE: Französisch (X) Spanisch (X)
MAGISTERSTUDIENGÄNGE: Französisch (X) Italienisch (X) Spanisch (X)

Technische Universität Chemnitz-Zwickau
Fachbereich Romanistik
09107 Chemnitz
Tel.: 0371/531-8382/8393/4902
http://www.tu-chemnitz.de/phil/romanistik
LEHRAMTSSTUDIENGÄNGE: Französisch (X)
MAGISTERSTUDIENGÄNGE: Französisch (X) Italienisch (X)
«Chemnitzer Modell»: Im Magisterstudiengang ist Romanistik (Hauptfach) mit einem Hauptfach aus der Gruppe Mathematik, Maschinenbau, Informatik, Elektrotechnik, Wirtschaftswissenschaften, Naturwissenschaften kombinierbar.
ANDERE STUDIENGÄNGE: Kombinationsprofil Fremdsprachen in der Erwachsenenbildung (in Planung); 144 SWS; zwei Sprachen (je 54 SWS, wählbar: Französisch, Italienisch, Englisch) sowie 36 SWS allgemeine Grundlagen; BERUFSFELDER: Sprachlehrer in der Erwachsenenbildung (Firmen, Behörden etc.).

Technische Universität Dresden
Institut für Romanistik
01062 Dresden
Tel.: 0351/463–7689
http://www.tu-dresden.de/sulifr
LEHRAMTSSTUDIENGÄNGE: Französisch (X) Italienisch (X) Spanisch (X)
MAGISTERSTUDIENGÄNGE: Französisch (X) Italienisch (X) Spanisch (X)

Heinrich-Heine-Universität Düsseldorf
Romanisches Seminar
Universitätsstr. 1
40225 Düsseldorf
Tel.: 0211/81–11948
http://www.rz.uni-duesseldorf.de/HHU/Fak/NewPhil/?Fil=070
LEHRAMTSSTUDIENGÄNGE: Französisch (X) Italienisch (X) Spanisch (X)
MAGISTERSTUDIENGÄNGE: Französisch (X) Italienisch (X) Spanisch (X)
ANDERE STUDIENGÄNGE: Diplomstudiengang Literaturübersetzen
4 Jahre und 3 Monate einschließlich Diplomprüfung (160 SWS: Hauptfach 80, jedes Nebenfach 40); Englisch, Französisch, Italienisch und Spanisch können jeweils als Hauptfach oder erstes Nebenfach gewählt werden (Italienisch und Spanisch sind in der Regel nicht miteinander kombinierbar); obligatorisches zweites Nebenfach ist Deutsch als Fremdsprache; BERUFSFELDER: Medien, Verlage, freie Übersetzertätigkeit; LEHRINHALTE: Sprach- und Literaturwissenschaft; Übersetzungsvergleich; Sprach- und Übersetzungspraxis; BESONDERHEITEN: Im Grund- und Hauptstudium ist jeweils ein einwöchiges Praktikum in einem Übersetzerkolleg vorgesehen; ein sechsmonatiger Auslandsaufenthalt (in der Regel nach dem Grundstudium) wird empfohlen.

Gerhard-Mercator-Universität Duisburg
Fachbereich 3/Romanistik
Lotharstr. 65
47057 Duisburg
Tel.: 0203/379–2612/2616
http://www.uni-duisburg.de/FB3/ROMANISTIK
LEHRAMTSSTUDIENGÄNGE: Französisch (X) Italienisch (X) Spanisch (X)
MAGISTERSTUDIENGÄNGE: Französisch (X) Italienisch (X) Spanisch (X)

Katholische Universität Eichstätt
Institut für Romanistik

Universitätsallee
85071 Eichstätt
Tel.: 08421/93-1516/1517
http://www.ku-eichstätt.de/SLF
LEHRAMTSSTUDIENGÄNGE: Französisch (X)
MAGISTERSTUDIENGÄNGE: Französisch (X) Italienisch (X) Spanisch (X)

Pädagogische Hochschule Erfurt-Mühlhausen
Institut für Romanistik
Nordhäuser Str. 63
99089 Erfurt
Tel: 0361/737-1103
http://www.ph-erfurt.de/fakultaeten/philolog/romanistik
LEHRAMTSSTUDIENGÄNGE: Französisch (X)
MAGISTERSTUDIENGÄNGE: Französisch (X)
ANDERE STUDIENGÄNGE: Bakkalaureus
6 Semester (120 SWS); Fächerkombination frei wählbar aus dem Angebot der Philosophischen und der Staatswissenschaftlichen Fakultät; LEHRINHALTE: Englisch, Datenverarbeitung, je ein fremdsprachliches, betriebswirtschaftliches, rechtswissenschaftliches und kommunikationswissenschaftliches Modul; BESONDERHEITEN: Studium fundamentale mit den Zielen Urteilskompetenz, interkulturelle Kompetenz, Sozial- und Kommunikationskompetenz; ein vier- bis sechswöchiges Praktikum ist obligatorisch.

Friedrich-Alexander-Universität Erlangen-Nürnberg
Institut für Romanistik
Bismarckstr. 1
91054 Erlangen
Tel.: 09131/85-22430
http://www.phil.uni-erlangen.de/~p2roman
LEHRAMTSSTUDIENGÄNGE: Französisch (X) Italienisch (X) Spanisch (X)
MAGISTERSTUDIENGÄNGE: Französisch (X) Italienisch (X) Spanisch (X)

Universität-Gesamthochschule Essen
Fachbereich 3: Literatur- und Sprachwissenschaften
45117 Essen
Tel.: 0201/183-1
http://www.uni-essen.de/fb3.html
Romanistische Lehrveranstaltungen werden im Rahmen des Studiengangs «Allgemeine und Vergleichende Literaturwissenschaft» angeboten.

Johann Wolfgang Goethe-Universität Frankfurt am Main
Institut für Romanische Sprachen und Literaturen
Gräfstr. 76
60054 Frankfurt am Main
Tel.: 069/798-22193
http://www.rz.uni.frankfurt.de/fb10/romsem
LEHRAMTSSTUDIENGÄNGE: Französisch (X)
Italienisch, Spanisch und Portugiesisch können als Ergänzungsfach (drittes Unterrichtsfach) für das Lehramt an Gymnasien studiert werden.
MAGISTERSTUDIENGÄNGE: Magisterstudiengang «Romanische Philologie» mit den Schwerpunkten Französisch, Spanisch, Italienisch, Katalanisch, Portugiesisch, Rumänisch, Frankophonie und Lateinamerikastudien; für ein Romanistikstudium im Hauptfach sind zwei Schwerpunkte, im Nebenfach ist ein Schwerpunkt zu wählen; die Kombination von Romanischer Philologie (Hauptfach) mit Romanischer Philologie als erstem Nebenfach ist möglich.

Albert-Ludwigs-Universität Freiburg
Romanisches Seminar
Werthmannplatz 3
79085 Freiburg
Tel.: 0761/203-3174/3193
http://ella.phil.uni-freiburg.de/RomSeminar/RomSeminar.html
LEHRAMTSSTUDIENGÄNGE: Französisch (X) Italienisch (X) Spanisch (X)
MAGISTERSTUDIENGÄNGE: Französisch (X) Italienisch (X) Spanisch (X)

Justus-Liebig-Universität Gießen
Institut für Romanistik
Karl-Glöckner-Str. 21, Haus G
35394 Gießen
Tel.: 0641/702-5580
http://www.uni-giessen.de/~gb1017
LEHRAMTSSTUDIENGÄNGE: Französisch (X) Italienisch (X) Spanisch (X) Portugiesisch (X)
MAGISTERSTUDIENGÄNGE: Französisch (X) Italienisch (X) Spanisch (X) Portugiesisch (X)
ANDERE STUDIENGÄNGE: Diplomstudiengang Romanistik
9 Semester (ca. 140 SWS für Hauptfach und zwei Nebenfächer); ein romanistisches Hauptfach (Französisch oder Spanisch), ein sprachliches Nebenfach (Französisch, Spanisch, Italienisch, Portugiesisch, Englisch, Arabisch,

Russisch), ein Sachfach (Wirtschaftswissenschaften, Agrarökonomie, Geographie, Didaktik [des Hauptfachs]); BERUFSFELDER: «gehobene» Wirtschaftsberufe, Erwachsenenbildung, Journalismus; LEHRINHALTE: Sprach- und Literaturwissenschaft, fachsprachliche Übungen; BESONDERHEITEN: ein Semester Auslandsaufenthalt (Studium des Sachfachs im Land der Sprache des Hauptfachs)

Georg-August-Universität Göttingen
Seminar für Romanische Philologie
Humboldtallee 19
37073 Göttingen
Tel.: 0551/39–8150
http://www.gwdg.de/~romania
LEHRAMTSSTUDIENGÄNGE: Französisch (X) Italienisch (X) Spanisch (X)
MAGISTERSTUDIENGÄNGE: Französisch (X) Italienisch (X) Spanisch (X)
Portugiesisch (X)
ANDERE STUDIENGÄNGE: interdisziplinärer Ergänzungsstudiengang «Linguistische Datenverarbeitung».

Ernst-Moritz-Arndt-Universität Greifswald
Institut für Romanistik
Robert-Blum-Str. 13
17487 Greifswald
Tel.: 03834/86–3116
http://www.uni-greifswald.de/~romanist/index.htm
LEHRAMTSSTUDIENGÄNGE: Französisch (X) Italienisch (X) Spanisch (X)
MAGISTERSTUDIENGÄNGE: Französisch (X) Italienisch (X) Spanisch (X)

Martin-Luther-Universität Halle-Wittenberg
Institut für Romanistik
06099 Halle (Saale)
Tel.: 0345/5523531
http://www.romanistik.uni-halle.de
LEHRAMTSSTUDIENGÄNGE: Französisch (X) Italienisch (X) Spanisch (X)
MAGISTERSTUDIENGÄNGE: Französisch (X) Italienisch (X) Spanisch (X)

Universität Hamburg
Romanisches Seminar
Von-Melle-Park 6, VI
20146 Hamburg

Tel.: 040/42838-2743
http://www.rrz.uni-hamburg.de/romanistik/welcome.htm
LEHRAMTSSTUDIENGÄNGE: Französisch (X) Spanisch (X)
MAGISTERSTUDIENGÄNGE: Französisch (X) Italienisch (X) Spanisch (X)
Portugiesisch (X) Katalanisch (X)
Im Rahmen des Magisterstudiums kann nach sechs Semestern die Bakkalaureatsprüfung als erster berufsbefähigender Abschluß abgelegt werden (nicht obligatorisch).

Universität Hannover
Romanisches Seminar
Königsworther Platz 1
30167 Hannover
Tel.: 0511/762-5525
http://www.fbls.uni-hannover.de/romsem/index.htm
LEHRAMTSSTUDIENGÄNGE: Französisch (X)
MAGISTERSTUDIENGÄNGE: Französisch (X) Italienisch (X)
Außerdem können Französisch und Italienisch als Ergänzungsfächer (dritte Unterrichtsfächer) für das Lehramt an Gymnasien studiert werden.

Ruprecht-Karls-Universität Heidelberg
Romanisches Seminar
Seminarstr. 3
69117 Heidelberg
Tel.: 06221/54-2770
http://www.uni-heidelberg.de/institute/fak9/rs
LEHRAMTSSTUDIENGÄNGE: Französisch (X) Italienisch (X) Spanisch (X)
MAGISTERSTUDIENGÄNGE: Französisch (X) Italienisch (X) Spanisch (X)

Friedrich-Schiller-Universität Jena
Institut für Romanistik
Botzstr. 5
07743 Jena
Tel.: 03641/9-44600
http://www.uni-jena.de/fsu/romanistik
LEHRAMTSSTUDIENGÄNGE: Französisch (X)
Italienisch und Spanisch können als Ergänzungsfach (drittes Unterrichtsfach) für das Lehramt an Gymnasien studiert werden.
MAGISTERSTUDIENGÄNGE: Französisch (X) Italienisch (X) Spanisch (X)
Rumänisch (X) Portugiesisch [in Vorbereitung für WS 1999/2000]

ANDERE STUDIENGÄNGE: Magisterstudiengang Südosteuropa-Studien (nur Nebenfach)
40 SWS; keine vorgeschriebenen Fächerkombinationen, empfohlen wird Kombination mit Rumänistik, Südslawistik, Osteuropäische Geschichte, Islamwissenschaft; BERUFSFELDER: Verlagswesen; Medien; politische und Wirtschaftsorganisationen, Kulturvermittlung; Sozialwesen (Ausländerbetreuung); Erwachsenenbildung; Sprachlehrertätigkeit im Ausland; Tourismus; LEHRINHALTE: interdisziplinärer Studiengang: Spracherwerb (eine südosteuropäische Sprache, die nicht mit dem eventuellen Hauptfach identisch sein darf, muß vertieft studiert werden) und Vermittlung von Kenntnissen über das politische, gesellschaftliche und kulturelle Leben in Vergangenheit und Gegenwart.

Universität/Gesamthochschule Kassel
Fachbereich 8 Anglistik/Romanistik
34109 Kassel
Tel.: 0561/804-3357
http://www.uni-kassel.de/fb8
LEHRAMTSSTUDIENGÄNGE: Französisch (X)
MAGISTERSTUDIENGÄNGE: Französisch (X) Italienisch (X) Spanisch (X)
ANDERE STUDIENGÄNGE: Diplomstudiengang Berufsbezogene Fremdsprachenausbildung Romanistik
8 Semester (160 SWS); Hauptfach Galloromanistik in Kombination mit Beifach Wirtschaftswissenschaften oder zwei Nebenfächern (Wirtschaftswissenschaften und Anglistik, Hispanistik oder Italianistik); BERUFSFELDER: Medien, private Wirtschaft, Verbände, internationale Organisationen, Hochschule; BESONDERHEITEN: im sprachlichen Hauptfach obligatorisches Auslandssemester.

Christian-Albrechts-Universität zu Kiel
Romanisches Seminar
Leibnizstr. 10
24098 Kiel
Tel.: 0431/880-2263
http://ikarus.pclab-phil.uni-kiel.de/daten/romanist/homepage.htm
LEHRAMTSSTUDIENGÄNGE: Französisch (X) Spanisch (X)
Italienisch kann als Ergänzungsfach (drittes Unterrichtsfach) für das Lehramt an Gymnasien studiert werden.
MAGISTERSTUDIENGÄNGE: Französisch (X) Italienisch (X) Spanisch (X) Portugiesisch (X)

ANDERE STUDIENGÄNGE: Diplomhandelslehrer (mit einem Sprachfach Französisch oder Spanisch möglich); in Vorbereitung: Baccalaureus Artium mit einem romanistischen Fach als Nebenfach.

Universität Koblenz-Landau
Abteilung Landau
Institut für Romanistik
Pestalozzistr. 1
76829 Landau
Tel.: 06341/80836
http://www.uni-koblenz.de/fb6/fb.html#roman
LEHRAMTSSTUDIENGÄNGE: Französisch (X) für Grund- und Hauptschule sowie Realschule
MAGISTERSTUDIENGÄNGE: Französisch (X) Italienisch (X) Spanisch (X)

Universität Koblenz-Landau
Abteilung Koblenz
Romanisches Seminar
Rheinau 1
56075 Koblenz-Oberwerth
Tel.: 0261/30445-30
http://www.uni.koblenz.de/~romanist/index.html
LEHRAMTSSTUDIENGÄNGE: Französisch (X) für Grund- und Hauptschule sowie Realschule

Universität zu Köln
Institut für Romanistik
Albertus-Magnus-Platz
50931 Köln
Tel.: 0221-470-2247
http://www.uni-koeln.de/phil-fak/roman
LEHRAMTSSTUDIENGÄNGE: Französisch (X) Italienisch (X) Spanisch (X)
MAGISTERSTUDIENGÄNGE: Französisch (X) Italienisch (X) Spanisch (X)
ANDERE STUDIENGÄNGE: Diplomstudiengang Regionalwissenschaften Lateinamerika
9 Semester (168 SWS); Romanische Philologie mit einer ersten und zweiten Fremdsprache (jeweils wahlweise Spanisch oder Portugiesisch) in Kombination mit Iberischer und Lateinamerikanischer Geschichte, Volkswirtschaftslehre und Politikwissenschaften; BERUFSFELDER: fremdsprachenbezogene Sachbearbeitung und Referententätigkeit in inländischen und ausländischen Unternehmen und Organisationen; Industrie- und Handelskammern; staat-

liche, kirchliche und private Stiftungen; Entwicklungshilfe; Auswärtiges Amt; LEHRINHALTE: Sprachpraxis in Spanisch und Portugiesisch, Sprach- und Literaturwissenschaft im Bereich des Spanischen und Portugiesischen, Geschichte Lateinamerikas, Grundzüge der Volkswirtschaftslehre, betriebliches und volkswirtschaftliches Rechnungswesen, Politische Theorie, Internationale Politik, Grundzüge der Politikwissenschaft; BESONDERHEITEN: ein Auslandspraktikum von mindestens zwölf Wochen in einem lateinamerikanischen Land wird empfohlen.

Universität Konstanz
Fachgruppe Literaturwissenschaft
Postfach 5560
78434 Konstanz
Tel.: 07531/88-2437
http://www.uni-konstanz.de/FuF/Philo/LitWiss/romanistik/index.htm
Fachgruppe Sprachwissenschaft
Postfach 5560
78434 Konstanz
Tel.: 07531/88-2581/2465
http://www.ling.uni-konstanz.de
LEHRAMTSSTUDIENGÄNGE: Französisch (X) Italienisch (X)
MAGISTERSTUDIENGÄNGE: Französisch (X) Italienisch (X)

Universität Leipzig
Institut für Romanistik
Brühl 34-50
04109 Leipzig
Tel.: 0341/9737-410
http://www.uni-leipzig.de/~roman
LEHRAMTSSTUDIENGÄNGE: Französisch (X) Italienisch (X) Spanisch (X)
MAGISTERSTUDIENGÄNGE: Französisch (X) Italienisch (X) Spanisch (X) Portugiesisch (X) Rumänisch [nur als Nebenfach] (X)
ANDERE STUDIENGÄNGE: Magister-Nebenfachstudiengang Frankreich-Studien
9 Semester (40 SWS); LEHRINHALTE: in einem interdisziplinär angelegten Lehrverbund vermitteln Historiker, Philosophen, Juristen, Wirtschafts-, Kultur- und Medienwissenschaftler sowie Theologen breitgefächerte Frankreich-Kompetenz; BESONDERHEITEN: Mindestens ein Semester an einer französischen Hochschule (im Hauptstudium) sowie ein Praktikum in Frankreich sind obligatorisch.

e-mail: frankzhs@rz.uni-leipzig.de
www.uni-leipzig.de/zhs
Diplom-Dolmetscher/Diplom-Übersetzer
9 Semester (160 SWS); Kombination von zwei Hauptfächern bzw. einem Hauptfach und zwei Nebenfächern (als zweites Nebenfach wählbar sind auch Betriebswirtschaftslehre, Informatik, Journalistik, Kulturwissenschaften, Politikwissenschaft oder Deutsch als Fremdsprache); im Studiengang Diplom-Dolmetscher sind Französisch und Spanisch als Haupt- oder Nebenfach, Portugiesisch nur als Nebenfach wählbar; im Studiengang Diplom-Übersetzer sind Französisch, Portugiesisch, Spanisch, Italienisch, Rumänisch als Haupt- oder Nebenfach, Katalanisch nur als Nebenfach wählbar; Zulassungsvoraussetzung sind Kenntnisse auf Abiturniveau in mindestens einem Hauptfach (obligatorisch bei Französisch und Englisch); BERUFSFELDER: freiberufliche Dolmetscher-/Übersetzer-Tätigkeit; Tätigkeit bei Sprachendiensten in der Wirtschaft, bei der EU und internationalen Organisationen, im Auswärtigen Amt, bei Agenturen u. ä.; LEHRINHALTE: Sprachmittlung; Sprach- und Übersetzungswissenschaft; sozial- und kulturwissenschaftliche Auslandsstudien (Literatur/Kulturstudien und Geschichte/Landeskunde); Computereinsatz in der Sprachmittlung; im Hauptstudium zwei Ergänzungsfächer à 6 SWS (wählbar: Bauwesen, Maschinenbau, Psychologie, Informatik, Natur- und Umweltschutz).

Johannes-Gutenberg-Universität Mainz
Fachbereich 15
Romanisches Seminar
Postfach 3980
55099 Mainz
Tel.: 06131/39–2249/2816
http://www.romanistik.uni-mainz.de
LEHRAMTSSTUDIENGÄNGE: Französisch (X) Italienisch (X) Spanisch (X) Portugiesisch (X)
MAGISTERSTUDIENGÄNGE: Französisch (X) Italienisch (X) Spanisch (X) Portugiesisch (X)
Integriertes deutsch-französisches Studienprogramm in Mainz und Dijon, mit Doppelabschluß (Magister/Maîtrise); Französisch Haupt- oder Nebenfach, Italienisch, Spanisch, Portugiesisch nur als Nebenfächer wählbar; erstes und viertes Studienjahr in Mainz, zweites und drittes Studienjahr an der Université de Bourgogne in Dijon.
ANDERE STUDIENGÄNGE: Diplom-Dolmetscher/Diplom-Übersetzer
Fachbereich 23 – Angewandte Sprach- und Kulturwissenschaft

Postfach 1150
76726 Germersheim
Telefon: 07274/508-0
http://www.fask.uni.mainz.de
9 Semester (160 SWS); die romanischen Sprachen Französisch, Italienisch, Spanisch und Portugiesisch sind untereinander und mit den anderen angebotenen Sprachen frei kombinierbar; BERUFSFELDER: EU und internationale Institutionen, Wirtschaftsunternehmen u. ä.

Universität Mannheim
Romanisches Seminar
Schloß
68131 Mannheim
Tel.: 0621/292-5666/65
http://www.split.uni-mannheim.de/RomS/rose001.html
LEHRAMTSSTUDIENGÄNGE: Französisch (X) Italienisch (X) Spanisch (X)
MAGISTERSTUDIENGÄNGE: Französisch (X) Italienisch (X) Spanisch (X)
ANDERE STUDIENGÄNGE: Betriebswirtschaftslehre mit kulturwissenschaftlichem Schwerpunkt (Sprach-, Literatur- sowie Medien- und Kommunikationswissenschaft in den Nationalsprachen Französisch, Italienisch oder Spanisch)
8 Semester (30-32 SWS kulturwissenschaftlicher Teil, plus ggfs. Sprachpropädeutika); BERUFSFELDER: Tätigkeit auf Feldern internationaler Wirtschaftsbeziehungen; LEHRINHALTE: Sprach-, Literatur- sowie Medien- und Kommunikationswissenschaft, Geschichte, soziale Strukturen und politische Systeme des gewählten Kulturbereiches; BESONDERHEITEN: Konzentration und Straffung des Studiums mit einer deutlicheren Leitung der Studierenden; regionalwissenschaftliche Orientierung mit einer Verbindung von Kultur und Wirtschaft; Analyse wirtschaftsgeographischer Zusammenhänge, sozialer Strukturen und politischer Systeme einer Region; medienwissenschaftliche Komponente; Praktikum wird empfohlen.
Diplom-Studiengang Romanistik
9 Semester (ca. 80 SWS kulturwissenschaftlicher Teil); Französisch in Kombination mit Spanisch oder Italienisch (Kernfach), Betriebs- oder Volkswirtschaftslehre (Sachfach) und Geschichte/Sozialwissenschaften/Geographie sowie Medien- und Kommunikationswissenschaft (Studienelemente); BERUFSFELDER: internationale Wirtschaft; Medien; Öffentlichkeitsarbeit; interkulturelle Beziehungen; LEHRINHALTE: Sprach-, Literatur- sowie Medien- und Kommunikationswissenschaft in zwei Kulturbereichen; Betriebs- oder Volkswirtschaftslehre und Geschichte/Sozialwissenschaften/Geogra-

phie sowie Medien- und Kommunikationswissenschaft; BESONDERHEITEN: wie oben «Betriebswirtschaftslehre mit kultur- und sprachwissenschaftlichem Schwerpunkt», mit Schwerpunktsetzung auf die kulturwissenschaftliche Komponente.

Philipps-Universität Marburg
Institut für Romanische Philologie
Wilhelm-Röpke-Str. 6 D
35039 Marburg
Tel.: 06421/28-4778
http://www.uni-marburg.de/fb10/ir.htm
LEHRAMTSSTUDIENGÄNGE: Französisch (X) Spanisch (X)
MAGISTERSTUDIENGÄNGE: Französisch (X) Italienisch (X) Spanisch (X)

Ludwig-Maximilians-Universität München
Institut für Romanische Philologie
Ludwigstr. 25
80539 München
Tel.: 089/2180-2288
http://www.romanistik.uni-muenchen.de
bzw. Institut für Italienische Philologie
Ludwigstr. 25
80539 München
Tel.: 089/2180-2366
http://www.italianistik.uni-muenchen.de
LEHRAMTSSTUDIENGÄNGE: Französisch (X) Italienisch (X) Spanisch (X)
Portugiesisch [nur als Ergänzungsfach, d. h. drittes Unterrichtsfach] (X)
MAGISTERSTUDIENGÄNGE: Die Verbindung von einem Hauptfach und zwei Nebenfächern ist obligatorisch (maximal zwei Fächer aus dem Bereich Romanistik/Sprachwissenschaft bzw. Literaturwissenschaft); bei Spezialisierung auf Romanische Sprachwissenschaft kann als Haupt- oder Nebenfach jede romanische Sprache (Französisch, Spanisch, Portugiesisch, Italienisch, Rumänisch, Okzitanisch, Katalanisch, Sardisch, Rätoromanisch) gewählt werden, sofern sie durch einen prüfungsberechtigten Hochschullehrer vertreten ist (im Hauptfach wird die Beschäftigung mit einer zweiten romanischen Sprache verlangt, die nicht zugleich als Nebenfach gewählt werden kann). Bei Spezialisierung auf Romanische Literaturwissenschaft können Französisch, Spanisch, Portugiesisch und Italienisch als Haupt- oder Nebenfach, Rumänisch kann nur als Nebenfach gewählt werden.

ANDERE STUDIENGÄNGE: Im Diplomstudiengang Journalismus können alle romanischen Sprachen als Spezialfach gewählt werden; im Diplomstudiengang Dramaturgie, Studienrichtung Schauspieldramaturgie, können Italienische Philologie oder Romanische Philologie als Nebenfach gewählt werden.

Westfälische Wilhelms-Universität
Romanisches Seminar
Bispinghof 3A
48143 Münster
Tel.: 0251/83-4513
Romanistikseite noch in Arbeit
LEHRAMTSSTUDIENGÄNGE: Französisch (X) Italienisch (X) Spanisch (X)
MAGISTERSTUDIENGÄNGE: Französisch (X) Italienisch (X) Spanisch (X)

Universität Osnabrück
Fachbereich Sprach- und Literaturwissenschaft
Institut für Romanistik
49069 Osnabrück
Tel.: 0541/969-4247
http://www.lili.uni-osnabrueck.de.romfranz.html
LEHRAMTSSTUDIENGÄNGE: Französisch (X) Italienisch (X)
MAGISTERSTUDIENGÄNGE: Französisch (X) Italienisch (X)

Universität/Gesamthochschule Paderborn
Fachbereich Sprach- und Literaturwissenschaften
Romanistik
Warburger Str. 100
33098 Paderborn
Tel.: 05251/602885
http://www.romanistik.uni-paderborn.de
LEHRAMTSSTUDIENGÄNGE: Französisch (X) Spanisch (X)
MAGISTERSTUDIENGÄNGE: Französisch (X) Italienisch [nur als Nebenfach] (X) Spanisch (X)
ANDERE STUDIENGÄNGE: Französisch oder Spanisch wählbar als zweiter Sprachbereich im Studiengang International Business Studies (Betriebs- und Volkswirtschaftslehre in Kombination mit zwei Sprachen); Fremdsprachen (14 SWS Wirtschaftsenglisch in Kombination mit 26 SWS Französisch, Spanisch oder Italienisch) ein Pflichtnebenfach im Magisterstudiengang «Geographie mit der Ausrichtung Tourismus».

Universität Passau, Institut für Romanistik
94030 Passau
Tel.: 0851/509-2850
http://www.phil.uni-passau.de/roman_liw.
http://www.phil.uni-passau.de/roman_walter
http://www.phil.uni-passau.de/romanistik
LEHRAMTSSTUDIENGÄNGE: Französisch (X)
MAGISTERSTUDIENGÄNGE: Französisch (X) Italienisch (X) Spanisch (X)
ANDERE STUDIENGÄNGE: Diplomstudiengang für Sprachen, Wirtschafts- und Kulturraumstudien
9 Semester (166 SWS); zwei Sprachen (Französisch, Italienisch und Spanisch als erste und zweite, Portugiesisch nur als zweite Sprache wählbar) in Kombination mit Wirtschaftsstudien und Kulturraumstudien; BERUFSFELDER: Marketing und Organisation, Export, Kundenbetreuung, Absatz- und Personalwirtschaft, Öffentlichkeitsarbeit, Tourismus, Aus- und Weiterbildung in der Wirtschaft, den Medien, Kulturinstituten und Verbänden; LEHRINHALTE: Wirtschaftsstudien: Betriebswirtschaftslehre, Rechnungswesen, Absatz, Organisation und Personalwesen, Steuern, Kostenrechnung, Volkswirtschaftslehre, Finanzwissenschaft, Wirtschaftspolitik; Grundkenntnisse der Rechtswissenschaft und/oder Informatik; Kompaktseminare als praktisches Training in Management und interkultureller Kommunikation; Kulturraumstudien: Geschichte und Politikwissenschaft oder Soziologie oder Geographie des gewählten Kulturraums; Landeskunde und Sprachwissenschaft oder Literaturwissenschaft oder Kunstgeschichte oder Musikgeschichte des gewählten Kulturraums; BESONDERHEITEN: obligatorisch sind ein mindestens dreimonatiges Auslandsstudium (oder Auslandspraktikum), ein mindestens vierwöchiges Praktikum im In- oder Ausland und eine mindestens sechstägige Exkursion in den gewählten Kulturraum.

Universität Potsdam
Institut für Romanistik
Postfach 601553
14415 Potsdam
Tel.: 0331/977-2360
http://www.uni-potsdam.de/u/romanistik/index.htm
LEHRAMTSSTUDIENGÄNGE: Französisch (X) Italienisch (X) Spanisch (X)
MAGISTERSTUDIENGÄNGE: Französisch (X) Italienisch (X) Spanisch (X)

Universität Regensburg
Institut für Romanistik

Universitätsstr. 31
93040 Regensburg
Tel.: 0941/943-3373
http://www.uni-regensburg.de/Fakultaeten/phil-Fak-IV/Romanistik/
index.html
LEHRAMTSSTUDIENGÄNGE: Französisch (X) Italienisch (X) Spanisch (X)
MAGISTERSTUDIENGÄNGE: Französisch (X) Italienisch (X) Spanisch (X)
Modellversuch der Umgestaltung des Magisterstudiengangs (seit Wintersemester 1998/99): Modularisierung des Studiums, Einführung eines Systems. von Leistungspunkten; studienbegleitende Zwischenprüfung und teilweise studienbegleitende Magister-Abschlußprüfung; Einführung eines studienbegleitenden Baccalaureus-Abschlusses nach sechs Semestern; Möglichkeit, das zweite Nebenfach aus Studieneinheiten, die verschiedene Fächer übergreifen können, frei zu kombinieren; Einführung eines detaillierten Abschlußzeugnisses; geplant ist die Einführung eines binationalen Studienganges. Informationen zum aktuellen Stand der Reform unter http://www.uni-regens burg.de/Fakultaeten/phil-Fak-IV/Romanistik/index.html.

Universität Rostock
Philosophische Fakultät
Institut für Romanistik
18051 Rostock
Tel.: 0381/498-2835
http://www.uni-rostock.de/fakult/philfak/slw/institut.htm#Romanistik
LEHRAMTSSTUDIENGÄNGE: Französisch (X) Italienisch [nur als Ergänzungsfach, d. h. drittes Unterrichtsfach] (X) Spanisch (X)
MAGISTERSTUDIENGÄNGE: Französisch (X) Italienisch (X) Spanisch (X) Portugiesisch (X)

Universität des Saarlandes, Fachrichtung 8.2 Romanistik
Postfach 151150
66041 Saarbrücken
Tel. 0681/302-2307/3257
http://www.phil.uni-sb.de/FR/Romanistik/index.htm
LEHRAMTSSTUDIENGÄNGE: Französisch (X) Italienisch (X) Spanisch (X)
MAGISTERSTUDIENGÄNGE: Französisch (X) Italienisch (X) Spanisch (X)
ANDERE STUDIENGÄNGE: Magisterstudiengang «Französische Kulturwissenschaft und Interkulturelle Kommunikation (mit Schwerpunkt Frankreich/Deutschland)»
kombinierbar mit allen in der Philosophischen Fakultät angebotenen Fä-

chern und mit Fächern aus anderen Fakultäten (empfohlen wird die Wahl eines Nebenfaches aus dem Bereich der Wirtschaftswissenschaften); BERUFSFELDER: Marketing, Vertrieb, Kommunikation, Personalentwicklung; technische Kooperation in exportorientierten Unternehmen; grenzüberschreitende Zusammenarbeit von Gebietskörperschaften, Kammern und Verbänden; Kulturaustausch und Medien; Kooperation im Bereich Bildung und Wissenschaft; LEHRINHALTE: intensive, in Teilen fachsprachenzentrierte sprachpraktische Ausbildung; integrative Landeskunde, interkulturelle Beziehungen, kulturelle Medien, Kultur- und Kommunikationstheorie; BESONDERHEITEN: sechsmonatiger Aufenthalt im französischen Sprachgebiet für Hauptfachstudenten obligatorisch.

Diplom-Teilstudiengang «Grenzüberschreitende deutsch-französische Studien»
5 Semester (Hauptstudium); Zulassungsvoraussetzungen: Zwischenprüfung in Romanistik, Germanistik oder Jura bzw. DEUG d'Allemand, de Lettres modernes, de droit ou de LEA; BERUFSFELDER: Ausbildung zu polyvalent einsetzbaren Mittlern in den deutsch-französischen Kultur- und Geschäftsbeziehungen: Medien, Wirtschaft, Kultur, grenzüberschreitende Verwaltungs- und Bildungszusammenarbeit, Tourismus; LEHRINHALTE: interdisziplinäres Studium (Romanistik, Germanistik, Geschichte, Politikwissenschaft, Jura); vermittelt werden fundierte Kenntnisse der Rechtssysteme, der Wirtschaft und Gesellschaft, der Kultur Deutschlands und Frankreichs sowie der bilateralen Beziehungen; Vertiefung der Sprachkenntnisse; BESONDERHEITEN: integriertes Auslandsstudium an der Universität Metz; Pflichtpraktikum (2 Monate) in Frankreich (für die deutschen Studenten); Doppeldiplomierung: Licence, Maîtrise/Diplom; beschränkte Studentenzahl: zu jedem Semester werden je zehn Bewerber aus Deutschland und Frankreich aufgenommen; Förderung durch das Deutsch-Französische Hochschulkolleg (DFHK, Mainz/Strasbourg).

Licence de Lettres modernes
2 Semester (3e année); Studienbeginn jeweils zum Wintersemester; öffnet den Zugang zu den französischen Concours (CAPES, Agrégation); LEHRINHALTE: Tronc commun – Veranstaltungen aus den Bereichen: littérature française, philologie romane, stylistique du français moderne, littérature étrangère, littérature générale et comparée, langue vivante (italien, espagnol, anglais …); Options – zwei Veranstaltungen zur Wahl aus den Bereichen: langue vivante renforcée, littérature ou linguistique française, la vie des médias, français économique; BESONDERHEITEN: Zulassungsvoraussetzung sind das DEUG de Lettres modernes, die Licence d'allemand, die Licence d'anglais oder eine Zwischenprüfung in einem romanistischen Fach.

Universität-Gesamthochschule Siegen
Fachbereich 3 / Romanistik
Adolf-Reichwein-Straße
57068 Siegen
Tel.: 0271/40-4320
http://www.avmz.uni-siegen.de/ugh-si/d/dept/fb03/romanist/index.htm
LEHRAMTSSTUDIENGÄNGE: Französisch (X) Spanisch (X)
MAGISTERSTUDIENGÄNGE: Französisch (X) Italienisch (X) Spanisch (X)
ANDERE STUDIENGÄNGE: «Angewandte Sprachwissenschaft» (Fachfremdsprache Französisch) als Nebenfach im Magisterstudiengang
30 SWS; frei kombinierbar mit Fächern aller Fakultäten; BERUFSFELDER: kommunikationsintensive, auslandsorientierte Berufe; LEHRINHALTE: angewandte Kommunikationstheorie; angewandte Fachfremdsprache.

Universität Stuttgart
Institut für Linguistik / Romanistik (bzw. Institut für Literaturwissenschaft)
Keplerstr. 17
70174 Stuttgart
Tel.: 0711/121-3109
http://www.uni-stuttgart.de/lettres
LEHRAMTSSTUDIENGÄNGE: Französisch (X) Italienisch (X)
MAGISTERSTUDIENGÄNGE: Französisch (X) Italienisch (X)

Universität Trier
Fachbereich II
Romanistik
Universitätsring 15
54286 Trier
Tel.: 0651/201-2215
http://www.uni-trier.de/uni/fb2/romanistik/overview.html
LEHRAMTSSTUDIENGÄNGE: Französisch (X) Italienisch (X) Spanisch (X) Portugiesisch [nur als Ergänzungsfach]
MAGISTERSTUDIENGÄNGE: Französisch (X) Italienisch (X) Spanisch (X) Portugiesisch (X)
Auf Antrag können kleinere romanische Sprachen (Galicisch, Katalanisch, Rumänisch ...) als Prüfungsfächer zugelassen werden.
Zusatzzertifikate (in Verbindung mit allen Lehramts- und Magisterstudiengängen): Altertumskunde, Deutsch als Fremdsprache, Fremdsprachliche Erwachsenenbildung, Kanadische Studien.

Eberhard-Karls-Universität Tübingen
Romanisches Seminar
Wilhelmstr. 50
72074 Tübingen
Tel.: 07071/297-2376
http://www.uni-tuebingen.de/romanistik
LEHRAMTSSTUDIENGÄNGE: Französisch (X) Italienisch (X) Spanisch (X)
MAGISTERSTUDIENGÄNGE: Französisch (X) Italienisch (X) Spanisch (X)
Portugiesisch (X) Katalanisch (X) Rumänisch (X) Okzitanisch (X)
ANDERE STUDIENGÄNGE: Diplomstudiengang «Volkswirtschaftslehre mit Regionalstudien»
9 Semester (160 SWS); drei Regionen: Westeuropa A mit den Sprachen Französisch und Italienisch; Westeuropa B mit den Sprachen Französisch und Englisch; Lateinamerika mit den Sprachen Spanisch und (brasilianisches) Portugiesisch; Studienfächer jeweils Volkswirtschaftslehre in Verbindung mit der für die jeweilige Region vorgesehenen Sprachenkombination bzw. den dazugehörigen philologischen Fächern ([Franko-]Romanistik, Italianistik, Hispanistik und Lusitanistik) sowie einem der drei ‹landeskundlichen› Fächer: Geschichte oder Geographie oder Politikwissenschaft; Abschluß als Diplom-Volkswirt mit nachgewiesenen Kenntnissen und Erfahrungen in einer weltwirtschaftlich bedeutenden Region; BERUFSFELDER: diejenigen eines Diplom-Volkswirts mit spezieller Auslandserfahrung, d.h. Institutionen und Unternehmen, die im internationalen Verbund tätig sind (Weltbank, Internationaler Währungsfond, Auswärtiger Dienst, internationale Handelskammern etc.).

Universität Würzburg
Philosophische Fakultät II
Romanistik
Am Hubland
97074 Würzburg
Tel.: 0931/888-5693
http://www.uni-wuerzburg.de/fakultaet/phi2-3.html
LEHRAMTSSTUDIENGÄNGE: Französisch (X) Italienisch (X) Spanisch (X)
MAGISTERSTUDIENGÄNGE: Französisch (X) Italienisch (X) Spanisch (X)
Innerhalb des Faches Iberoromanische Philologie kann neben Spanisch auch Portugiesisch als Schwerpunkt gewählt werden. – Wird das Hauptfach Galloromanische Philologie (Französisch) gewählt, ist ein Nebenfach Ibero- oder Italoromanische Philologie obligatorisch; ebenso bei Hauptfach Ibero- oder Italoromanische Philologie das Nebenfach Galloromanische Philologie.

Bergische Universität-Gesamthochschule Wuppertal
Fachbereich 4/Romanistik
Gaussstr. 20
42097 Wuppertal
Tel.: 0202/439-2351
http://www.uni-wuppertal.de/FB4/welcome.html
LEHRAMTSSTUDIENGÄNGE: Französisch (X)
MAGISTERSTUDIENGÄNGE: Französisch (X) Italienisch (X) Spanisch (X)

Romanistik im Internet

Der Hochschulkompaß der Hochschulrektorenkonferenz (HRK) informiert über die Studienangebote aller deutschen Hochschulen (z. B. 364 Studienmöglichkeiten für das Fach Romanistik) und ermöglicht den Zugriff auf die Homepages der Universitäten (**www.hochschulkompass.hrk.de**).

Informationen über romanistische Studiengänge findet man auch unter **www.romanistik.de** (dort auch zahlreiche praktische Hinweise für Romanisten, z. B. Stellenanzeigen – auch Praktikumsangebote und Stellen für studentische Hilfskräfte –, Links zu den Seiten französischer, italienischer, spanischer und portugiesischer Zeitungen, zu Bibliotheken, Bibliographien u. a.). Eine Liste nützlicher Adressen für Romanisten (z. B. Fachverbände, romanistische Institute im Ausland, Zeitungen und Zeitschriften, Verlage ...) findet man unter **www.uni-potsdam.de/u/romanistik.nutzadre.htm**; interessante Links, vor allem zu Institutionen im In- und Ausland, auf den Seiten vieler romanistischer Institute.